파이프라인

파이프라인

"보이지 않는
강철의 혈관,
그 위에 세계의 전쟁과
평화가 흐른다!"

이채윤 지음

프롤로그

왜 지금 파이프라인을 알아야 하는가?

　인류는 언제나 이동하고 확장해왔다. 수렵과 채집, 그리고 농경의 시절에도 인간은 끊임없이 무언가를 옮기고, 나르고, 교환했다. 곡식과 물, 사람과 가축, 금과 소금. 그 모든 이동과 수송이 모여 문명을 이루었고, 도시를 만들었으며, 마침내 제국을 탄생시켰다. 오늘날도 그 원리는 다르지 않다. 문명을 움직이는 본질은 여전히 '수송'에 있다. 단지 과거의 수레와 배를 대신하여 이제는 보이지 않는 길이 생겼을 뿐이다. 무언가를 어디론가 '보내는 기술', 그것이 고대든 현대든 문명의 본질이었다는 점에서, 우리는 지금도 그 원칙 위에 서 있다.

　지금은 말이나 마차, 기차가 아니라 강철로 만든 원통이 움직인다. 아니, 움직이지도 않는다. 누워 있기만 한다. 그런데 그 안을 들여다보면 매일 수천만 배럴의 원유가, 수억m³(입방미터)의 천연가스가, 끊임없이 흐르고 있다. 정지된 관(管) 안에서 '문명의 피'가 흐른다. 이것이 바로 파이프라인(Pipeline)이다.

　아마도 지금 이 글을 읽는 여러분은 파이프라인에 대해 그렇게 깊이 생각해본 적이 없을 것이다. 당연하다. 우리는 수도꼭지를 돌려 물이 나오는 게 당연하듯, 겨울에 보일러를 틀면 온기가 흐르는 게 일상이라고 생각한다. 하지만 파이프라인은 그 일상을 만든 가장 위대한 인프라이자, 가장 위험한 혈관이다. 그것은 정지된 것처럼 보이지만, 사실은 멈추지 않는 동맥이며, 우리 문명을 유지시키는 혈관이다.

파이프라인은 대부분의 사람들에게 낯선 존재다. 누구도 그것을 본 적 없고 누구도 그것을 실감하지 못한다. 하지만 파이프라인은 바로 그 당연함을 지탱하는 가장 기본적인 토대이며, 그것이 사라지는 순간 문명의 일상은 순식간에 멈춰버린다. 파이프라인은 그렇게 우리의 삶과 국가, 세계 경제를 지탱하고 있는 조용한 혈관이다.

문명의 혈관, 그러나 투명한 존재

파이프라인은 세상에서 가장 거대한 구조물 중 하나다. 하지만 그 크기에 비해 존재감은 거의 없다. 지상에 드러나지 않고, 소리도 내지 않으며, 눈에 보이지도 않는다. 그래서 사람들은 종종 그것의 중요성을 잊는다.

그렇다면 단 하나의 파이프라인이 멈춘다면 어떤 일이 벌어질까? 한순간에 연료가 고갈되고, 공장 라인이 멈추며, 도시는 정전되고 냉기로 뒤덮인다. 주유소에는 차량이 길게 줄지어 늘어서고, 사람들은 체온을 지키기 위해 몸을 웅크리며, 국가는 에너지 부족으로 정책의 우선순위를 바꿔야 한다. 그리고 이 모든 혼란은 때로

한 국가를 넘어 전 세계로 확산되기도 한다.

2006년 러시아와 우크라이나의 가스 분쟁은 이를 상징하는 사례다. 당시 러시아가 파이프라인을 잠그자 독일과 프랑스, 슬로바키아와 헝가리까지 유럽 전역의 난방과 전기가 순식간에 끊겼다. 그 혼란 속에서 EU 지도자들은 모스크바로 달려가 협상을 벌였고, 일부는 굴욕적인 타협을 받아들일 수밖에 없었다. 에너지를 무기로 삼은 파이프라인의 힘은 그때 명확히 드러났다. 파이프라인은 너무 거대해서 오히려 보이지 않는 인프라, 그리고 너무 중요한 존재라서 누구도 쉽게 말하지 않는 인프라다.

길고 깊은 파이프라인의 역사

파이프라인의 역사는 생각보다 오래되었다. 만약 물을 나르는 상하수도를 파이프라인으로 본다면, 그 기원은 고대 바빌론과 로마 시대까지 거슬러 올라간다. 하지만 현대적인 에너지 파이프라인은 19세기 산업혁명 이후 본격적으로 시작되었다.

1859년 미국 펜실베이니아 타이터스빌. 에드윈 드레이크가 원유를 뽑아 올리며 석유시대를 연 그 순간, 새로운 고민이 시작됐다. 기름은 얻었지만 어디로 어떻게 옮겨야 할지 방법이 없었던 것이다. 당시만 해도 기름은 말과 수레로 실어 날라야 했고, 그 운송비용은 막대했다. 그러던 어느 날 누군가가 말했다.

"그냥 관을 묻자."

이 단순한 발상이 결국 세계 최초의 파이프라인을 탄생시켰다. 길이 9km에 달하는 나무로 만든 관이었다. 기름은 흘렀고, 운송비는 90%나 절감되었다. 이것이 파이프라인 산업의 시작이었다.

그리고 그로부터 150년. 파이프라인은 이제 단순한 운송 수단을 넘어 세계 경제를 연결하는 혈관이 되었다. 대륙과 대륙, 국가와 국가를 관통하며 에너지를 실어 나르는 이 강철관은 오늘날 전쟁과 평화를 가르는 결정적인 인프라다.

파이프라인이 만든 전쟁과 평화

드루즈바(Druzhba) 파이프라인. 러시아어로 '우정'을 뜻하는 이름을 가진 이 파이프라인은 냉전 한가운데였던 1964년, 소련이 동유럽과 서독에 가스를 공급하기 위해 만든 관이다. 당시 미국은 이를 두고 분노했고, CIA는 "서독은 배신자다"라는 극단적인 보고서를 작성하며 서유럽과 동유럽을 감시했다. 하지만 서유럽은 현실을 직시했다. 난방 없이는 겨울을 날 수 없었고, 결국 이념보다 생존을 택했다. 그때부터 파이프라인은 단순한 에너지 공급망이 아닌 정치적 무기가 되었다.

노르드스트림이 그 결정판이다. 러시아와 독일을 해저로 직접 연결한 이 가스관은 "가스관이 두 개면 전쟁은 없다"는 독일 총리 슈뢰더의 말로 정당화되었지만, 결국 러시아가 밸브를 잠그는 순간 그 말은 허상이었음이 드러났다.

이스라엘과 이란도 한때는 파이프라인으로 연결된 친구였다. 두 나라는 함께 엘랏-아슈켈론 파이프라인을 건설하여 홍해에서 지중해로 원유를 수송했다. 그러나 이란 이슬람 혁명 이후 그 협력은 끝났고, 오늘날까지도 두 국가는 이 파이프라인의 소유권을 놓고 분쟁 중이다.

우리가 파이프라인을 알아야 하는 이유

파이프라인은 더 이상 눈에 보이지 않는 인프라가 아니다. 현대 문명의 핵심이며, 전쟁과 평화, 번영과 몰락을 결정짓는 열쇠다.

2021년 미국 콜로니얼 파이프라인이 사이버 공격을 받았을 때, 미국 동부는 순식간에 연료 부족에 빠졌고, 사람들은 주유소 앞에서 다투고 일부는 총기를 꺼내 들었다. 사이버 공격 하나로 국가가 위기에 빠질 수 있다는 사실을 전 세계가 목격했다.

그런데도 러시아는 우크라이나와의 전쟁 중에도 가스를 계속 수출하고 있으며, 그 대가로 우크라이나에 가스 통과료를 지불하고 있다. 가스는 흘러야 하고, 돈은 돌며, 전쟁은 계속된다. 이것이 21세기 에너지 지정학의 현실이다.

에너지 혈관이 무너지면 문명도 멈춘다.

파이프라인은 인류 문명의 혈관이다. 중동에서 중앙아시아까지,

러시아에서 유럽으로, 그리고 이제 북극해와 동남아시아, 아프리카까지 파이프라인은 점점 그 길이를 늘여가고 있다. 이제는 수소와 암모니아 같은 미래 에너지마저 파이프라인으로 운송할 준비가 한창이다.

그러나 이 혈관은 길고 복잡하며, 언제든 끊어질 수 있다. 하나의 파이프라인이 멈추면 한 나라가 마비되고, 세계 경제가 흔들리며, 전쟁이 일어날 수도 있다. 파이프라인은 에너지의 길이면서 동시에 전쟁의 도화선이 될 수 있는 인프라다.

이 책이 하려는 이야기

《파이프라인》은 파이프라인을 단순한 기술적 시스템으로 설명하지 않는다. 이 책은 파이프라인을 둘러싼 역사와 경제, 지정학과 미래를 이야기한다.

누가 관을 만들었고, 누가 밸브를 잡고 있으며, 누가 그것을 무기로 만들었고, 누가 그것 때문에 파멸했는지를 보여준다.

이 책은 에너지의 흐름을 통해 세계가 어떻게 움직이는지 보여주는 지도가 될 것이다. 이 책은 파이프라인이라는 관을 통해 세계의 흐름과 권력의 지도를 읽는 법을 제시한다.

파이프라인을 알면 세상이 보인다.

그 강철관 안에서 흐르는 것은 단순한 원유나 가스가 아니다.

돈이고, 권력이고, 전쟁이고, 평화다.

차례

프롤로그 왜 지금 파이프라인을 알아야 하는가? | 4

PART 01
파이프라인의 **기초부터 완전정복**

001 파이프라인이란 무엇인가? | 18
002 파이프라인은 어떻게 에너지를 운반하는가? | 24
003 원유, 가스, 수소는 각각 어떤 파이프라인이 필요한가? | 29
004 파이프라인의 직경과 압력은 어떻게 결정되는가? | 35
005 육상과 해저 파이프라인은 어떻게 다를까? | 42
006 파이프라인과 유조선, LNG선 수송의 차이는 무엇인가? | 47
007 파이프라인은 왜 고장이 나고, 사고가 발생하나? | 52
008 파이프라인은 어떻게 유지보수하는가? | 58
009 파이프라인 누출 감지 시스템은 어떻게 작동하나? | 64
010 최신 파이프라인 기술과 혁신은 무엇인가? | 71

PART 02
파이프라인 **건설의 세계**

011 파이프라인은 어떻게 만들어지나?(강관 제작 과정) | 78
012 파이프라인은 어떻게 설치되나?(육상 시공) | 83
013 해저 파이프라인은 어떻게 깔까?(S-lay vs J-lay 방식) | 88
014 파이프라인 건설의 최대 난관은 무엇인가? | 93

015 파이프라인 시공의 환경 문제는 어떻게 해결하나? |98
016 파이프라인 건설비용은 얼마나 들까? |103
017 파이프라인 프로젝트 수익은 어떻게 계산하는가? |108
018 어떤 회사가 파이프라인을 건설하나? |112
019 Allseas, Saipem 등 글로벌 강자의 비밀은? |117
020 파이프라인 시공 실패 사례와 그 교훈은? |121

PART 03
파이프라인의 역사와 사건들

021 파이프라인은 어디서 시작되었는가? |128
022 카이저호프호텔에서 시작된 서독 – 소련 협상은 무엇이었나? |132
023 드루즈바 파이프라인의 탄생과 냉전은 무슨 관계였나? |136
024 야말 프로젝트는 왜 미국을 화나게 했는가? |140
025 사우스스트림은 왜 무산됐나? |145
026 노르드스트림 1·2, 파이프라인의 전설은 어떻게 만들어졌나? |150
027 노르드스트림은 누가 파괴했는가? |155
028 오일쇼크는 파이프라인에 어떤 영향을 미쳤나? |160
029 이란 – 이라크 전쟁과 파이프라인 전쟁 |165
030 미국의 파이프라인 외교는 어떻게 변화해왔나? |170

PART 04
주요 국가별 **파이프라인 프로젝트**

- 031 러시아 : 파워 오브 시베리아와 유럽 통제 전략 | 178
- 032 미국 : 키스톤 파이프라인과 내수 경제의 혈관 | 183
- 033 중국 : 중앙아시아 – 중국 가스 파이프라인 전략 | 188
- 034 이스라엘 : EAPC와 EastMed, 에너지 허브의 야망 | 193
- 035 사우디와 UAE : 송유관으로 중동을 지배 | 198
- 036 투르크메니스탄 : 카스피해 파이프라인 | 203
- 037 아제르바이잔 : BTC와 TANAP 프로젝트 | 208
- 038 튀르키예 : 튀르크스트림과 에너지 관문 전략 | 213
- 039 유럽 : 남부 가스 회랑과 러시아 의존 탈피 전략 | 218
- 040 한국 : 러시아 파이프라인은 가능성 | 223

PART 05
파이프라인과 **전쟁, 외교, 안보**

- 041 파이프라인은 왜 전쟁을 부르는가? | 230
- 042 에너지 무기화의 진짜 사례들 | 234
- 043 파이프라인을 둘러싼 러시아 – 우크라이나 전쟁의 경제학 | 239
- 044 러시아는 왜 전쟁 중에도 우크라이나에 통행료를 줬을까? | 244
- 045 사우디 – 이란 경쟁과 수송 경로 전쟁 | 249
- 046 이스라엘과 이란의 EAPC 파이프라인 전쟁사 | 253
- 047 파이프라인 사이버 해킹 사례와 교훈 | 257
- 048 콜로니얼 해킹 사건이 보여준 에너지 안보 위기 | 261
- 049 NATO와 파이프라인 보호 전략은 어떻게 되어 있나? | 265
- 050 미국, 러시아, 중국의 에너지 외교《삼국지》| 270

PART 06
파이프라인의 **경제와 비즈니스**

051 파이프라인 프로젝트의 자금 조달 방식은? | 278
052 가스와 석유의 거래 방식은 어떻게 다른가? | 283
053 장기계약과 현물시장의 경제학 | 288
054 파이프라인 수송료와 경제적 효과 | 293
055 파이프라인과 LNG선, 어느 쪽이 더 경제적인가? | 298
056 파이프라인과 전력망, 어느 쪽이 더 안정적인가? | 302
057 파이프라인 수익과 국가 재정의 관계 | 306
058 OPEC과 파이프라인 정책의 연결고리 | 310
059 파이프라인을 둘러싼 투자 리스크는 무엇인가? | 313
060 ESG와 파이프라인 : 지속가능한가? | 317

PART 07
파이프라인과 **기술의 미래**

061 수소 파이프라인은 왜 난이도가 높은가? | 324
062 암모니아·이산화탄소 파이프라인이 뜨는 이유는? | 328
063 탄소 포집·저장(CCS)과 파이프라인의 역할 | 332
064 디지털 트윈과 AI가 파이프라인을 바꾸고 있다 | 336
065 사이버 보안이 파이프라인의 생존을 좌우한다 | 340
066 드론과 로봇이 파이프라인을 감시한다 | 344
067 극지방, 심해 파이프라인은 어떻게 건설하는가? | 347
068 북극 파이프라인이 가져올 변화 | 351
069 파이프라인 해양보호와 친환경 기술은? | 354
070 파이프라인 기술의 한계와 극복 과제 | 358

PART 08
파이프라인이 **바꾼 세계사**

- 071 20세기 에너지 패권과 파이프라인의 등장 | 364
- 072 냉전과 가스 파이프라인이 만든 평화와 위기 | 367
- 073 오일쇼크와 파이프라인이 만든 신질서 | 370
- 074 미국의 에너지 독립과 키스톤 프로젝트 | 374
- 075 EU의 에너지 위기와 파이프라인 대란 | 378
- 076 사우디, 이란, 이라크의 파이프라인 경쟁사 | 382
- 077 러시아의 노르드스트림으로 본 에너지 전쟁 | 386
- 078 중국의 일대일로와 파이프라인 외교 | 390
- 079 이스라엘의 천연가스와 중동 평화 가능성 | 394
- 080 아프리카와 파이프라인, 마지막 에너지 프론티어 | 398

PART 09
논쟁과 딜레마, **그리고 선택**

- 081 파이프라인이 에너지 독립을 보장할까? | 404
- 082 파이프라인이 가져오는 지정학적 의존성은? | 408
- 083 LNG vs 파이프라인 : 어느 쪽이 더 안전한가? | 411
- 084 파이프라인 프로젝트가 개발도상국을 구할까? | 415
- 085 파이프라인 건설이 환경을 파괴하는가? | 419
- 086 테러와 사이버 위협에서 안전한가? | 422
- 087 파이프라인과 인권 : 토지 수용과 주민 보상 문제 | 425
- 088 기술 혁신이 파이프라인의 딜레마를 해결할까? | 429
- 089 수소·탄소중립 시대에 파이프라인은 살아남을까? | 433
- 090 파이프라인을 둘러싼 국제법과 해양법의 충돌 | 436

PART 10
파이프라인의 **미래 지도**

091 파이프라인이 만들어가는 에너지 허브 도시 | 442
092 중동과 유라시아 파이프라인의 재편 | 445
093 동지중해 가스전과 유럽 에너지 전쟁 | 448
094 북극항로와 러시아의 에너지 야망 | 452
095 미국과 유럽의 LNG 패권 vs 파이프라인 경제학 | 456
096 중국의 에너지 확보와 파이프라인 전략 | 459
097 일본과 한국의 파이프라인 가능성은? | 463
098 인도와 남아시아 에너지 파이프라인 계획 | 467
099 그린수소와 글로벌 파이프라인의 미래 | 471
100 파이프라인이 사라진 세상은 가능할까? | 475

에필로그 파이프라인은 도로다, 아니 혈관이다 | 478

파이프라인은 현대문명을 움직이는 혈관이다.
그러나 대부분의 사람들은 그것이 어디에서 시작되고 어떻게 작동하며, 왜 필연적으로 정치와 전쟁의 무기가 되는지 알지 못한다.
이 장에서는 파이프라인의 기본 구조와 원리, 종류와 기능, 설치 방법과 유지 관리에 이르기까지 기술적 기초와 산업적 역할을 체계적으로 정리한다.
가정집 가스관에서 초대륙을 관통하는 가스 수송관까지, 파이프라인이 어떻게 설계되고 건설되며, 사고를 예방하는지 구체적으로 파헤친다.
무심코 지나쳤던 강철관 뒤편에서 벌어지는 에너지 공급망의 생생한 현실과 기술적 비밀을 하나씩 들춰내는, 파이프라인 입문서이자 완전정복의 시작이다.

PART
01

파이프라인의
기초부터 완전정복

001
파이프라인이란 무엇인가?

파이프라인은 문명의 혈관이다.

어떤 사람들은 이걸 강철관이라고 부른다. 어떤 이들은 지구를 관통하는 뱀이라고 부른다. 하지만 가장 정확한 정의는 이거다.

인류가 더 많은 것을 소비하고, 더 빠르게 전달하고, 더 쉽게 지배하기 위해 만든 강철의 길. 그게 파이프라인이다.

파이프라인은 어떻게 인류의 문명을 만들어왔는가?

시작은 물이었다.

농업혁명이 시작되면서 인류는 강둑에만 머물 수 없었다. 물을 끌어와야 했다. 이집트의 관개수로, 메소포타미아의 수로, 잉카 제국의 아쿠에덕트. 그것들이 전부 파이프라인의 조상이다. 물은 흘렀고, 밀은 자랐고, 인구는 늘었다. 그리고 도시가 생겼다.

하지만 이건 서막에 불과했다. 19세기, 산업혁명이 일어나고 나서야 인류는 '에너지'를 운반하기 시작했다. 물이 아니라 불의 연료를, 그것도 고체가 아닌 액체를. 심지어 기체를 대륙에서 대륙으로 이동시킬 생각을 했다.

기름과 가스는 무겁고 위험하다. 바다에서 배가 뒤집히면 환경재앙이다. 육지에서 기름통을 나르면 원시시대로 돌아간다. 그래서 사람들은 땅 밑에 관을 묻기로 했다.

말 그대로, 땅속에 강을 하나 만든 것이다. 강이 흘러야 경제가 움직인다. 그 강이 멈추면 공장이 멈추고, 전기가 끊기고, 국가가 멸망한다.

파이프라인의 진짜 탄생 : 석유와 전쟁과 산업

1859년, 미국 펜실베이니아 타이터스빌. 에드윈 드레이크가 기름을 뽑아 올렸다. 원시적인 방식으로 땅을 파서 석유를 퍼냈다. 문제는 그다음이다. 기름통에 담아 말이나 수레로 옮겨야 했다. 1마일 나르면 기름값이 세 배가 된다. 이때 누군가가 말했다.

"관을 묻자."

그리고 실제로 나무 파이프를 땅에 묻었다. 그게 세계 최초의 석유 파이프라인이다. 그 이후 파이프라인은 진화했다. 강철이 되었고, 수천 킬로미터를 넘나들었고, 심지어 바다 밑, 심해 3,000m 아래로 들어갔다.

파이프라인은 산업혁명의 숨은 주역이었다.

전쟁과 평화의 무게추였다.

그리고 그건 지금도 변하지 않는다.

왜 파이프라인인가?

간단하다. 싸고, 많이 보내고, 멈출 수 없기 때문이다. 석유와 가스를 옮기는 방법은 여러 가지가 있다. 유조선, 기차, 트럭… 다 된다. 하지만 전부 비싸고 느리고 위험하다.

파이프라인은 다르다. 한 번 깔면 24시간, 365일, 중단 없이 간다. 노르드스트림 1은 연간 550억㎥의 가스를 독일까지 보냈다. LNG선 수십 척이 매일 들락날락하는 것보다 빠르고 싸다. 그리고 무엇보다, 밸브만 잠그면 한 국가 전체를 인질로 삼을 수 있다. 러시아가 우크라이나에 했던 것처럼. 튀르키예(터키)가 튀르크스트림으로 유럽을 조련하는 것처럼. 카자흐스탄이 가스를 틀어줘고 중국에 값 흥정을 하는 것처럼. 파이프라인은 단순한 강철관이 아니다. 권력이고 통제다.

파이프라인은 경제적 혈관인가, 정치적 목줄인가?

이것은 경제 문제를 가장한 정치 문제다. 파이프라인이 들어가는 순간 그 나라의 안보는 바뀐다. 에너지 수입국은 파이프라인의 끝에 밸브를 잡은 상대를 신경 써야 한다. 그리고 그 밸브는 누군가의 손에 있다. 서독이 1960년대 소련과 손잡고 드루즈바 파이프라인을 만들 때, 미국은 경악했다.

"이게 제정신이야? 소련한테 에너지 목줄을 맡긴다고?"

하지만 서독은 개의치 않았다. 값싼 가스는 경제성장과 전쟁 회피라는 명분을 가져왔다. 그리고 그 대가를 2022년 푸틴이 보여줬다. 밸브 하나 돌리자 독일이 멈췄다.

파이프라인이 없으면 어떻게 되는가?

2021년 콜로니얼 파이프라인 해킹 사건은 미국인들에게 좋은 교훈을 줬다. 파이프라인이 멈추자 휘발유가 사라졌다. 주유소 앞은 1970년대 오일쇼크를 방불케 했다. 주부들은 쓰레기봉투에 기름을 담았고, 남자들은 플라스틱 통을 싸 들고 기름을 사러 다녔다. 누군가는 싸움을 벌였고, 누군가는 휘발유를 훔쳤다. 미국이 세계 최대 산유국이라는 사실은 별로 중요하지 않았다.

파이프라인이 멈추면 모든 게 멈춘다.

파이프라인은 테러의 목표이자 해커의 놀이터다.

테러리스트와 해커들은 파이프라인을 너무나 사랑한다. 한 번 터뜨리면 효과는 확실하고, 충격은 강력하다.

이라크 전쟁 당시 미군이 점령한 유전에서 가장 골치 아픈 건 파이프라인 파괴였다. 매일 아침 기름을 퍼올려도 파이프라인이 폭파되면 소용이 없다. 사막 위로 시커먼 연기만 올라갈 뿐이다. 지금은 해커들이 바통을 넘겨받았다.

SCADA(감시 및 데이터 수집 시스템) 하나 해킹하면 밸브가 닫히고, 압력이 올라가고, 결국 폭발한다. 그걸 막는 게 디지털 보안이지만, 세상에서 가장 허술한 게 산업 제어 시스템 보안이다.

파이프라인은 왜 현대문명의 기초인가?

인류는 에너지를 대량으로 소비하지 않으면 살 수 없는 존재가 되었다. 그 에너지를 매일, 매시간, 매초 전달하는 시스템이 파이프라인이다. 아무도 그걸 보지 않고 신경 쓰지 않는다. 하지만 그것이 멈추면 인류는 다시 돌도끼를 들어야 한다.

파이프라인은 인류의 현대화와 동의어다. 파이프라인이 문명의 기초라는 말은 허세가 아니다. 이것은 사실이다.

파이프라인의 미래

이제 파이프라인은 석유와 가스만 나르지 않는다. 수소가 들어가고, 암모니아가 흐른다. 이산화탄소를 포집해서 보내기도 한다.

하지만 관은 여전히 강철이고, 여전히 땅속에 묻힌다. 에너지 패권을 장악하려는 싸움은 앞으로도 파이프라인 위에서 벌어질 것이다. 러시아는 북극해에 파이프라인을 깔고 있고, 중국은 일대일로(신新 실크로드 전략)를 파이프라인으로 감싸고 있고, 튀르키예는 에너지 허브가 되겠다며 밸브를 잡고 있다. 그러나 한국은 여전히 파이프라인을 꿈만 꾸고 있다.

파이프라인은 문명의 진짜 주인공이다.

아무도 파이프라인에 박수를 보내지 않는다. 하지만 파이프라인이 없으면 세상은 돌아가지 않는다. 그리고 그 파이프라인을 누가 만들고, 누가 관리하며, 누가 멈출 수 있는지 아는 사람만이 미래의 권력을 거머쥔다.

   파이프라인은 관이 아니다. 그건 통로이고, 혈관이고, 경제이고, 권력이다. 그걸 아는 순간, 당신은 세계가 어떻게 움직이는지 보기 시작할 것이다.

한 줄 정리

파이프라인은 단순한 강철관이 아니라, 인류 문명을 움직여온 보이지 않는 혈관이자 권력의 통로로서, 에너지·경제·정치를 연결하며 현대사와 미래를 동시에 지배하는 문명의 실핏줄이다.

002
파이프라인은
어떻게 에너지를 운반하는가?

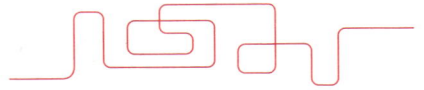

파이프라인이란 본질적으로 말하자면, 거대한 빨대와도 같은 구조물이다. 물론 우리가 패스트푸드 점에서 사용하는 가느다란 플라스틱 빨대와 비교할 수는 없다. 여기서 말하는 파이프라인은 평균 직경 1m에서 1.4m에 달하는 강철로 만들어진 관이다. 내부는 마찰을 최소화하기 위해 매끄럽게 에폭시 코팅이 되어 있고, 외부는 내구성을 높이기 위해 콘크리트로 보강되어 있다. 길이는 때로 수천 킬로미터에 이르는 거리까지 뻗어 나간다. 그 관 안으로 흐르는 것은 단순한 액체나 기체가 아니다. 거기에는 한 나라의 경제를 움직이는 동력이 흐르고 있다. 더 넓게 보면 전쟁과 평화, 국가와 국가 사이의 힘의 균형이 그 안에서 이동하고 있다. 이 모든 것이 물리학과 유체역학, 열역학의 법칙에 따라 작동하며, 때로는 국제정치학의 법칙에 따라 좌우된다.

파이프라인이 어떻게 에너지를 운반하는지 이해하기 위해서는 우선 그 기본 원리를 살펴볼 필요가 있다. 그 출발점은 바로 압력이다. 파이프라인은 본질적으로 높은 압력의 차이를 이용하여 원유나 천연가스를 한쪽에서 다른 쪽으로 이동시키는 시스템이다. 한쪽 끝에서는 에너지원이 펌프나 압축기를 통해 강제로 밀려 들어가고, 다른 쪽 끝에서는 정해진 속도로 그것이 도착하여 저장되거나 사용된다. 그 중간에는 '펌프장' 또는 '압축소'라고 불리는 주요 시설이 설치되어 지속적으로 압력을 유지하고 보완하는 역할을 한다. 일반적으로 파이프라인 내부의 압력은 60bar(바, 압력의 단위)에서 100bar 사이에 이른다. 자동차 타이어의 압력이 약 2bar에서 3bar인 것을 생각하면, 이는 대략 30배에서 50배 가까운 고압이다. 이러한 압력으로 원유와 가스를 밀어 넣고, 수천 킬로미터의 거리를 쉼 없이 흘러가게 하는 것이다. 지금 이 순간에도 러시아의 야말반도에서 뿜어져 나오는 천연가스가 벨라루스를 지나 폴란드를 통과하고 있으며, 결국 독일에 도착해 도시를 가열하고 산업을 움직이고 있다. 이 흐름은 밸브가 닫히지 않는 한 결코 멈추지 않는다.

그렇다면 이 파이프라인은 구체적으로 어떤 자원을 운반하는가?

첫째는 원유이다.

원유는 상대적으로 무겁고 점성이 높은 액체다. 온도가 낮아지면 쉽게 응고되어 흐름이 정지될 수 있기 때문에, 파이프라인 시스템에는 일반적으로 가열 장치가 필수적으로 장착되어 있다. 특히 알래스카의 트랜스 알래스카 파이프라인처럼 혹한 지역을 지나는 경우, 원유는 언 상태로는 절대 흐를 수 없기 때문에, 끓는 수준의 높은 온도를 유지하며 송유가 이루어진다. 영하 50℃를 오가는 극한의 환경에서도 기름이 흐르도록 유지하는 기술이 여기에 적용된다.

둘째는 천연가스다.

가스는 기본적으로 가볍고 잘 흐르지만, 그만큼 압축하지 않으면 멀리 보내기 어렵다. 그래서 천연가스를 운반하는 파이프라인에는 일정 간격마다 압축소가 설치되어 있으며, 이곳에서 가스의 압력을 반복적으로 높여주어야 한다. 만약 이 작업을 게을리하면 압력이 떨어지고, 결과적으로 흐름이 정지하게 된다. 러시아가 유럽에 공급하는 주요 가스 파이프라인에는 최소 30개 이상의 압축소가 설치되어 있는데, 이 시설을 누가 관리하고 통제하느냐에 따라 한 국가의 에너지 안보와 경제가 크게 흔들릴 수 있다.

셋째는 최근 각광 받고 있는 수소, 암모니아, 그리고 이산화탄소다.

이들은 신재생 에너지 시대에 부각되고 있는 새로운 운송 콘텐츠다. 하지만 기존의 원유나 가스보다 훨씬 까다롭다. 예를 들어 수소는 분자 크기가 매우 작아 기존 파이프라인을 그대로 사용할 경우 쉽게 누출될 위험이 크다. 암모니아는 독성이 강하고 부식성이 심해 운송과 저장 모두 특별한 기술과 관리가 요구된다. 이산화탄소는 고압 상태에서는 액체 형태로 수송되지만, 만약 누출되면 심각한 안전사고로 이어질 수 있다. 이러한 이유로 이 세 가지 물질을 위한 파이프라인은 더욱 정밀하고 고도화된 기술을 필요로 하며, 그만큼 구축 비용도 높고 운용 난이도 역시 상당하다.

그렇다면 왜 파이프라인은 한 번 흐름이 멈추면 다시 가동하기가 어려운 것일까? 파이프라인 내부는 지속적인 흐름을 유지해야 내부 압력이 안정되고, 관 내부에 이물질이 쌓이거나 부식이 진행되는 것을 막을 수 있다. 만약 시스템이 정지하면 원유는 쉽게 응고하고, 가스는 압력을 잃어버리며, 관 내부는 부식되기 시작한다. 한 번 멈춘 파이프라인을 재가동하기 위해서는 전 구간에 걸쳐 수압 테스트와 세척 작업을 진행해야 하며, 모든 구간의 압축과 가열 시스템을 다시 점검하고 압력을 복구해야 한다. 이 과정은 막대한 시간과 비용이 요구되며, 따라서 파이프라인 운영자는 어떤 상황에서도 흐름을 멈추지 않기 위해 최선을 다할 수밖에 없다. 이런 맥락에서 러시아가 우크라이나와 전쟁 중에도 유럽으로 향하는 가스를 여전히 송출하고 있는 것도 일면 이해가 된다. 만약 흐름이 멈추고 시스템이 정지한다면, 그 복구는 경제적으로도 전략적으로도 치명적이기 때문이다.

해저 파이프라인의 경우 그 난이도는 더욱 높다.

노르드스트림 가스관은 발트해 해저 80m에서 100m 사이에 설치되어 있으며, 관 직경은 1,220mm, 벽 두께는 41mm에 이른다. 내부는 부식 방지 코팅이 되어 있고, 외부는 해저 환경의 압력과 충격을 견디기 위해 두꺼운 콘크리트로 감싸져 있다. 이러한 해저 파이프라인은 중간 압축소를 설치하기가 사실상 불가능하기 때문에,

양쪽 끝단에서 가스를 최대 압력으로 밀어 넣고 한 번에 보내는 시스템을 사용한다. 이는 첨단 기술의 집약체라 할 수 있으며, 그만큼 파이프라인이 파괴되었을 때 복구가 어렵고, 심한 경우 불가능에 가깝다는 의미이기도 하다. 실제로 노르드스트림이 파괴되고 그 복구가 현재까지 이루어지지 못한 이유가 여기에 있다. 그렇다면 이렇게 어렵게 운반된 에너지는 최종적으로 어디로 가는가? 파이프라인의 종착지에서는 원유가 정유소로 보내져 정제되고, 가스는 배관망을 통해 도시로 공급된다. 이 과정에서 다시 압력과 온도를 조정하고, 각각의 용도에 맞게 전환된다. 그렇게 해서 우리는 집 안의 보일러를 가동하고, 자동차에 연료를 넣으며, 비행기를 띄우게 되는 것이다. 어찌 보면 아침에 우리가 마시는 커피 한 잔, 저녁에 켜는 전등 하나조차도 이 파이프라인이 멈추지 않고 흐르고 있기에 가능한 일이다.

파이프라인이란 무엇인가?

한마디로 말하면 압력의 흐름이다. 더 넓게 보면 국가 경제의 흐름이며, 더 깊이 들어가면 국가 권력의 흐름이다. 우리 일상 속 아파트 난방도 결국은 카타르에서 출발한 LNG가 파이프라인, 선박, 그리고 다시 파이프라인을 타고 우리 집에 도달한 결과다. 이 숨겨진 인프라가 끊어지는 순간 한 도시가 멈추고, 한 나라가 무너질 수 있다.

다시 말하지만, 파이프라인은 멈추지 않는 심장과 같다. 그 안에서 흐르는 것은 단순한 에너지가 아닌, 국가의 생명과 권력 그 자체다.

003
원유, 가스, 수소는 각각 어떤 파이프라인이 필요한가?

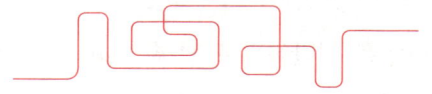

파이프라인이라고 해서 모두 같은 구조나 기술을 공유하는 것은 아니다. 겉으로 보기에는 비슷한 강철관처럼 보이지만, 그 안에 무엇을 운반하느냐에 따라 설계 기준은 전혀 달라지며, 사용하는 재료와 운영 방식, 유지 관리 시스템도 모두 다르게 설계된다. 특히 원유, 천연가스, 그리고 수소는 에너지 시장을 대표하는 삼대 에너지원이지만, 파이프라인 입장에서 본다면 이 셋은 그야말로 서로 성격이 극단적으로 다른 까다로운 상대라고 할 수 있다.

원유 파이프라인 – 느리고 무겁지만 꾸준히 흐르는 강철 혈관

원유 파이프라인은 마치 인체의 동맥처럼, 무겁고 점성이 강한 액체를 일정한 속도로 천천히 이동시키는 역할을 담당한다. 원유는 기본적으로 끈적하고 무거운 성질을 가지고 있으며, 특히 온도가 낮아지면 응고하여 흐름이 멈출 위험이 있다. 일부 원유는 거의 타르 수준으로 점성이 높아 별도의 가열 시스템 없이는 이동이 불가능하다. 이 때문에 원유 파이프라인에는 기본적으로 온도 제어 시스템이 필수적으로 설치되어 있으며, 특히 동시베리아나 알래스카처럼 극한 지역을 지나는 경우 전기 히터나 열 수송 시스템을 통해 관 내부 온도를 일정하게 유지해야 한다.

원유 파이프라인은 일반적으로 직경이 24in(인치)에서 48in에 이르며, 두께는 10mm 이상의 두꺼운 강철이 사용된다. 내부식성을 강화한 강철 소재가 채택되고, 관 내부는 주기적인 청소가 필요하다. 이는 원유가 이동하면서 내부에 왁스가 침착되기 때문이며, 이를 제거하기 위해 '피그(PIG) 시스템'이라 불리는 자동 청소 장비가 주기적으로 파이프라인 안을 지나가며 내부를 청소하는 방식이 사용된다.

압력은 상대적으로 낮은 편으로, 보통 30bar에서 100bar 사이에서 운영된다. 펌프 스테이션은 보통 50~100km 간격으로 설치되며, 이곳에서 압력을 보충하고 유량을 조절한다. 원유 파이프라인의 대표적인 사례로는 알래스카의 트랜스 알래스카 파이프라인이 있으며, 이 관을 통해 하루 60만 배럴 이상의 원유가 남쪽으로 이동하고 있다. 알래스카의 혹한 환경 속에서도 관이 얼지 않도록, 가열된 원유를 높은 온도로 유지하며 흐르게 하고 있다.

원유 파이프라인은 그 특성상 외부 공격과 사고에 취약하다. 특히 나이지리아나 콜롬비아 같은 지역에서는 파이프라인이 도난과 테러의 대상이 되기 쉽고, 이로 인한 폭발사고나 환경오염이 자주 발생한다. 기름을 훔치기 위해 불법으로 구멍을 뚫다 폭발이 일어나고, 때로는 마을 전체가 사라지는 참사가 발생하기도 한다. 원유 파이프라인의 유출은 생태계 파괴와 국제적 비난으로 이어질 수 있으며, 복구와 보상에 막대한 비용이 소요된다.

천연가스 파이프라인 – 빠르고 압도적인 고압 시스템

천연가스 파이프라인은 고압의 기체를 이동시키는 고도의 정밀한 시스템이다. 천연가스는 기체 상태로 존재하기 때문에 밀도가 낮아 그대로 수송하기에는 비효율적이다. 이를 해결하기 위해 파이프라인 내부에서는 가스를 고압으로 압축하여 이동시키며, 압력이 낮아지지 않도록 일정한 간격마다 압축소(컴프레서 스테이션)를 설치한다. 이 압축소는 일반적으로 100~200km 간격으로 배치되며, 가스의 압력을 지속적으로 높여주는 역할을 수행한다.

천연가스 파이프라인의 관 직경은 보통 16in에서 56in에 이른다. 노르드스트림 가스관의 경우 56in급 대형 관이 사용되었다. 두께는 원유 파이프라인보다 훨씬 두껍고 견고한 20~50mm 강철을 사용하는데, 이는 가스의 폭발 위험을 고려하여 안전성을 극대화하려는 조치이다. 가스는 보통 70bar에서 200bar의 고압으로 운반되며, 일부 구간에서는 300bar 이상의 초고압을 적용하기도 한다.

고압의 가스를 운반하는 만큼 폭발 위험이 상존하며, 가스가 누출될 경우 순식간에 확산되고, 작은 점화원에도 화염 폭발이 발생할 수 있다. 따라서 천연가스 파이프라인은 SCADA(감시 및 데이터 수집 시스템) 같은 정교한 감시 시스템을 통해 압력과 유량을 실시간으로 관리하고 있다. 압축소가 정전될 경우 즉시 가동이 중단되며, 이로 인해 에너지 공급에 심각한 문제가 발생하기도 한다. 러시아의 가스 공급 중단 사례가 여기에 해당한다.

대표적인 천연가스 파이프라인으로는 러시아와 독일을 연결하는 노르드스트림이 있다. 이 가스관은 발트해 해저를 따라 1,200km 이상을 연결하며, 양 끝단에서만 압력을 조절하여 가스를 수송하는 독특한 구조다. 또한 러시아에서 중국으로 연결되는 파워 오브 시베리아 파이프라인은 총 길이 4,000km에 이르며, 연간 380억m^3의 가스를 수송하는 대규모 프로젝트이다.

천연가스 파이프라인은 사이버 공격에도 매우 취약하다. 압력 제어 시스템이 해킹될 경우 에너지 공급망 전체가 마비될 수 있음을, 2021년 미국 콜로니얼 파이프라인 해킹 사건이 여실히 보여주었다.

수소 파이프라인 – 위험하지만 미래 에너지로 가는 관문

수소는 미래 에너지로 각광 받고 있지만, 파이프라인 운송 측면에서는 가장 까다로운 대상이다. 수소 분자는 크기가 작아 강철의 미세한 틈새도 쉽게 빠져나가며, 이 과정에서 금속을 취성화(brittle)시켜 재료를 약하게 만들고 파손 위험을 증가시킨다.

현재 수소 파이프라인은 주로 10~20in 급의 중소형 관이 주류를 이루며, 강철 대신 복합소재나 내수소성 강철이 사용된다. 내부에는 추가적인 코팅이 필요하며, 장기 내구성 확보가 기술적 난제로 꼽힌다. 압력은 150bar에서 700bar에 이르는 초고압이 적용되며,

이는 수소차의 연료탱크가 700bar의 압력으로 저장되는 것과 같은 수준이다. 수소를 고압으로 압축하고 수송하기 위한 압축소는 기존 가스 시스템보다 훨씬 고도화된 기술을 요구하고 있으며, 비용 또한 상당히 높은 편이다.

공기보다 14배 가벼운 수소는 누출될 시 빠르게 하늘로 확산되지만, 불이 붙으면 순식간에 폭발을 일으킬 수 있다. 특히 수소의 화염은 가시화가 어렵기 때문에 낮에는 불꽃이 보이지 않으며, 사고가 발생해도 초기에 인지하기 어렵다는 점이 위험 요소로 꼽힌다.

현재 유럽은 하이드로젠 백본 프로젝트를 통해 유럽 전역에 걸쳐 총 39,700km 길이의 수소 파이프라인 네트워크를 구상하고 있으며, 일본 역시 2040년까지 수소 수입과 배관망 구축을 목표로 하고 있다. 다만 수소 파이프라인은 아직 경제성과 기술적 안정성 측면에서 대규모 상용화 단계에 이르지 못했고, 대부분 파일럿 프로젝트에 머물러 있는 상황이다.

그 외 새로운 파이프라인들 – 암모니아와 이산화탄소

수소와 관련해 각광 받는 대안으로 암모니아가 있다. 암모니아는 수소를 운반하는 매체로 활용되며, 냄새가 지독하고 부식성이 강하지만, 기존 가스관을 개조하여 활용할 수 있게 하는 연구가 진행 중이다.

이산화탄소 파이프라인은 탄소 포집 및 저장(CCS) 기술의 일환으로 주목받고 있으며, 미국에서는 이미 8,000km 이상의 이산화탄소 전용 파이프라인이 가동되고 있다. 이산화탄소는 액화 상태로 고압 수송되며, 누출 시 질식 위험과 환경문제가 제기된다.

최종 정리 : 셋은 완전히 다르다.

원유, 천연가스, 수소는 각각 전혀 다른 물성을 지니고 있으며, 이로 인해 파이프라인의 설계와 운영 방식도 근본적으로 다르다. 원유는 무겁고 점성이 높아 온도 유지가 중요하고, 천연가스는 고압 수송이 필수적이며, 수소는 누출과 취성화 문제로 인해 가장 정교하고 민감한 기술이 요구된다.

겉으로 보기에는 단순한 강철관이지만, 그 안에서 흐르는 것은 물질이 아니라 국가 경제와 권력이며, 이를 지탱하는 기술과 안전성은 현대문명의 안보와 직결된다.

파이프라인은 단순한 관이 아니다. 그것은 현대 산업과 에너지 시스템의 생명선이다. 그 흐름이 멈추는 순간, 국가도 도시도 결코 안전하지 않다.

한 줄 정리

원유는 열로, 가스는 압력으로, 수소는 첨단소재로 흐르며 - 각기 다른 성질의 에너지가 각기 다른 기술로 운반되는 파이프라인은 단순한 관이 아니라, 물리학·화학·정치가 교차하는 문명의 숨겨진 기술 혈관이다.

004
파이프라인의 직경과 압력은 어떻게 결정되는가?

파이프라인을 설계할 때 가장 자주 듣게 되는 질문은 매우 단순하면서도 본질적이다.

"직경을 크게 만들면 한 번에 더 많은 에너지를 보낼 수 있는 것 아닌가요?"

겉으로 보기에는 타당한 질문이다. 실제로 직경이 커지면 유량이 증가하는 것은 물리학적으로 명백한 사실이다. 하지만 문제는 세상에 공짜가 없다는 데 있다. 파이프라인이라는 것은 단순히 '크게 만들면 유리하다'라는 공식으로 해결되지 않는다. 직경이 커질수록 건설비용과 유지비용은 기하급수적으로 증가하며, 압력을 높이면 에너지 수송 효율은 올라가지만 그만큼 안전성은 낮아진다. 파이프라인의 직경과 압력은 유체역학, 재료공학, 경제성 분석, 그리고 때로는 외교적 계산까지 모두 고려한 복합적인 결정의 결과물이다. 말하자면 하나의 공학적 예술이자 정치적 선택인 셈이다.

직경은 어떻게 정하는가?

직경을 결정할 때 가장 기본이 되는 원리는 유량 공식이다. 유량(Q)은 파이프의 단면적(A)과 유속(V)의 곱으로 결정되며, 단면적은 직경의 제곱에 비례하므로, 직경을 2배로 늘리면 유량은 4배가 된다. 이 단순한 수학 공식은 종종 '직경을 키우면 효율이 올라간다'라는 유혹으로 이어진다. 하지만 현실은 그렇게 단순하지 않다.

직경이 커질수록 파이프 자체의 재질 강도와 두께를 함께 키워야 하며, 이때 관을 지탱하는 구조물, 설치 장비, 압축소나 펌프의 크기와 출력까지 모두 덩달아 커진다. 이로 인해 초기 건설비용은 급격하게 상승하며, 운영 과정에서의 유지관리 비용도 함께 증가한다. 특히 내부 세척 비용, 왁스 침착 제거, 수소 운송 시 발생하는 취성화 문제 등은 직경이 커질수록 더욱 민감해진다. 또한 직경이 클수록 압력 손실도 커지기 때문에, 기존의 유속을 유지하기 위해서는 더 많은 압력이 필요하게 된다. 결국, 설계자는 직경 확대에 따른 이익과 비용, 기술적 안정성을 종합적으로 고려해 가장 현실적인 '적정 크기'를 선택하게 된다.

일반적으로 원유 파이프라인은 24in에서 48in 사이의 직경을 가진다. 점성이 높은 벤치크립 원유처럼 끈적한 유체는 더 넓은 관이 필요하다. 천연가스의 경우 고압으로 밀어 넣기 때문에 16in에서 56in까지 다양한 직경이 사용된다. 반면 수소는 현재 수요가 제한적이고 기술적 제약이 많기 때문에 대부분 10~20in 수준의 소형 파이프라인이 주류를 이룬다.

실제 사례로 보면 트랜스 알래스카 원유 파이프라인은 48in, 러시아-독일을 잇는 노르드스트림 가스관은 56in, 파워 오브 시베리아 역시 56in 직경의 관을 사용한다. 이러한 숫자는 단지 크기를 의미하는 것이 아니라, 해당 국가의 경제 전략, 지정학적 조건, 그리고 기술력이 집약된 선택 결과이다.

압력은 어떻게 정하는가?

압력은 유체를 파이프라인 안에서 이동시키는 직접적인 동력이다. 기본적으로 파스칼의 법칙에 따라 고압일수록 더 멀리, 더 빠르게 유체를 밀어낼 수 있다. 하지만 압력을 높이는 것은 곧 위험을 감수한다는 뜻이기도 하다. 높은 압력은 파이프의 파열 위험을 증가시키며, 이를 방지하기 위해서는 더욱 두껍고 강한 소재를 사용해야 한다. 자연히 비용은 기하급수적으로 상승하게 된다. 압력을 결정할 때는 다음과 같은 변수들이 고려된다.

첫째, 유체의 성질이다.

원유는 점성이 높고 가열이 필요하므로 일반적으로 30bar에서 100bar 정도의 압력을 사용한다. 천연가스는 경제성을 확보하기 위해 보통 70bar에서 200bar 사이의 고압이 필요하며, 일부 초대형 가스관에서는 300bar를 넘는 경우도 있다. 수소는 이보다 훨씬 더 높은 압력이 필요하며, 통상적으로 150bar에서 700bar에 이르는 초고압 시스템이 요구된다.

둘째, 수송 거리도 중요한 요소다.

길이가 길어질수록 관 내부에서 압력 손실이 발생하므로 100~200km마다 압축소나 펌프소를 설치해야 한다. 이 시설은 수송의 안정성을 보장하지만, 건설과 운영에 상당한 비용이 든다. 압력을 높이면 압축소 수를 줄일 수 있지만, 그만큼 관 자체가 더 강하고 비싸야 하며, 파열 위험 역시 높아진다. 결국 '압축소의 수를 늘릴 것인가, 압력을 높일 것인가'는 경제성과 안정성 사이에서의 전략적 선택이 된다.

셋째, 경제적 고려다.

압력을 높이면 초기 투자비는 올라가지만, 운송 효율이 좋아져 단위 수송 비용은 줄어든다. 반대로 압력을 낮추면 설비는 간단해지지만 운송 효율이 떨어지고 유지비는 늘어난다. 이 역시 단기 비용과 장기 운용비용 사이의 균형점에서 결정된다.

넷째, 각국의 안전 기준과 법률이 압력 설정에 영향을 준다.

예를 들어 EU는 100bar를 초과하는 압력 구간에 대해 강화된 안전 규제를 적용하고 있으며, 미국의 경우 API 표준을 기준으로 압력에 따라 파이프의 재질과 두께를 강제하고 있다.

직경과 압력의 상관관계

직경과 압력은 별개가 아니라 서로 긴밀히 연결된 요소다. 크고 낮은 압력을 사용하는 설계는 안정성이 높고 마모가 적지만, 초기 비용이 많이 들고 공간도 많이 차지한다. 반대로 작은 직경에 높은 압력을 걸면 설치가 쉽고 초기비용이 줄어들지만, 누출이나 파열 시 폭발 위험이 높아진다. 대부분의 파이프라인 프로젝트는 이 두 극단 사이에서 가장 현실적이고 경제적인 '중간 지점'을 찾는 방향으로 설계된다. 예를 들어 노르드스트림 가스관은 해저라는 제약 조건상 압축소를 설치할 수 없기 때문에 초기 압력을 220bar까지 높여 한 번에 장거리 수송을 시도했다. 이 구조는 효율적이지만, 관이 파괴되었을 때 복구가 거의 불가능하다는 치명적인 약점도 함께 안고 있다.

실제 사례로 살펴보는 직경과 압력 결정의 논리

- **노르드스트림**(러시아 → 독일)

직경 56in, 압력 220bar. 해저 구간에 압축소를 설치할 수 없다는 기술적 한계를 고려해, 양 끝단에서 최대 압력으로 밀어 넣는 방식으로 설계되었다. 이 구조는 가스 수송 효율을 극대화했지만, 관이 공격이나 사고로 파괴되었을 경우 복구는 사실상 불가능하다.

- **트랜스 알래스카 파이프라인**(미국)

직경 48in, 압력 평균 70bar. 극한의 알래스카 환경에서 원유가 굳지 않도록 가열 시스템을 갖추었으며, 온도와 압력을 동시에 유지해야 하는 이중의 기술적 부담이 있었다. 높은 비용이 들었지만, 미국 에너지 독립의 상징이 된 대표적인 성공 사례다.

- **파워 오브 시베리아(러시아 → 중국)**

직경 56in, 압력 120~140bar. 시베리아 극지대를 관통하는 구간 특성상 압축소 설치가 어렵기 때문에 중간 수준의 압력을 유지하는 방식이 채택되었다. 중국 측의 요구에 따라 안정성과 경제성을 동시에 고려한 설계가 이루어졌으며, 양국의 에너지 협력이 기술과 정치의 조율을 통해 실현된 사례다.

직경과 압력의 결정은 단순한 수학이 아니다.

이 모든 설계의 결정은 숫자와 공식만으로 내려지지 않는다. 누가 비용을 부담할 것인가, 어느 나라가 기술을 보유하고 있는가, 위험을 감수할 책임은 누구에게 있는가에 따라 직경과 압력의 선택은 바뀌게 된다. 예를 들어 유럽은 환경 기준에 따라 압력을 낮추고 규제를 강화하는 방향을 추구하고 있고, 러시아는 압력을 높여 수익률을 극대화하는 전략을 택하고 있다. 중동 국가들은 직경을 키워 초기 인프라 투자를 줄이려 하며, 중국은 수소 파이프라인의 설계 시점부터 초고압과 복합소재를 고려하고 있다. 한국은 아직 러시아와의 파이프라인 연결을 오랜 기간 논의 중이지만, 정치적, 외교적 장애물로 인해 실현이 요원한 상황이다.

결론적으로 말하자면 파이프라인의 직경과 압력을 결정하는 일은 단순한 공학적 계산이 아니라 경제학, 정치학, 그리고 지정학이 복합적으로 작동하는 미세 조정의 결과다. 크고 두꺼운 관에 높은 압력을 걸면 수송 효율은 올라가지만, 그만큼 리스크도 함께 커진다. 그 선택은 수치로만 설명되지 않으며, 항상 누군가의 의도, 이익과 손해, 정치적 입장이 작용한 결과물이다.

한 줄 정리

파이프라인의 직경과 압력은 물리학과 경제학, 그리고 권력의 함수로 결정되는 21세기 가장 정교한 인프라 디자인의 미학이다.

005
육상과 해저 파이프라인은 어떻게 다를까?

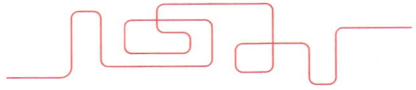

 파이프라인이라 하면 대부분의 사람들은 강철로 된 기다란 관을 떠올린다. 지상에 설치되었건, 바다 밑을 지나가건 겉모양은 크게 다르지 않다. 그러나 이 단순해 보이는 강철관 하나를 실제로 설계하고 시공하며 유지하는 과정은, 육상과 해저라는 단 하나의 조건만 달라져도 완전히 다른 세계로 변모한다. 육상은 인간과의 싸움이고, 해저는 자연과의 전면전이다. 파이프라인을 설치하는 사람들은 농담처럼 이렇게 말한다.
 "차라리 정글을 걷지, 바다는 무섭다."
 하지만 그 농담엔 뼈가 있다.

시공 난이도와 비용 : 육상은 정치, 해저는 압력과 중력과의 싸움
 육상 파이프라인은 사막, 정글, 고원지대를 지나야 하며, 대부분 인간이 사는 지역을 통과해야 한다. 그 말인즉슨, 토지 보상, 지역 주민 설득, 인권 논란, 정부와 지방자치단체의 복잡한 이해관계를 모두 조율해야 한다는 뜻이다. 여기에 테러 위험, 전쟁, 무장세력의 습격 같은 정치적 요소도 상존한다. 반면 해저 파이프라인은 사람과의 갈등은 적지만, 심해라는 극한 환경과 싸워야 한다. 해저 2,000~3,000m 아래에서는 압력만으로도 강철이 구겨질 수 있고, 조류, 해저지진, 부식, 생태계 보호 같은 복합 요소들이 설계자들을 괴롭힌다. 시공 비용 역시 하늘과 땅 차이다. 육상은 1km당 약 100만~300만 달러 선에서 해결되지만, 해저는 심해 구간 기준으로 1km당 400만~2,000만 달러까지 치솟는다. 비용만 놓고 보면 해저 파이프라인은 사실상 '해양 우주 프로젝트'라고 불러도 무방하다.

구조와 재질 : 해저는 육상의 2배 이상을 요구한다.

육상 파이프라인은 일반적으로 탄소강으로 제작되며, 내부는 부식 방지용 에폭시로 코팅하고, 외부는 폴리에틸렌이나 콘크리트 매트로 덮는다. 땅에 묻거나 구조물 위에 설치되는 만큼, 상대적으로 간결하고 표준화된 형태를 갖는다. 반면 해저 파이프라인은 기본적으로 '무게'를 더해야 한다. 바닷속에서 뜨지 않도록 콘크리트 중량재를 입히고, 고압과 염분, 해저지진에 대비해 두께도 두 배 이상 늘린다. 대표적 사례인 노르드스트림은 강철 두께가 41mm, 콘크리트 외피가 110mm에 이르며, 1m당 무게가 11톤에 달한다. 이건 더 이상 파이프가 아니라 바닷속을 기는 잠수함에 가깝다.

시공 방식 : 지상은 노동자, 해저는 로봇

육상 파이프라인은 사람의 영역이다. 측량, 굴착, 용접, 매설, 복구까지 대부분의 작업이 장비와 인력 중심으로 진행된다. 경로 조사부터 토지 수용 협상, 민원 처리까지 시간이 오래 걸리고, 정치적 갈등도 자주 발생한다. 반면 해저 파이프라인은 인간의 손이 닿지 않는 깊은 바다에서 진행되므로 대부분 로봇과 자동화 장비가 시공을 책임진다. 설치 방식도 전혀 다르다. 수심이 낮은 해안에서는 S-lay 방식으로 배에서 길게 연결된 파이프를 해저에 눕히고, 깊은 심해에서는 J-lay 방식으로 수직에 가까운 각도로 파이프를 천천히 내려보낸다. 이 과정은 ROV라 불리는 원격무인잠수정이 실시간으로 감시하고 제어한다. 만약 하나의 오류라도 생기면 수백억 원이 증발할 수 있다. 바다 아래에서는 "다시 조이면 되지"라는 개념은 존재하지 않는다. 잘못되면 처음부터 새로 만들어야 한다.

유지보수와 점검 : 터지면 끝이다.

육상 파이프라인은 내부에 피그(PIG)라는 점검 로봇을 넣어 주기적으로 관 내부를 청소하고 상태를 점검하며, 외부는 드론과 순찰차로 감시한다. 테러와 도난, 폭파 위험이 높은 지역에서는 군 병력이 경계 임무를 수행하기도 한다. 해저 파이프라인은 피그 외에도 ROV가 해저를 항시 감시하며 이상 징후를 체크하지만, 만약 누출이 발생하면 얘기가 달라진다. 메탄이나 원유가 바닷속에서 터지면 즉각적인 조치가 불가능하며, 복구비용은 상상을 초월한다.

무엇보다 복구 자체가 불가능한 경우가 대부분이다. 예를 들어 노르드스트림 2는 파괴 이후 아직도 복구 계획이 나오지 못했다. 바닷속에서 한 번 터지면, 그것은 사실상 사망 선고다.

정치적·군사적 리스크 : 어디서 터지든 전쟁이다.

육상 파이프라인은 테러와 내전의 주요 표적이 된다. 실제로 러시아와 우크라이나 사이를 지나던 야말 파이프라인은 수년간 테러와 폭발에 시달렸다. 이처럼 지상에 드러난 관은 정치적 갈등의 상징이자 민병대의 자금줄이 되기도 한다. 해저 파이프라인은 다르다. 그 깊은 곳에 있는 만큼 누가 손댔는지 알기 어렵다. 누군가 심해 2,000m 아래에서 파이프라인을 절단하거나 폭파해도 증거를 잡기란 거의 불가능에 가깝다. 노르드스트림 2 파괴 사건은 국제사회가 '누가 그랬는가'를 두고 지금도 끝나지 않는 논쟁을 벌이고 있는 대표적인 사례다.

경제성 비교 : 설치 뒤 수익률은 케이스 바이 케이스

육상 파이프라인은 시공과 유지가 비교적 저렴하고 접근성도 좋다. 테러나 도난, 복구비용 상승 같은 리스크가 있지만, 일정한 수익성과 안정성을 기대할 수 있다. 반면 해저 파이프라인은 초기비용이 천문학적이지만, 한 번 제대로 깔면 비교적 낮은 유지비로 고속 운송이 가능하다. 다만 복구 불능이라는 '치명적인 한계'가 발목을 잡는다. 특히 해저관은 보험 처리조차 쉽지 않다. 환경재앙에 대한 책임은 고스란히 사업자에게 돌아가고, 국제적 외교 문제로 번질 수도 있다.

파이프라인은 기술의 정수이자 욕망의 흔적이다.

육상과 해저, 둘 다 강철과 기술로 똘똘 뭉친 인프라다. 그러나 그 속성은 전혀 다르다. 육상은 사람과의 협상과 충돌 속에서 생존해야 하고, 해저는 압력과 부식, 자연이라는 이름의 거대한 괴물과 싸워야 한다. 어디에 설치하든, 파이프라인은 단순한 관이 아니다. 그것은 국가의 생명선이자 전쟁과 평화를 가르는 경계선이다.

한 줄 정리

육상은 정치적 지뢰밭이고, 해저는 기술적 블랙홀이다. 둘 다 터지면, 단순한 사고로 끝나지 않는다. 나라가 멈춘다.

006
파이프라인과 유조선, LNG선 수송의 차이는 무엇인가?

　파이프라인은 지하나 해저를 통해 조용히 에너지를 흘려보내는 혈관이고, 유조선과 LNG선은 바다 위를 항해하며 커다란 에너지 저장 탱크처럼 움직이는 수송 수단이다. 생김새는 다르지만 본질은 같다. 세계 곳곳에서 생산된 기름과 가스를 싸게, 빠르게, 효율적으로 운반하여 어떤 나라의 산업을 지탱한다. 또 어떤 나라에는 외교적 압박 수단이 되기도 한다. 하지만 이 셋은 그 운용 방식, 수송 능력, 전략적 활용 면에서 전혀 다르며, 각각 고유의 강점과 약점을 지닌다.

기본 개념 정리
　파이프라인은 지하 혹은 해저를 따라 설치되어 원유, 천연가스, 수소, 이산화탄소 등을 지속적으로 흘려보내는 방식이다. 경로는 고정되어 있으며, 한 번 설치되면 24시간 내내 멈추지 않고 에너지를 전송할 수 있다. 유조선은 원유나 정제유를 선박에 실어 바다 위를 항해하며 항구에서 항구로 운송하는 방식으로, 이동 경로가 자유롭고 유연하다. LNG선은 천연가스를 −162℃의 극저온으로 액화시킨 상태에서 탑재해 운송하며, 통상적으로 17만에서 26만㎥의 가스를 한 번에 실어나른다. 이들은 실시간 수송이 아니므로 항해 기간에 시간이 소요된다.

파이프라인의 강점과 약점

파이프라인의 가장 큰 강점은 중단 없는 실시간 공급이다. 밸브만 열면 24시간 연속해서 에너지를 수송할 수 있으며, 러시아에서 독일까지 가스가 도달하는 데 단 3일이 걸릴 정도로 빠르다. 또 단위당 수송 비용이 낮아, 설치 초기 비용은 높아도 장기적으론 매우 경제적이다. 수명이 30년에서 길게는 50년까지 되며, 단위당 수송비는 1~3센트 수준으로 책정된다. 더불어 밸브를 조작하는 주체는 에너지 무기화를 실현할 수 있는 권력을 가지게 된다. 반면 파이프라인은 건설비가 수백만 달러 단위로 매우 높고, 노선 협상부터 건설까지 정치적 갈등이 수반되며, 테러나 전쟁에 쉽게 노출되는 취약점도 지닌다. 경로가 고정되어 있기 때문에 수요처가 변하면 대응이 어렵고, 노선 변경도 사실상 불가능에 가깝다.

유조선의 강점과 약점

유조선은 이동 경로가 자유롭다는 점에서 큰 유연성을 가진다. 필요하면 어디로든 향할 수 있으며, 산유국들은 수요처의 변화에 맞춰 수출 경로를 쉽게 바꿀 수 있다. 초기 투자비가 비교적 낮고, 선박 임대도 가능하기 때문에 진입 장벽이 낮다는 점도 장점이다. 특히 유가가 상승하면 유조선의 수요도 덩달아 높아져 오일쇼크 시기처럼 큰 수익을 얻기도 한다. 하지만 유조선은 해적, 테러, 환경재앙의 위험에 항상 노출돼 있으며, 1989년 엑슨발데즈나 2002년 프레스티지호 사고처럼 대형 유출 사고는 전 세계를 충격에 빠뜨릴 수 있다. 또한 호르무즈 해협, 말라카 해협처럼 전략적 요충지가 봉쇄되면 운항이 중단될 수 있고, 운임 변동성이 커서 수익 예측이 어렵다.

LNG선의 강점과 약점

LNG선은 파이프라인이 닿지 않는 먼 거리의 국가로 천연가스를 보낼 수 있다는 점에서 장거리 수송에 유리하다. 한국, 일본, 유럽 등이 미국이나 카타르에서 가스를 들여오는 방식이 대표적이다. LNG는 스팟 거래가 가능해 가스 시장에 유연성을 부여하고, 러시아 가스에 의존하지 않으려는 유럽의 대안으로도 떠오른다. 또한 천연가스는 석탄보다 탄소 배출량이 적어 저탄소 에너지로 주목받는다. 다만 LNG선은 건조 비용이 매우 높으며, 선박 한 척당 수조 원이 소요된다. −162℃를 유지하기 위한 냉각 시스템 운용에 따른 고정비도 크며, 액화 및 기화 플랜트 구축에는 천문학적 비용이 들어간다. 항로가 봉쇄되거나 전쟁이 발생할 경우 대체 경로가 없는 경우가 많아 불리할 수 있다.

경제성 비교

경제성 측면에서 보면, 파이프라인은 초기 비용이 매우 높지만 운영 비용이 낮아 장기적으로는 높은 수익성을 기대할 수 있다. 유조선은 상대적으로 초기 진입이 쉬우며 단기적으로 고수익을 낼 수 있으나 수요나 정치 상황 변화에 민감하다. LNG선은 건조와 운영에 많은 비용이 들며 기술적 사고와 항로 봉쇄 리스크가 상존하지만, 장거리 수출입에선 사실상 유일한 해답이다.

누가 무엇을 선택하는가?

러시아는 가스 패권 유지를 위해 노르드스트림이나 파워 오브 시베리아 같은 대규모 파이프라인을 구축했고, 중동 국가들 또한 육상 송유관을 통해 유럽과 아시아를 연결하려는 전략을 사용하고 있다. 미국은 자국 내수시장 강화를 위해 키스톤 파이프라인을 추진했으나, 환경 단체의 반발로 백지화되기도 했다.

유조선은 수출처 다변화와 유연한 대응이 가능하기 때문에 OPEC 국가들이 주로 사용한다. 나이지리아처럼 내전이 잦은 국가는 파이프라인보다 유조선을 더 신뢰한다. LNG선은 한국, 일본, EU 같은 에너지 수입국에 필수이며, 미국은 셰일가스 생산 뒤 LNG 수출을 통해 에너지 패권 확대에 나섰다. 카타르는 LNG 수출 세계 1위 국가로 독일, 한국과 장기계약을 체결한 상태다.

미래 트렌드

파이프라인은 앞으로 수소, 암모니아, 이산화탄소 운송 라인으로 확장될 가능성이 높으며, 극지방과 심해를 통한 신규 노선 개발도 이어질 것이다. 그러나 정치적 리스크는 점점 커지고 있다. 유조선은 초대형 VLCC 개발이 지속되며, 메탄올이나 암모니아 기반의 친환경 연료 전환이 진행 중이지만, 제재나 항로 봉쇄 리스크도 함께 증가하고 있다. LNG선은 건조 분야에서 한국이 세계 1위를 유지하는 가운데 LNG 플랜트와 수출입 패키지 계약이 증가하고 있지만, 기후위기 논쟁 속에서 그 역할과 지속 가능성에 대한 논의도 함께 커지고 있다.

결론적으로, 세 가지 운송 방식은 각각의 장점과 한계를 지닌 채 상호보완적으로 운용되고 있다. 파이프라인은 지정학의 게임체인저로서, 유조선은 시장에서의 자유로운 거래 수단으로서, LNG선은 미래형 에너지 운송의 핵심으로서 제 역할을 하고 있다. 어느 하나가 항상 최고일 수는 없으며, 상황에 따라 목적에 따라 전략적으로 선택되어야 한다.

한 줄 정리

파이프라인은 혈관이고, 유조선은 탱크이며, LNG선은 냉동창고다. 누가 언제 무엇을 쓰느냐에 따라 전쟁이 되기도 하고, 평화가 지속되기도 한다.

007
파이프라인은 왜 고장이 나고, 사고가 발생하나?

이번에는 파이프라인이 왜 터지고, 왜 가스가 새며, 왜 에너지 시스템 전체가 멈춰 설 수밖에 없는지에 대해 이야기해보자. 겉보기에 단단하고 거대한 강철관처럼 보이는 이 구조물이 사실은 얼마나 예민하고 까다로운 구조물인지, 들여다보면 "이게 지금까지 안 터진 게 기적이었구나" 싶은 생각이 들지도 모른다.

파이프라인은 현대문명의 동맥과도 같은 존재지만, 그 이면을 살펴보면 매일같이 고압과 부식, 압력 변화, 외부 충격, 그리고 예측 불가능한 사람의 실수와 공격까지 감내하며 24시간 내내 쉴 틈 없이 작동하는 피로한 강철 생명체다. 그런데 이 피로한 생명체가 어느 순간 '철컥' 하고 멈추면 흘러나오는 건 단순한 기름이나 가스가 아니다. 국가의 돈줄, 산업의 동맥, 시민의 삶, 그리고 때로는 한 정권의 명줄까지 함께 새어 나온다.

파이프라인 고장은 왜 자주 발생하는가?

결론부터 말하자면, 파이프라인은 기본적으로 사람의 욕심에서 비롯된 과부하와 무리한 운영 속에서 점차 망가져 간다. 더 많이, 더 빨리, 더 싸게 보내고 싶어 하는 인간의 욕망이 구조적 무리를 만들고, 여기에 자연의 습격과 시간의 피로가 누적되면 어느 날 갑자기 아무 경고 없이 '쾅' 하고 터져버리는 것이다.

고장의 주요 원인 5대 요소

- 부식(Corrosion)

파이프라인을 가장 빠르고 조용하게 파괴하는 것은 총이나 폭탄이 아니라, 물과 산소다. 특히 해저 파이프라인은 바닷물에 포함된 염분과 미생물 때문에 외부 부식이 빠르게 진행되며, 내부 역시 석유와 가스 속의 황, 수분, 이산화탄소 등 불순물로 인해 부식이 가속된다. 외부 코팅이 벗겨지거나 내부 표면이 일정 기간 고온·고압 유체에 노출되면 금속은 사포에 닿은 듯 닳아 없어지고, 결국 약해진 지점을 통해 누출이 발생한다. 여기에 박테리아가 금속을 뜯어먹는 미생물 유도 부식(MIC)까지 더해지면, 그 안에서 서서히 썩어가는 강철관을 아무도 눈치채지 못한 채 몇 년을 보내다가, 어느 날 예고 없이 터지는 참사가 벌어진다.

- **기계적 손상(Mechanical Damage)**

생각보다 많은 파이프라인 사고는 '사람'이 원인이다. 굴착공사가 진행되는 과정에서 땅속에 파이프라인이 있는지 모르고 그대로 포크레인으로 찍어버리는 경우가 대표적이다. 미국만 해도 전체 파이프라인 사고의 약 30%가 이런 굴착 사고로 발생한다. 공사현장의 중장비가 부딪치거나 도로 확장작업 중 파이프라인이 노출돼 충격을 받으면 관의 외부 보호층이 손상되고, 거기서부터 침투한 습기와 미세균열이 결국 누출과 폭발로 이어진다. 실수이지만, 대가는 결코 작지 않다.

- **피로 및 응력 파괴(Fatigue & Stress Failure)**

강철이라고 영원히 견디는 건 아니다. 파이프라인은 매일 압력에 시달리며 진동과 유속 변화, 온도 차이를 견디고 또 견디다가, 결국 스트레스에 지쳐 작은 금에서 시작해 거대한 파열로 나아간다. 특히 지반이 침하하거나 지진이 발생하면, 관은 비틀리고 휘어지며 응력이 한 지점에 몰리게 된다. 여기에 계절이나 일교차에 따른 열팽창과 수축이 반복되면서 용접 부위나 코너 구간에서는 미세한 균열이 생기고, 시간이 지나면 이 균열이 파열로 이어지는 것이다. 수십 년 동안 쉬지 않고 돌아가는 장비가 스스로의 피로로 무너져 내리는 순간이다.

- **운영과 관리 실수(Operational Failures)**

 파이프라인을 움직이는 건 기계지만 그 기계를 돌리는 건 결국 사람이다. 압력을 높이거나 낮추는 일, 세척 로봇(PIG)을 정기적으로 운영하는 일, 이상 신호를 분석하는 일 모두가 사람의 판단에 좌우되며, 여기서 한순간의 방심이나 무지, 혹은 해킹과 같은 외부 개입이 생기면 곧바로 시스템은 고장을 일으킨다. 2021년 미국의 콜로니얼 파이프라인은 운영 시스템이 해킹당하면서 미국 동부 전체에 휘발유 공급이 중단되는 사태가 벌어졌다. 사람들이 주유소 앞에 줄을 서고 일부는 기름을 넣기 위해 총을 들고 다니는 상황까지 벌어졌는데, 그 시작은 단 한 줄의 악성 코드였다.

- **고의적 파괴와 테러(Sabotage & Terrorism)**

 이제는 파이프라인이 단순한 산업 인프라를 넘어, 지정학적 무기가 된 시대다. 드루즈바 가스관은 러시아와 유럽을 잇는 핵심 파이프라인이지만 수차례 폭파되었고, 그중 상당수는 테러나 고의적 공격이었다. FARC나 IS 같은 무장세력은 파이프라인을 자금줄이자 협박 수단으로 사용한다. 또 불법 취수로 폭발사고가 일어나는 나이지리아나 멕시코에서는 주민들이 관을 뚫어 기름을 훔치다 사망자가 수십, 수백 명에 이르는 일이 반복되고 있다. 노르드스트림 1·2 파이프라인이 폭파됐을 때도, 배후는 여전히 밝혀지지 않았지만, 그 여파로 유럽 전역이 에너지 공황에 빠졌다.

파이프라인 사고가 주는 충격

하나의 파이프라인 사고는 단순한 공정 정지로 끝나지 않는다. 국가 전체의 에너지 공급이 중단되고, 수십억 달러의 경제 손실이 발생하며, 유가가 요동치고, 시민들은 패닉에 빠진다. 그 결과 정치적 혼란과 정권 위기가 벌어지기도 한다. 동시에 환경적 피해는 복구 불능에 가깝다. 원유가 바다로 유출되면 해당 해역의 생태계는 수십 년이 지나도 회복되지 않는다. 엑슨 발데즈 사건은 수십 년이 지났지만, 아직도 완전한 회복이 되지 않았다. 단 하나의 강철관이, 이처럼 많은 것을 뒤흔든다.

사고를 막기 위해 무엇을 하는가?

파이프라인 기업과 국가는 다양한 안전장치를 마련하고 있다. 피그 클리닝과 내부 진단은 가장 기본이며, 압력 센서와 유량계를 통한 실시간 모니터링은 사고를 사전에 감지하려는 노력의 일환이다. SCADA 시스템의 자동 제어와 사이버 보안 강화, 드론과 위성을 통한 감시, 다중 압력 안전밸브와 자동 차단 시스템 등은 오늘날 필수 인프라가 되었다. 그러나 이 모든 대비책에도 불구하고, 인간의 실수와 자연의 예측불가는 여전히 파이프라인의 최대 위협이다. 결국 사고는 언제든 일어날 수 있으며, 리스크는 상수이고, 통제 가능한 것은 오직 '관리'뿐이다.

파이프라인은 매일 생존과 붕괴 사이를 걷는다.

터지지 않는다는 것은 기적에 가깝고, 한 번 터지면 국가가 멈춘다. 이 강철로 된 긴 혈관은 문명을 지탱하는 동맥이자, 동시에 문명을 붕괴시킬 수 있는 도화선이기도 하다. 100년을 버틸 수도 있지만, 단 하루의 실수로 모든 것을 끝낼 수도 있는 구조물. 그것이 바로 파이프라인이다.

한 줄 정리

파이프라인이란, 100년을 살아남을 수도 있지만, 하루아침에 국가를 무너뜨릴 수도 있는 강철 혈관이다.

008
파이프라인은 어떻게 유지보수하는가?

파이프라인 유지보수의 세계는 겉보기보다 훨씬 복잡하고 집요하다. 겉으로 보기에는 수천 킬로미터를 가로지르는 강철관이 마치 한 번 설치되면 반영구적으로 작동할 것 같다. 하지만 실상은 매일같이 세척하고, 점검하고, 수리하며, 끊임없이 감시해야 하는 고난도의 시스템이다. 이 강철관은 단순한 관이 아니라 고압의 유체가 매 순간 흐르는 생명선이며, 이 생명선이 멈추는 순간 산업과 도시, 심지어 국가 전체가 마비될 수 있다. 그래서 파이프라인을 관리하는 일은 단순한 유지보수가 아니라 일종의 고정밀 의료행위이자 국가 인프라 수호 작전에 가깝다.

파이프라인 유지보수, 왜 이리 복잡한가?

파이프라인은 단순히 관 속에 액체나 기체를 흘려보내는 구조물이 아니다. 이 안에는 고압으로 이동하는 원유나 가스, 때로는 수소처럼 취급이 까다로운 물질이 실시간으로 흐르고 있다. 파이프

자체는 수분과 염분, 열과 압력, 마찰과 진동, 그리고 외부의 충격에 끊임없이 노출된다. 자연재해와 사고는 물론이고, 인간의 실수나 고의적 파괴에 의해서도 쉽게 위험에 처할 수 있다. 따라서 유지보수란 단지 고장난 곳을 고치는 일이 아니라, 문제를 미리 예측하고 예방하며, 파이프라인이 수명을 다하기 전에 진단과 처방을 반복적으로 수행하는 고난도 기술행위다.

기본 유지보수 절차 : 5단계 관리 시스템

1. 실시간 모니터링과 감시

가장 기본이자 핵심이 되는 시스템은 SCADA라 불리는 자동 감시체계다. 이 시스템은 압력, 유량, 온도, 누출 여부 등 수많은 데이터를 실시간으로 수집하고 분석하여, 조금이라도 이상 징후가 감지되면 즉각 경보를 울린다. SCADA 시스템은 RTU라 불리는 원격 단말장치들과 연동되어 자동 차단 기능까지 수행할 수 있다. 여기에 드론과 위성을 이용한 시각적 감시 시스템이 보조되며, 특히 해저 구간은 위성사진을 통한 이상 징후 감시가 필수적이다. 그러나 기술이 아무리 발달해도 마지막 확인은 결국 사람이 한다. 그래서 지상 순찰팀이 수시로 파이프라인을 육안으로 점검하며, 국경지대나 테러 위협이 있는 구간에서는 무장 경비가 순찰을 수행하기도 한다.

2. 피그 시스템 운용

파이프라인 유지보수의 핵심 도구는 '피그(PIG)'라 불리는 내부 점검용 로봇이다. 이 로봇은 압력 차를 이용해 파이프 내부를 수백 킬로미터 이상 이동하면서, 벽면의 부식이나 균열을 감지하고 슬러지나 왁스를 제거하는 역할을 한다. 스마트 피그는 초음파와 자기장 센서를 탑재해 정확한 내벽 상태를 파악하며, 수집된 데이터는 AI 분석 시스템으로 전송되어 이상 패턴을 정밀하게 진단할 수 있다. 피그는 최소 연 1~2회 정기적으로 운용되며, 이상 징후가 발생하면 즉시 투입된다.

3. 점검과 유지관리

피그 시스템을 통해 내부 상태를 점검한 뒤에는 정밀 보수 작업이 뒤따른다. 내부 벽면에 부식이 진행 중이라면 부식방지제를 주입하고, 이물질이 쌓였다면 즉시 청소를 실시한다. 외부 역시 정기적으로 코팅 상태와 파손 여부를 점검하며, 해저 구간의 경우 ROV라 불리는 원격 무인잠수정을 투입하여 바닷속 상태를 실시간으로 확인하고 손상 부위를 수리한다. 또 지반 침하나 지진 발생 가능 지역은 지반 이동 감시 시스템을 통해 조기 경보 체계를 갖추고 있다.

4. 보수 및 수리 작업

정상적으로 가동 중인 파이프라인에서 보수해야 할 경우에는 Hot Tapping이라는 고난이도 기술을 활용한다. 이는 라인의 압력을 유지한 채 특정 구간에 구멍을 뚫어 보수를 실시하는 방식으로, 가동 중단 없이 유지보수가 가능하다는 장점이 있지만, 고도의 기술과 경험이 필요하다. 심각한 손상이 발견되면 라인을 일시적으로 차단하고 해당 구간을 절단 및 교체하며, 용접 후에는 수압 테스트와 X-ray를 이용한 비파괴 검사를 통해 안전성을 다시 검증한다. 이 테스트는 일반적으로 설계 압력의 1.25배 이상 가압한 상태에서 수행된다.

5. 긴급 대응 시스템

누출이나 폭발이 발생한 경우에는 SCADA와 RTU 시스템이 즉시 경보를 울리고 자동으로 밸브를 차단한다. 그와 동시에 긴급 출동팀이 현장으로 파견되어 유출을 봉쇄하고 화재를 진압한다. 사이버 보안 위협에 대해서도 실시간 감시 체계를 갖추고 있으며, 침입이 감지될 경우에는 즉시 수동 모드로 전환하고, 백업 시스템으로 가동을 이어간다. 2021년 콜로니얼 파이프라인 해킹 사건 뒤, 사이버 보안은 단순한 기술 문제가 아니라 국가 안보의 문제로 간주되고 있다.

주요 보수 기술과 장비

가장 핵심적인 기술은 스마트 피그와 Hot Tapping 장비, 그리고 ROV다. 스마트 피그는 초음파와 자기 센서를 활용해 미세한 균열까지 감지할 수 있고, 고급형은 AI 연동 분석 시스템으로 다음 사고의 가능성까지 예측할 수 있다. Hot Tapping은 파이프의 고압을 유지한 상태로 구멍을 뚫어, 새로운 밸브를 연결하거나 분기 파이프를 추가하는 데 쓰이는 고정밀 장비다. 해저 구간에서는 ROV가 모든 유지보수를 담당한다. 이 장비는 수심 3,000m 이상의 심해에서도 작동 가능하며, 실시간으로 영상 정보를 전달하고, 필요시 용접 작업까지 수행할 수 있다.

유지보수 주기와 기준

모든 유지보수 항목은 주기적으로 점검해야 하며, 위험 구간은 더욱 자주 확인이 필요하다. SCADA 시스템은 24시간 실시간 감시가 기본이며, 드론과 위성 감시는 주간 혹은 월간 단위로 수행된다. 피그는 노후화된 라인의 경우 월 1회까지 투입되며, 일반적인 구간은 연 1~2회 점검이 표준이다. 외부 코팅은 반기 또는 연간 1회 점검하며, 고위험 지역은 분기별 점검을 권장한다. 수압 테스트는 대규모 수리 뒤에 반드시 실시하며, 기준 압력은 설계 압력의 1.25배 이상이다.

유지보수 실패 시 벌어지는 일들

파이프라인 유지보수 실패는 단순한 기계적 고장을 넘어 거대한 재앙을 일으킨다. BP 알래스카 파이프라인은 내부 부식을 방치한 결과 20만 갤런의 원유가 유출되었고, 복구비로 2억 달러가 들었으며 기업 평판은 회복 불능 상태로 추락했다. 콜로니얼 파이프라인 해킹 사태는 단 몇 시간 만에 미국 동부 전역에 휘발유 대란을 일으켰고, 주유소 앞에 대기 줄이 늘어선 장면은 에너지 안보의 취약함을 전 세계에 알리는 계기가 되었다. 노르드스트림 파이프라인 파괴는 그 복구조차 불가능한 수준으로 유럽의 가스 수급에 심각한 타격을 주었고, 결국 긴급 LNG 수입이라는 고비용 대안으로 전환할 수밖에 없었다.

파이프라인은 매일 관리하지 않으면 곧 폭탄이 된다.

파이프라인은 멀리서 보면 평화롭게 보이지만, 실제로는 늘 사고와 위기 사이에서 줄타기하는 존재다. 한순간의 방심이 수십억 달러의 손실을 만들고, 때로는 한 국가의 경제와 정치를 뒤흔든다. 그래서 이 강철 혈관을 지키는 사람들은 정밀기계를 다루는 기술자이자, 실시간 위기를 감지하고 대응하는 병사이자, 정권을 지키는 조용한 수호자다.

한 줄 정리

파이프라인 유지보수는 현대문명의 생명유지장치이며, 그 관리를 소홀히 하는 순간 모든 것이 무너질 수 있다.

009
파이프라인 누출 감지 시스템은
어떻게 작동하나?

파이프라인은 마치 수천 킬로미터에 걸쳐 설치된 거대한 강철 혈관과 같으며, 겉으로는 아무 문제가 없어 보일지라도 내부에서는 상시 고압, 고속, 고위험 상태의 유체가 흐르고 있어 아주 작은 틈만 생겨도 치명적인 결과로 이어질 수 있다. 특히 고압의 가스나 원유가 흐르는 경우, 누출은 단순한 손실이 아니라 화재, 폭발, 환경오염, 심지어 국가 전체의 에너지 공급 중단이라는 파국적 사태로 이어진다. 그 때문에 누출을 얼마나 빠르고 정확하게 감지할 수 있느냐는 파이프라인 안전관리의 핵심이자 생명선이라 할 수 있다.

누출 감지의 기본 개념
누출 감지는 단순히 '샌다'는 사실을 아는 것을 넘어서, 그 시점과 위치, 그리고 누출량을 가능한 한 신속하고 정확하게 파악하고, 즉각적인 조치를 취할 수 있는 체계를 의미한다. 누출 감지 시스템은 크게 세 가지 목적을 가진다. 첫째는 누출이 발생한 즉시 이상을 인지하는 것이며, 둘째는 그 누출의 정확한 위치를 몇 미터 이내로 좁히는 것이고, 셋째는 해당 구간의 유체 흐름을 즉각 차단하고 대응 인력을 파견하여 피해를 최소화하는 것이다. 이는 단순한 기술을 넘어 시간과의 싸움이며, 정교한 데이터 해석 능력까지 요구된다.

누출 감지 시스템의 주요 기술 6가지

- **압력·유량 불균형 감지**

이 방식은 파이프라인 감시의 가장 기초적이면서도 널리 활용되는 방식이다. 시스템은 송출 지점에서 투입한 유체의 양과 수신 지점에서 도달한 양을 비교하며, 일정 수준 이상의 차이가 발생하면 그 중간 어딘가에서 누출이 발생했을 가능성을 추정한다. 대량 누출의 경우에는 비교적 빠르게 이상을 감지할 수 있으나, 누출량이 적거나 유량 센서의 오차가 존재할 경우엔 감지가 늦거나 누락될 수 있으며, 누출 지점을 직접 알려주지는 못한다는 한계가 있다.

- **압력 파동 분석**

누출이 발생하면 해당 지점에서부터 압력의 급격한 변화가 파동 형태로 양방향으로 전파되며, 이 파동은 수밀리 초 단위로 센서에 의해 감지된다. 압력 파동 분석은 이를 역산해 누출의 시간과 위치를 계산하는 방식으로, 비교적 정밀한 위치 탐지가 가능하다. 실제로 2022년 노르드스트림 가스관이 파괴되었을 당시, 발트해 해저의 압력 파동이 즉시 포착되어 덴마크와 스웨덴의 지진 센서망에 폭발음이 감지되었다. 다만 진동과 소음, 외부 충격 등의 환경 노이즈에 민감하다는 단점이 있어 일부 환경에서는 오경보의 원인이 되기도 한다.

- **음향 센서**

누출 시 발생하는 고주파 음향 신호, 즉 유체가 고압에서 외부로 분사될 때 발생하는 초음파를 감지하는 방식이다. 이 방식은 비교적 소규모의 누출까지도 감지할 수 있다는 점에서 장점이 크지만, 동시에 주변 환경의 잡음, 예컨대 풍속이나 주변 장비의 작동음, 동물 소리 등에도 영향을 받아 정밀도를 떨어뜨릴 수 있으며, 해저와 같이 음파 감쇠가 큰 환경에서는 감지 성능이 다소 낮아지는 단점이 있다.

- **광섬유 센서**

파이프라인을 따라 광섬유 케이블을 부설해 온도 변화와 진동 변화를 실시간으로 감지하는 시스템이다. 누출이 발생하면 주변 온도가 급격히 변하고 미세 진동이 발생하는데, 이러한 물리적 변화는 광섬유를 통해 실시간으로 전달되어 수십 킬로미터 단위로 길게 연결된 구간에서도 정밀한 감지가 가능하다. 통신 인프라와 결합하여 광범위한 데이터 처리도 가능하지만, 설치 비용이 비싸고 기존 파이프라인에 사후 설치하기 어려운 점이 기술적 과제로 남아 있다.

- **피그 시스템**

피그는 'Pipeline Inspection Gauge'의 약자로, 파이프 내부를 이동하면서 내벽 상태를 점검하는 로봇 장비다. 일반적으로 초음파와 자기 센서를 탑재한 스마트피그는 파이프 내의 부식 상태, 미세 균열, 두께 감소 등을 정밀하게 분석하여 사전 예방 정비에 사용된다. 피그는 누출을 직접 감지하기보다는 누출이 발생할 가능성이 높은 지점을 선제적으로 파악하는 데 특화되어 있다. 그러나 실시간 감시 기능은 없으며, 일정한 주기로만 운용되기 때문에 급작스러운 사고에는 대응이 늦을 수 있다.

- **드론 및 위성 감시**

광범위한 지역을 감시해야 하는 경우, 특히 육로 접근이 어려운 오지나 국경지대에서는 드론과 위성 기반의 적외선 감지 시스템이 활용된다. 이 시스템은 공중에서 가스 누출이나 온도 이상을 감지하며, 동시에 불법 시추나 침입 행위 감시에도 효과적이다. 그러나 해상도나 기상 조건에 따라 정확도에 차이가 발생하며, 실시간성 측면에서는 지연이 발생할 수 있다는 단점이 존재한다.

실제 누출 감지 시스템 구성

일반적인 파이프라인 감지 시스템은 다양한 센서를 파이프라인 주요 지점에 설치하고, 이로부터 수집된 데이터를 SCADA 시스템으로 실시간 전송하여 중앙 제어센터에서 이를 분석한다. 이후 이상 신호가 감지되면 자동으로 밸브를 차단하거나, 비상대응 인력이 출동하게 된다. 최근에는 AI 기반 분석 시스템이 도입되어 누출 징후를 조기에 탐지하고, 과거의 데이터를 바탕으로 이상 패턴을 예측하는 수준까지 기술이 진화하고 있다.

최첨단 사례

미국의 콜로니얼 파이프라인은 약 8,850km에 달하는 가스 운송관으로, SCADA 시스템, 압력파동 감지, 광섬유 센서를 모두 갖춘 복합 감지 체계를 운용하고 있다. 2021년 사이버 공격 이후로는 시스템 보안을 대폭 강화하고, AI 기반 예측 시스템을 추가 도입해 예지 보전 능력을 크게 향상시켰다. 또 다른 사례로 노르드스트림 해저 파이프라인은 해저 1,200km를 잇는 초대형 관로로, 광섬유 온도 센서와 압력 센서가 다중으로 설치되어 있었지만, 2022년 파괴 당시에는 실시간 대응에 실패했고 결국 해양 환경과 에너지 시장 전체에 충격을 안긴 사건으로 기록되었다.

누출 감지 시스템의 한계

기술이 아무리 발전해도 누출 감지 시스템에는 본질적인 한계가 있다. 가장 큰 문제는 소량 누출의 경우 감지까지 시간이 오래 걸린다는 점인데, 이는 센서 민감도의 한계뿐만 아니라 데이터 분석 정확도, 그리고 오경보와의 균형 문제 때문이다. 또한 환경 소음이나 외부 진동에 의해 거짓 경보가 발생하기도 하며, SCADA 시스템 자체가 사이버 해킹에 노출될 경우 감시체계 전체가 마비되는 리스크도 존재한다. 일부 정치적으로 민감한 국가에서는 의도적으로 감지망이 꺼지는 일도 있어, 기술적인 한계와 정치적 변수는 늘 공존하게 된다.

미래 누출 감지 기술 트렌드

현재는 AI와 머신러닝을 기반으로 누출 전 징후를 감지하는 기술이 각광 받고 있다. 다양한 센서로부터 수집된 방대한 데이터를 학습하여 미세한 이상 징후까지 감지하는 시스템이 개발 중이며, 이를 통해 정비 시기를 예측하거나 미리 압력 조절을 하여 사고를 예방하는 방식으로 전환되고 있다. 또한, 블록체인을 이용해 감시 로그를 위변조 불가능한 방식으로 저장함으로써 보안성을 강화하려는 시도도 확산 중이며, 극한 환경에서도 작동 가능한 양자센서 기술의 연구도 진전되고 있어 향후 심해 3,000m에서도 정밀 감지가 가능한 시대가 도래할 가능성이 열려 있다.

파이프라인 누출 감지 시스템은 단순한 모니터링 장비가 아니라, 현대문명을 떠받치는 생명 감지 장치다. 하루에도 수만 건의 데이터가 오가고, 수십 개의 센서가 각자의 자리에서 파이프라인의 건강을 실시간으로 감시하며, 조금이라도 이상 징후를 감지하면 시스템이 곧장 반응한다. 그럼에도 불구하고 기술의 완벽함이란 없으며, 언제나 사람의 판단과 예측, 그리고 대응이 마지막 방어선으로 남는다. 결국, 누출 감지란 매일 반복되는 비상 상황 속에서 '오늘도 무사히'라는 말 한마디를 위해 운영되는 과학과 기술, 그리고 사람의 긴장된 협업 체계다.

한 줄 정리

파이프라인 누출 감지 시스템은 멈추는 순간, 모두가 끝날 수 있는 현대문명의 생명 감지 장치다.

010
최신 파이프라인 기술과 혁신은 무엇인가?
- 에너지 혈관의 진화, 강철을 넘어 데이터와 지능의 시대로

파이프라인을 단지 땅속에 묻힌 철관이라고 생각하는 시대는 이미 지났다. 이제 파이프라인은 고도의 기술과 지능이 결합된 21세기 산업의 동맥으로 진화하고 있으며, 에너지 운송의 도구를 넘어 지정학적 무기와 기후위기 대응의 핵심 인프라로까지 위상이 확대되고 있다. 그 내부에는 AI와 센서, 로봇과 드론, 고성능 복합소재, 그리고 디지털 트윈 기술이 융합되어 있다. 눈에 보이지 않지만, 이 파이프라인은 말 그대로 전 지구적 전략의 혈관이라 할 수 있다.

초고강도·초경량 복합소재 파이프의 등장

기존의 강철 파이프는 높은 압력과 부식, 기후 변화에 상대적으로 취약했고, 특히 수소나 암모니아처럼 분자 구조가 작고 반응성이 높은 에너지를 수송할 경우 '수소 취성'이라는 치명적인 결함이 발생했다. 이에 따라 GRP, CFRP와 같은 복합소재로 제작된 파이프가 개발되었다. 이들은 기존 강철보다 가볍고 강하며 부식에 훨씬

강한 성질을 보인다. 특히 해저 수심 수천 미터 아래에서 자체 중량과 외부 수압을 모두 견뎌야 하는 환경에선 이러한 복합소재가 거의 유일한 대안이 되고 있다. 실제로 노르웨이와 러시아의 일부 심해 프로젝트에서는 이들 소재가 실전 배치되고 있다.

수소 및 암모니아 수송을 위한 고압 파이프라인 기술

수소경제 시대가 다가오면서, 기존 천연가스 파이프라인을 그대로 활용할 수 없다는 한계가 부각되었다. 수소는 금속 표면에 미세균열을 발생시키고 이를 확대시켜 누출을 유발하는 특성이 있어, 내수소성 합금이나 복합 라이닝 처리가 된 전용 파이프가 필요하다. 특히 유럽과 한국에서는 200bar 이상의 압력으로도 안정적으로 수소를 수송할 수 있는 고압 파이프라인 구축이 진행 중이다. 이는 단순한 배관 기술을 넘어 청정에너지 전환의 핵심 기반 시설로 기능하게 된다.

센서와 인공지능이 결합된 스마트 파이프라인

현대의 파이프라인은 더 이상 수동적 장치가 아니다. 광섬유를 통해 압력과 온도를 실시간으로 감지하고, 센서에서 수집한 데이터를 SCADA 시스템으로 통합하여 AI가 분석을 수행한다. AI는 누출, 마모, 구조 응력, 피로 누적 등 다양한 데이터를 학습해 미리 위험 신호를 감지하고, 필요할 경우 수리 시점을 예측해준다. 여기에 블록체인 기술을 접목하여 감지 데이터를 위·변조로부터 보호하고, 해킹이나 조작에 대한 저항력을 높인 사례도 확산되고 있다. Shell과 Aramco는 이미 AI와 블록체인 기술이 융합된 통합 모니터링 시스템을 실전 배치했다.

무인 로봇과 드론에 의한 자동 유지보수

기존에는 사람이 직접 가야 했던 위험하고 고립된 지역의 파이프라인 유지보수가 이제는 무인 기술로 대체되고 있다. 스마트 PIG 2.0은 초음파, 자기 센서, 카메라를 장착한 자율 주행 로봇으로, 내부 상태를 실시간으로 감지하고 분석하여 이상 징후를 판단한다. 해저에서는 수천 미터 수심에서 활동 가능한 ROV와 AUV가 용접과 밀봉까지 수행하며, 지상에서는 드론이 메탄 감지 센서를 달고 주기적으로 순찰을 돌며 침입이나 누출을 탐지한다. 일부 분쟁 지역이나 테러 위험 지역에서는 이 드론 시스템이 군사 시스템과 연계되어 자동 경보를 울리고 대응팀을 출동시키는 방식으로까지 발전했다.

심해 파이프라인 건설 기술의 비약적 진보

심해 3,000~4,000m 수심에서 파이프라인을 안정적으로 설치하고 유지하는 기술은 이제 고도의 토목·기계 융합 기술의 집약체다. 기존의 J-lay 방식에서 진화한 가변형 하이브리드 시스템은 심해 지형에 따라 유연하게 반응하며, 고심도 수평 드릴링 기술은 산호초와 암반, 심해단층을 피해 정확하게 라인을 구축할 수 있도록

도와준다. 콘크리트 대신 특수 수지 중량재와 부력재가 조합되어 지반 불안정을 견디는 하이브리드 구조로 진화하고 있다.

탄소 포집·저장(CCS)을 위한 전용 파이프라인의 발전

기후위기 대응의 핵심 기술 중 하나로 부상한 CCS(Carbon Capture and Storage)는 이산화탄소를 고압으로 포집하고 저장하는 방식이다. 문제는 이산화탄소가 물과 만나면 산성을 띠면서 기존 금속관을 부식시킨다는 점이다. 이에 따라 내산성과 내식성이 뛰어난 크롬강이나 비철금속 라이닝 기술이 적용되고 있으며, 수송 압력도 150~200bar 수준으로 설계된다. 북해, 미국, 네덜란드 등에서는 이미 수천 킬로미터 규모의 CCS 네트워크가 착공되거나 추진 중이다.

재생에너지와 연결된 파이프라인 시스템

재생에너지로 생산된 전기를 바로 사용하는 것이 아니라, 이를 수소로 전환하여 파이프라인을 통해 이동시키는 방식인 P2G(Power to Gas) 시스템이 유럽을 중심으로 확산되고 있다. 기존 천연가스 망에 수소를 20% 비율로 혼합해 운용하는 시범 사업이 진행되고 있으며, 궁극적으로는 수소만을 위한 전용 파이프라인이 유럽 대륙을 가로지를 것으로 기대된다. 이는 기후중립 목표에 부응하면서도 에너지 안보를 강화하는 전략이기도 하다.

파이프라인은 이제 철관이 아니라 지능화된 전략 시스템이다.

이제 파이프라인은 단지 에너지를 흘려보내는 도관이 아니라, 데이터가 흐르고, 인공지능이 감시하며, 로봇이 수리하는 유기적이고 정밀한 시스템이다. 강철로 시작했지만, 복합소재와 광섬유, AI, 블록체인, 드론, 자율 로봇으로 무장한 이 인프라는 단순한 운송 수단을 넘어 국가의 전략, 기후 변화 대응, 그리고 미래 에너지 시스템의 중추 역할을 맡게 되었다.

한 줄 정리

최신 파이프라인은 더 이상 단순한 강철이 아니다. 그것은 지능과 감각, 속도와 예측을 모두 갖춘 차세대 에너지 전쟁의 게임체인저다.

1. **파이프라인 건설은 전쟁이다.** 경로 선정부터 지형 분석, 토지 보상, 내전과 테러까지, 해결해야 할 임무가 산적해 있다. 파이프라인 건설은 단순한 공사가 아니다. 지도 위에 선 하나 긋는 데 수년, 국가 간 외교와 협상이 필수다.

2. **육상과 해저, 사막과 정글, 극지와 심해까지, 인류는 어디든 파이프를 깔았다.** 해저에서는 심해 3,000m에 극강 난이도를 가진 J-lay가 설치되고, 사막에서는 60℃ 열기에 견디는 공법이 쓰인다. 영하 50℃의 극지방은, 지반이 얼고 녹으면서 영구동토층에 묻힌 파이프가 쪼개진다.

3. **건설비는 천문학적이다.** 1킬로미터당 수백만 달러에서 수천만 달러까지 비용이 발생한다. 파이프 재질, 심해에서의 공법, 내전 지역 위험 가산금까지 들어가면, 아무리 계산해도 손해 같지만, 결국 깔게 된다.

4. **기술은 복잡하고, 장비는 거대하다.** S-lay, J-lay, HDD(수평지중굴착) 등 장비와 기술이 전쟁터 수준이다. 용접, 코팅, 압력 테스트는 한 땀 한 땀 국가 운명을 걸고 한다.

5. **그리고 끝나면 유지·보수가 또 시작된다.** 파이프라인은 절대 방치하면 안 된다. 감시와 보수, 그리고 정치적 인질극은 완공 후에 진짜로 시작된다.

Pipeline

PART 02

파이프라인의 기초부터 완전정복

011
파이프라인은 어떻게 만들어지나?
(강관 제작 과정)

– 인류 문명의 동맥이 탄생하는 비밀의 공장 안으로 들어가다.

    파이프라인이라는 단어를 들은 사람들은 대부분 땅속에 묻힌 금속관을 떠올리지만, 그 관이 처음 어디에서, 어떻게 만들어지는지까지 상상해본 사람은 드물다. 실제로 이 금속 혈관은 단순한 관이 아니라, 인류의 산업과 에너지, 정치와 지정학을 관통하는 거대한 힘줄이며, 그 시작은 예상보다 훨씬 더 멀리, 지구의 지하 깊숙한 곳에서 출발한다.

시작은 강철이 아니다. 광산에서 출발한다.

    파이프라인의 원재료는 강철이 아니라 철광석이다. 그 철광석조차 아무 철광석이 아니라, 특정 함량의 순도와 조성을 가진 고품질 광석이어야 하며, 여기에 석회석과 코크스가 정밀한 비율로 섞여야 제대로 된 강재가 나온다. 중국 허베이 지역이나 호주 필바라, 브라질 북부의 야외 채광 현장에서 채굴된 철광석은 대형 벌크선에 실려 전 세계 제철소로 향하며, 거기서부터 에너지 혈관의 실질적인 형체가 하나씩 조립되기 시작한다.

철이 강이 되고, 강이 파이프가 된다.

고로에서 쇳물이 흘러내리는 장면은 마치 용암처럼 지글지글 끓는 지옥의 강을 연상시키는데, 이 용해된 철에는 여전히 불순물이 많고 탄소 함량도 지나쳐서 그대로는 사용할 수 없다. 그래서 전로나 전기로에서 다시 정제 작업이 이뤄진다. 여기에 탄소와 황, 인, 기타 미세 불순물들이 제거되어야만 진정한 '파이프라인용 강재'가 된다. 이렇게 정제된 강은 API 5L이라는 국제 강재 규격을 따르며, X42에서 X100까지 다양한 강도 등급으로 나뉘는데, 숫자가 높을수록 고압·고난도 환경에 비교적 잘 견딜 수 있다. 유럽과 러시아는 보통 X80 이상, 심해 해저 파이프라인에서는 X100 이상이 표준으로 쓰인다.

강판이 먼저 만들어진다.

이 강재는 슬래브라는 두꺼운 직사각형 강괴로 형성된 뒤, 열간 압연기를 거쳐 수십 미터 길이의 열연코일로 가공된다. 일반적인 열연 강판이 두께 15~30m, 폭 2~4m, 길이 100m 단위로 생산되며, 이때부터 강판의 균일성, 미세 균열, 표면 결함 등이 치밀하게 검수된다. 한 번의 실수가 나중에 심해 3,000m 아래에서 파열사고로 이어질 수 있기 때문에, 이 단계는 파이프라인 제조 공정에서 사실상 가장 근본적이면서도 중요한 출발점이다.

이제 강판이 관으로 바뀐다 : 파이프가 태어나는 순간

파이프 제작 방식은 크게 두 가지로 나뉜다. 하나는 스파이럴 방식이고, 다른 하나는 직선 방식이다. 스파이럴 방식은 강판을 나선형으로 말아 용접하는 구조로, 비교적 저가형이고 대량 생산에 유리하지만, 용접선이 나선형으로 길게 이어지기 때문에 내압성이나 내식성 면에서 취약하다. 반면 직선 방식, 즉 LSAW 방식은 강판을 직선으로 말아 용접하며, 초고압 가스관이나 극지방·심해 파이프라인에 필수적으로 적용된다. 이는 일반적으로 세 번 이상의 용접을 거치고, 초음파와 X-ray 검사까지 진행되는 방식이다. 이같이 하나의 파이프가 탄생하기까지의 품질 검수 강도는 사실상 항공기 부품 수준에 가깝다.

용접, 그리고 끊임없는 검사

파이프라인은 한 번 설치되면 최소 30년에서 길게는 50년 이상, 하루도 쉬지 않고 고압 유체를 수송해야 한다. 그래서 제작 공정에서의 검사는 매우 정교하고 반복적으로 이뤄진다. 초음파 검사(UT)는 용접부 내부의 미세한 균열까지 잡아내고, 방사선 검사(RT)는 파이프 벽 안쪽의 빈틈이나 기포까지도 감지한다. 이후에는 수압 테스트가 이어지는데, 파이프 내부에 설계 압력보다 훨씬 높은 수압을 걸어서 새는 지 여부를 확인하며, 이 과정에서 실패한 파이프는 무조건 폐기된다. 그다음은 도장과 외부 코팅 과정으로 이어지는데, 특히 해저용 파이프는 콘크리트를 포함한 삼중 코팅으로 외장을 두르고, 이로 인해 무게가 미터당 10톤을 넘는 경우도 많다.

완성된 파이프는 어떻게 이동되는가?

완성된 강관은 바지선, 벌크선, 또는 육상의 초대형 트레일러에 실려 현장으로 운반된다. 이 과정에서도 파이프는 녹이나 손상으로부터 보호받아야 하므로, 모든 이동 및 보관은 방청 덮개와 코팅을 입힌 채 진행된다. 현장에서는 자동 용접기로 파이프를 연결하며, 해저에서는 파이프레이 배가 J-Lay 또는 S-Lay 방식으로 해저에 설치한다. 연결된 뒤에도 각 파이프 구간마다 다시 수압 테스트가 반복되며, 문제가 생기면 해당 파이프는 현장에서 즉시 분리되고 폐기된다.

마지막은, 지정학의 전장으로 들어가는 것이다.

이렇게 탄생한 파이프라인은 단순히 땅속에 묻히는 것이 아니다. 이 강철관 하나가 연결된다는 것은 국가의 에너지 권력이 재편된다는 의미이다. 실제로 러시아가 파워 오브 시베리아를 통해 중국과 연결할 때, 사우디가 아라비아 반도를 종단하는 송유관을 깔 때, 그리고 미국이 키스톤 XL 프로젝트를 승인하거나 철회할 때마다 그 뒤에는 수년간의 정치 협상과 군사적 계산이 함께 움직이고 있었다. 강관을 잘 만드는 기술력은 기본이고, 그것이 어디에, 누구와 연결되는지가 결국 세상을 바꾼다.

파이프라인은 강철이 아니다. 인류의 욕망과 권력이 압축된 혈관이다.
파이프라인은 단순한 관이 아니라, 기술과 정치, 산업과 생존이 교차하는 가장 민감한 인프라다. 그 안을 흐르는 것은 단순한 기름이나 가스가 아니라, 국가의 미래이자, 세계의 권력 균형이다.

한 줄 정리

파이프라인 강관 제작은 단순한 철강 공정이 아니라, 세계 질서를 재편하는 거대한 구조물의 탄생 과정이다.

012
파이프라인은 어떻게 설치되나?
(육상 시공)
- 땅을 가르고 혈관을 묻다, 에너지 제국 건설의 실전 매뉴얼

파이프라인이 어떻게 만들어지는지 이해했다면, 이제는 그것을 어떻게 지상에 설치하는 지를 알아야 한다. 그리고 이 설치 과정은 겉보기보다 훨씬 더 복잡하고 치열하며, 때로는 전쟁터에 가까운 양상을 띤다. 지도 위에 단순히 선 하나 긋는 것과 실제로 수십 킬로미터에 걸쳐 땅속에 강철 혈관을 묻는 일은 완전히 다르다. 파이프라인을 땅에 묻는다는 것은 단순한 토목공사가 아니라, 에너지의 흐름을 통제하고 지정학적 우위를 점하기 위한 실질적인 권력의 설치이기 때문이다. 하지만 땅은 쉽게 허락하지 않는다. 이 작업은 지구라는 생명체의 피부를 가르고, 근육을 찢고, 뼈 사이를 뚫는 외과수술에 가깝다. 자연은 침묵으로 저항하고, 주민들은 보상을 요구하며 버티고, 무장세력은 이를 파괴의 목표로 삼는다. 육상 파이프라인 시공은 기술 이전에 정치적이고, 경제적이며, 군사적인 전장이 된다.

1. 먼저, 선을 긋는다.

그런데 선을 긋는 게 전쟁이다. 파이프라인을 어디에 묻을 것인가를 정하는 일은 단순한 선 긋기가 아니라 전략적 판단의 연속이다. 기준은 네 가지다. 가장 짧은 거리, 가장 낮은 비용, 가장 안전한 경로, 그리고 가장 위험하지 않은 지형이다. 문제는 이 네 조건을 동시에 만족하는 경로는 존재하지 않는다는 점이다. 경제성을 추구하면 민가와 농지를 통과하게 되고, 안전을 추구하면 경로가 길어지며 비용이 치솟는다. 에너지 수출국은 이익을 극대화하기 위해 분쟁 지역을 관통하는 모험을 감수하고, 수입국은 이를 감시하고 견제한다. 파이프라인 경로는 누군가의 생존과 연결되며, 다른 누군가의 생계를 침해하게 된다.

2. 땅을 판다.

이건 마치 장례를 준비하는 것과 비슷하다. 경로가 정해지면 트렌치를 파는 본격적인 작업이 시작된다. 깊이 1~2m, 너비는 2m 이상이며, 여기에 수톤의 강관을 설치한 뒤 다시 덮는 구조다. 하지만 이는 단순한 굴착이 아니다. 경로를 따라 숲을 베어내고, 농지를 단절시키며, 강과 산을 넘는 일련의 과정은 곧 지역 공동체와의 충돌로 이어진다. 이 과정에서 토지 수용과 보상 갈등이 생긴다. 중동이나 아프리카의 일부 지역에서는 군대의 개입 없이는 공사 자체가 불가능하다. 무장 반군이나 테러리스트가 출몰하는 지역에서는 사설 군사기업(PMC)이 시공팀과 동행한다. 이때의 건설

현장은 단순한 공사장이 아니라 사실상 무장 경계 구역이다.

3. 파이프를 운반하고 깔아 넣는다.

단순한 말이지만 한 번만 실패해도 끝이다. 완성된 파이프는 일반적으로 길이 12m, 무게는 8~15톤에 달하며, 이를 현장까지 운반하는 데는 특수 트레일러와 크레인이 동원된다. 현장에 도착한 파이프는 특수 장비를 이용해 트렌치 안에 조심스럽게 내려놓는다. 한 번 내려간 파이프는 다시 올리기 어렵기 때문에, 이 과정은 매우 신중하게 이루어진다. 이어지는 작업은 용접이다. 자동용접 시스템으로 연결한 뒤, 모든 용접부는 초음파 검사, 방사선 검사, 수압 테스트를 통해 점검된다. 하나라도 불합격 판정을 받으면 해당 구간은 잘라내고 다시 작업해야 하며, 이는 시간과 비용을 크게 증가시킨다.

4. 굴착이 불가능한 지형은 드릴링으로 간다.

고산지대와 강 하천, 도심지에서는 이것이 기본이다. 경로 중에 강이나 도심지처럼 개방 굴착이 불가능한 구간에서는 HDD(Horizontal Directional Drilling) 방식이 사용된다. 이는 땅 밑 수십 미터 아래를 드릴로 관통하여 파이프를 밀어 넣는 방식이다. 수면 위 생태계와 도시 인프라를 훼손하지 않고 설치할 수 있다는 점이 장점이지만, 비용은 일반 시공의 3배 이상 소요된다. 그럼에도 불구하고 정치적, 환경적 리스크를 줄이기 위해 이 방식은 갈수록 더 많이 채택되고 있다.

5. 피복을 덮고, 토사를 복원하고, 땅을 원래대로 되돌린다(그럴 리가 없지만 말이다).

파이프가 설치된 뒤에는 다시 흙을 덮고 식생을 복원한다. 최상층에는 식생 매트를 깔아 풀과 나무가 다시 자랄 수 있도록 한다. 그러나 현실은 다르다. 한 번 파이프라인이 지나간 땅은 원래 상태로 돌아가지 못한다. 무엇보다 파이프라인 경로는 지상권 제한 구역으로 묶여 개발이 제한되며, 해당 지역 주민들은 이로 인해 지속적인 불만을 품게 된다. 그 불만은 때때로 테러와 파괴로 이어지며, 실제로 수차례 송유관이 폭파된 사례가 존재한다. 미국 다코타 액세스 파이프라인 건설 당시 발생한 원주민 시위도 그 대표적인 예다.

6. 마지막은 시험 운전이다.

진짜 전쟁은 이때부터 시작된다. 모든 시공이 완료된 이후에는 피그(PIG)라는 장비를 통해 내부 청소를 진행하고, 수압 시험으로 이상 여부를 점검한다. 문제가 없으면 시운전을 통해 원유나 천연가스를 본격적으로 흘리기 시작한다. 그 순간부터 파이프라인은 침입자와의 싸움, 자연재해와의 싸움, 사이버 공격과의 싸움이라는 새로운 국면에 접어든다. 에너지가 흐르는 관로는 단순한 철관이 아니라, 전략적 군사시설이자 국가 안보의 중심축으로 변모한다.

육상 파이프라인 시공은 건설이 아니다. 전쟁이다. 강철관을 땅속에 묻는다는 것은 단순한 토목공사가 아니라, 에너지 지도를 바꾸고 지정학적 판도를 뒤흔드는 전면적인 종합 작전이다. 이 과정에는 기술, 정치, 경제, 군사, 환경, 인권까지 모든 요소가 얽혀 있으며, 그 결과는 수십 년간의 안보와 안정에 직결된다.

한 줄 정리

파이프라인을 땅속에 묻는다는 건, 단지 강철을 매설하는 일이 아니라 권력과 생존을 동시에 매설하는 일이다.

013
해저 파이프라인은 어떻게 깔까?
(S-lay vs J-lay 방식)
– 심해 3,000m 지구의 혈관을 연결하는 두 가지 방식의 전쟁

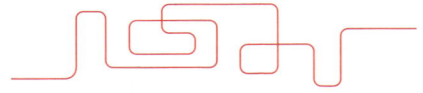

사람들은 해저 파이프라인이라 하면 그저 배에서 파이프를 하나씩 떨어뜨리는 간단한 작업 정도로 생각하곤 한다. 그러나 실상은 정반대다. 심해 파이프라인 시공은 단순한 토목공사 수준이 아니라 물리학과 기계공학, 재료공학, 정밀 제어공학, 그리고 해양환경공학이 총동원된 고도의 첨단 프로젝트이며, '지구 밑바닥에 혈관을 연결하는 일'이라 해도 과언이 아니다. 이 과정에서 쓰이는 두 가지 핵심 방식이 바로 S-lay 방식과 J-lay 방식이다. 각각의 방식은 그 구조적 특성과 시공 환경에 따라 전혀 다른 접근이 필요하며, 어느 방식을 선택하느냐에 따라 수조 원 규모 프로젝트의 성패가 갈릴 수 있다.

해저 파이프라인, 왜 깔아야 하나?
해저에 무거운 강철관을 수천 킬로미터에 걸쳐 설치하는 것은 비용이나 기술적 난이도 측면에서 간단한 일이 아니다. 그런데도 인간은 굳이 바다 밑으로 파이프라인을 깔려 한다. 그 이유는 간명하다. 그것은 '에너지 주권' 때문이다. 다른 나라의 영토를 지나야 하는 육상 경로는 정치적 갈등과 통제 불가능한 변수에 취약하다. 반면 해저는 공해(公海)이거나 협약을 통해 통과가 가능한 구역이 있어 정치적 리스크를 우회할 수 있다. 실제로 러시아가 독일과 직접 연결되는 발트해의 노르드스트림 파이프라인을, 또 흑해를 가로지르는 튀르크스트림을 건설한 것도 이런 전략적 선택의 결과다.

S-lay와 J-lay, 기본 개념부터 잡자.

S-lay 방식은 배 위에서 파이프를 수평으로 연결하고 그것을 해저로 내려보내는 공법이다. 바다로 내려가는 파이프가 알파벳 S 형태의 곡선을 그리기 때문에 붙은 이름이다. 이 방식의 장점은 시공 속도가 빠르다는 점이다. 하루 수 킬로미터까지도 시공이 가능하다. 하지만 단점은 수심에 약하다는 것이다. 심해 1,000m 이상으로 내려가면 파이프 자체의 무게와 수압으로 인해 곡선 구간에 큰 응력이 걸리고, 이 응력이 집중된 지점에서 균열이 발생할 수 있다. 반면 J-lay 방식은 배 위에서 파이프를 거의 수직에 가깝게 세운 뒤 아래로 내리는 구조다. 파이프는 수직으로 해저에 내려가며 알파벳 J와 유사한 형태를 이룬다. 이 방식은 응력 분산이 뛰어나고, 수심 3,000~4,000m의 초심해 환경에서도 안정적으로 시공할 수 있다는 강점이 있다. 단점은 속도다. 하루 수백 미터 정도의 작업 속도에

그치며, 장비와 시공 선박 자체도 대형화되어 비용이 매우 높다.

S-lay 방식, 속도로 승부하는 방식

S-lay 방식은 수심이 비교적 얕고 시공 속도가 중요한 프로젝트에서 선택된다. 시공 과정은 배 위에서 파이프를 수평으로 연결한 뒤 바다로 밀어 넣는 식으로 진행된다. 해저로 내려가는 구간에서 파이프는 자연스럽게 위쪽 곡선(overbend)과 아래쪽 곡선(sagbend)을 그리며 내려간다. 이 두 구간은 응력 집중 지점이며, 안전의 핵심이다. 이를 보조하기 위해 텐셔너(Tensioner)라는 장비가 상시로 파이프를 일정한 장력으로 잡아당긴다. 텐션이 풀리거나 과도하게 걸리면 파이프가 찢어질 수 있기 때문이다. 이 방식은 얕은 바다, 즉 수심 100~500m 구간에서 효과적이며, 바다 환경이 비교적 안정적인 지역에서 선호된다.

J-lay 방식, 깊은 바다에 최적화된 해법

J-lay 방식은 파이프를 거의 수직으로 세운 채 해저로 천천히 내려보내는 공법이다. 수직에 가까운 경사 덕분에 파이프에 작용하는 응력이 고르게 분산되고, 휘어짐이나 꺾임이 거의 없다. 특히 2,000m 이상의 수심에서는 S-lay 방식이 견디기 어려운 응력과 수압이 걸리기 때문에 J-lay 방식이 유일한 선택지가 된다. 다만 이 공법을 수행하려면 선박 자체가 엄청난 정밀성과 안정성을 갖춰야 하며, 동적 위치 유지 시스템(DPS, Dynamic Positioning System)을 통해

GPS와 스러스터를 이용해 밀리미터 단위로 선박을 고정시켜야 한다. 이러한 기술이 없다면 파이프가 흔들리고, 결국 설치 과정에서 실패하게 된다. 시공 속도가 느리다는 점은 비용과 일정 측면에서 단점이 되지만, 안전성 측면에서는 대체 불가능한 방식이다.

실제 사례로 보는 두 가지 방식의 활용

노르드스트림 프로젝트는 발트해를 가로지르는 러시아 – 독일 간 해저 파이프라인으로, 수심이 200m 내외로 안정적이었기 때문에 대부분 S-lay 방식으로 시공되었다. 속도와 효율이 중시된 대표 사례다. 반면 튀르크스트림은 러시아에서 튀르키예까지 흑해를 가로지르며, 최대 수심이 2,200m에 달하는 까다로운 환경이었다. 이 경우에는 J-lay 방식이 선택되었고, 이는 전 세계적으로도 가장 깊은 심해 파이프라인 시공 사례 중 하나로 기록된다.

선택 기준은 결국 비용, 시간, 그리고 정치적 리스크

얕은 바다에서 빠르게 시공하고 비용을 절감하고자 한다면 S-lay 방식이 우선 고려된다. 반면 심해 환경이거나, 안정성이 절대적으로 중요한 고위험 해역이라면 J-lay 방식이 필요하다. 결국 어느 방식을 선택하느냐는 기술의 문제가 아니라 정치와 예산, 그리고 전략의 문제다. 특히 심해에서는 한 번 파이프가 파손되면 복구 자체가 사실상 불가능해진다. 노르드스트림이 공격으로 파괴되었을 때도, 기술의 문제가 아니라 심해에 접근하기 위한 비용과 리스크가 너무 컸기에 복구가 이뤄지지 못한 것이었다.

해저 파이프라인은 단순한 공법 선택이 아니라 전략적 승부다.

S-lay와 J-lay 방식은 단순한 시공 기술이 아니다. 그것은 각국이 자국의 에너지 안보를 지키기 위한 선택이며, 수십 년의 정치적 주도권을 결정짓는 전략적 결정이다. 속도와 비용, 안전성과 안정성 사이에서 국가와 기업은 언제나 균형을 고민하게 된다. 그리고 그 선택은 해저 어둠 속에서 조용히 세계 질서를 바꾸고 있다.

한 줄 정리

해저 파이프라인은 단순히 강철을 깔아두는 것이 아니라, 심해의 고요한 어둠 속에서 국가와 기업의 전략이 부딪치는 최종 승부처다.

014
파이프라인 건설의 최대 난관은 무엇인가?
— 강철이 흐르기 전 인간이 맞닥뜨려야 할 절망들

파이프라인을 깐다는 것은 지구의 피부를 가르고 강철의 혈관을 그 속에 묻는 일이다. 하지만 그것이 단순히 기술과 장비만으로 가능한 작업이었다면, 이미 이 지구는 촘촘한 강철 줄기로 빽빽하게 엮였을 것이다. 진짜 문제는 언제나 인간이며, 인간이 만든 경계선과 욕망이 갈등과 전쟁을 빚어낸다.

땅을 내주지 않는 사람들과 협상한다는 것

파이프라인이 지나가는 경로는 그저 빈 땅이 아니라 국가의 영토이자 개인의 사유지이며, 때로는 부족 공동체의 신성한 성지나 조상의 무덤일 수도 있다. 일부는 땅값을 높게 부르며 협상을 시도하지만, 어떤 이들은 아무리 많은 돈을 제시해도 결코 땅을 내주지 않겠다고 버틴다. 더 심각한 경우는 소유권이 불분명하거나 분쟁 중일 때다. 예를 들어 러시아가 흑해를 가로지르는 파이프라인을 시공하려는 경우, 해당 해역이 우크라이나와의 영유권 분쟁 지역이라면 착공 자체가 수년째 미뤄질 수밖에 없다. 다코타 액세스 파이프라인이 미국 원주민의 영토를 침범했다는 이유로 전 세계적 시위와 소송에 휘말렸고, 사우디와 예멘 사이의 파이프라인은 부족장 한 사람의 동의 없이는 착공조차 불가능했으며, 아프리카에서는 협조를 약속했던 부족장이 다음 날 총살당한 사례까지 있었다.

전쟁과 테러, 그리고 파괴

파이프라인은 지하에 묻히지만, 그 위치는 충분히 노출되어 있다. 그리고 그것을 파괴하는 데 필요한 자원은 고작 몇 킬로그램의 폭약이나 총 한 자루면 충분하다. 이처럼 방어가 어려운 구조는 테러리스트나 반군, 심지어 국가 간 분쟁에서도 언제든지 전략적 타깃이 된다. 나이지리아에서는 매년 수십 차례 송유관이 폭파되고, 이라크와 시리아에서는 IS가 점령지를 철수하며 남은 파이프라인을 모두 파괴한 뒤 밀수에 활용했다. 발트해에 위치한 해저 파이프라인인 노르드스트림조차 폭파되었고, 흑해에 설치되던 튀르크스트림 파이프라인은 우크라이나가 공격 가능성을 경고하며 긴장감을 고조시켰다.

지형과 환경이라는 천적

파이프라인 건설은 기술의 싸움이 아니라, 자연과 벌이는 전면전이다. 사막의 극한 온도, 극지의 혹한, 해저의 고압, 산악지대의 암반 등 모든 지형은 시공의 적이 되며, 자연은 절대 타협하지 않는다. 심해 3,000m 지점의 수압은 사람을 통조림처럼 찌그러뜨릴 수 있으며, 해저지진이나 해저산사태는 수백 킬로미터의 파이프라인을 일거에 파괴한다. 사막은 낮에는 섭씨 60℃에 이르고 밤에는 영하로 떨어져 금속의 반복 수축과 팽창을 유발해 용접부가 파열되기 쉽다. 극지는 영하 50℃의 온도에서 땅이 얼었다 녹기를 반복하고, 영구동토층이 지반 침하와 균열을 유발한다. 러시아의 야말 프로젝트는 지반 침하와 싸우며 시공되었고, 알래스카 송유관은 눈사태와 빙하 이동 때문에 공중에 띄워서 설치되었다.

경제성과 자금, 결국 돈이 없다.

파이프라인 건설은 강철이 아니라 현금을 땅에 묻는 일이다. 1킬로미터당 수백만 달러가 기본이며, 해저나 심해에 들어가면 그 몇 배가 든다. 게다가 이 프로젝트는 수익이 나기까지 수년에서 수십 년이 걸리며, 그동안은 계속해서 막대한 자금만이 투입된다. 문제는 그 시간 동안 정권이 바뀌고, 외교 관계가 틀어지며, 국제 질서가 뒤집힐 수 있다는 점이다. 미국과 캐나다를 잇는 키스톤XL 파이프라인은 수십 년간 계획되었지만, 바이든 행정부가 들어서자마자 승인이 철회되었고, 이란과 파키스탄을 연결하려던 파이프라인은 20년 넘는 제재와 정권 교체 때문에 공사조차 시작하지 못하고 있다. 노르드스트림 2는 완공은 되었지만, 가동은커녕 결국 폭파되었다.

기술과 장비의 한계

기술이 발달하면서 많은 문제를 해결할 수 있게 되었지만, 이를 실제로 실행할 수 있는 기술자와 장비는 매우 제한적이다. 특히 심해 드릴링 장비나 고압 수소 파이프라인 설비, AI 기반 감시 시스템 같은 것은 단순히 돈이 있다고 해서 구할 수 있는 것이 아니다. 이를 다룰 수 있는 숙련된 인력과 기술력은 대부분 소수의 선진국과 글로벌 메이저 기업들이 독점하고 있다. 세계적으로 심해 파이프레이 배를 보유한 기업은 다섯 곳도 되지 않으며, 고압 수소 파이프라인 설계 기술은 독일, 일본, 한국 정도만이 상용화에 접근하고 있을 뿐, 나머지 국가는 기술 이전조차 받기 어려운 상황이다.

파이프라인 건설의 최대 난관은 결국 인간이다.

기술은 어느 정도 시간이 지나면 따라잡을 수 있고, 자금은 외국 자본이나 국제 금융을 통해 조달할 수 있다. 하지만 땅을 지키려는 인간, 그 땅을 빼앗으려는 인간, 그곳에서 서로 다른 이해관계를 가진 인간들이 충돌하고 반목하는 한 파이프라인은 항상 위태로운 구조물로 남을 수밖에 없다. 파이프라인을 건설한다는 것은 단순히 철을 이어붙이는 일이 아니라, 지구 위에서 서로 적대하는 인간을 설득하고 회유하며 때론 힘으로 누르는 과정 전체를 의미한다. 그리고 이 싸움은 기술이 아무리 발전해도 자금이 아무리 풍부해도 쉽게 끝나지 않을 것이다.

한 줄 정리

파이프라인을 묻는 일은 땅을 파는 일이 아니다. 인간의 욕망을 뚫고, 전쟁을 피해 가는 길을 여는 일이다.

015
파이프라인 시공의 환경 문제는 어떻게 해결하나?
― 흙과 숲, 강과 바다를 가르며 묻는 강철 혈관의 죄와 벌

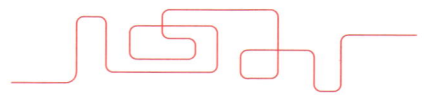

　파이프라인은 대지를 가르고, 숲을 넘고, 강을 건너며, 바다 밑을 뚫는다. 그 과정에서 벌어지는 환경파괴는 결코 가볍게 넘길 수 있는 문제가 아니다. 나무는 베이고 동물들은 쫓겨나며, 지표면은 뒤엉키고 하천은 혼탁해진다. 자연은 한 번도 동의한 적 없지만, 개발은 늘 일방적으로 이루어졌다. 그러나 더는 그렇게 할 수 없다. 환경 파괴의 시대는 이미 막을 내렸고, 이제는 지속 가능성을 확보하지 못한 에너지 인프라는 착공조차 불가능하다. 각국은 법으로 환경영향평가(EIA)를 의무화하고 있으며, 단순히 서류 절차를 밟는 것에 그치지 않고 실제 기술적, 구조적 대안을 요구하고 있다. 파이프라인의 설계와 시공에서 환경 문제를 얼마나 정교하게 대응하느냐가 이제는 사업의 성패를 결정짓는다.

환경파괴의 핵심 문제는 무엇인가?

첫째는 삼림 파괴와 생태계 단절이다. 육상 파이프라인이 지나는 경로는 대부분 숲을 따라 이어지며, 수십 미터 폭의 벌거벗은 대지를 남긴다. 이로 인해 동물들의 이동 경로는 끊기고, 기존 생물 종의 서식지가 해체되며, 생태계의 균형은 뿌리째 흔들린다.

둘째는 수질 오염과 하천 교란이다. 파이프라인이 강이나 하천을 가로지르거나 그 밑을 통과할 경우, 시공 과정에서 퇴적물 유입과 수질 혼탁이 불가피하다. 특히 HDD 방식으로 뚫는 도중 드릴링 머드가 유출되면 인근 습지와 하천 생태계에 회복 불가능한 오염을 남길 수 있다.

셋째는 해양 생태계 파괴다. 해저 파이프라인 설치 과정에서 해저면을 파내고 고정 구조물을 배치하면서 해저 생물군계는 급격한 변형을 겪는다.

마지막은 온실가스 배출 문제다. 파이프 제작, 운송, 설치, 가동 모든 과정에서 탄소가 방출되며, 메탄 누출은 지구온난화를 가속하는 주요 원인이 된다.

환경 문제를 막기 위한 기술적 시도들

• **첫 번째 대응은 환경영향평가(EIA)와 ESG 보고체계의 도입이다.** 파이프라인 프로젝트는 이제 EIA 없이 착공 자체가 불가능해졌으며, 국제 프로젝트는 ESG 점수가 투자 유치의 관건이 되었다. 보

고서만 제출하는 것으로 끝나지 않고 실질적인 실행 여부와 후속 관리가 핵심이다. 예컨대 노르드스트림 프로젝트는 발트해 생태계를 보존하기 위해 침전물 제어 및 어장 복원 프로그램을 병행했으며, 다코타 액세스 파이프라인은 원주민 보호구역과 수질 오염 논란으로 인해 재평가 및 경로 수정 작업을 거쳤다.

- **두 번째는 HDD 공법의 진화다.**

하천이나 도심을 통과할 때는 기존처럼 수면 위를 가로지르기보다 지하 수십 미터를 관통하는 수평지중굴착 방식을 표준으로 택했다. 초기에는 드릴링 머드 유출 사고가 잦았지만, 최근에는 친환경 바이오 머드를 사용하고 사고 감지 시스템과 즉각 복구 장비를 의무적으로 갖추는 방향으로 개선되고 있다. Keystone XL 프로젝트에서는 머드 유출 사고 이후 전면적인 시공 방식 변경과 함께, 인공지능 기반 실시간 감시 시스템이 도입되었다.

- **세 번째는 경로 재설계와 지하화다.**

파이프라인이 생태계의 흐름을 끊지 않도록 야생동물의 주요 이동 경로에는 생태통로를 마련하고, 파이프라인 자체를 지하 5~10m까지 매설한 뒤 그 위를 복원식생으로 덮는 방식이 확산되고 있다. 알래스카 송유관은 카리부 이동 경로를 침범하지 않도록 공중에 띄워 설치했으며, 호주 동부의 경우 코알라 보호구역을 우회하는 노선을 채택했다.

- **네 번째는 탄소배출 상쇄와 CCUS 연계다.**

시공과 운영 과정에서 발생하는 이산화탄소는 배출권 거래제(ETS)나 탄소 포집 및 저장 시스템(CCUS)으로 상쇄하는 방식이 보편화되고 있다. 노르웨이의 Longship 프로젝트와 네덜란드의 Porthos 프로젝트는 파이프라인 자체가 이산화탄소를 포집해 해저 저장소로 운송하는 기능을 포함하고 있으며, 이를 통해 산업단지에서 배출되는 탄소의 순환 구조를 구축하고 있다.

- **다섯 번째는 AI, 드론, IoT 기반의 생태 모니터링 시스템이다.**

파이프라인이 깔린 뒤에는 드론과 센서, 인공지능 분석 시스템을 활용해 생태계 교란 여부, 수질 변화, 온도 이상, 메탄 누출 등을 실시간으로 감지하고 조치하는 체계가 필요하다. Shell의 북해 해상 파이프라인은 해양 포유류와 해초 서식지를 감시하는 AI 기반 시스템을 운영 중이며, Aramco는 사우디 사막에 구축한 파이프라인 주변의 생태계 변화를 감시하는 초음파 기반 감지 네트워크를 가동 중이다.

환경 대응은 곧 사업 지속성의 조건이다.

이제 파이프라인 프로젝트에서 환경 대응은 선택이 아니라 필수다. 지속가능성을 확보하지 못하면 사업의 사회적 면허(SLO : Social License to Operate)는 사라지고, 국제 자본은 발을 뺀다. 그 결과 소송과 규제, 투자 철회가 이어지고 결국 경제성까지 무너지게 된다.

환경 보호는 이제 명분을 위한 구색 맞추기가 아니라 생존과 직결된 전략이다.

파이프라인은 이제 강철만 묻는 게 아니다.
나무를 다시 심고, 강을 복원하고, 탄소를 줄이는 복합적 책임이 따라붙는다. 이 책임을 회피하는 순간 아무리 첨단 기술과 자본이 있어도 그 프로젝트는 땅속에 묻히기 전에 세상의 저항에 눌려 사라지게 된다.

한 줄 정리

파이프라인을 묻는다는 것은 이제 지구와 타협하고 손잡는 일이며, 그렇지 않으면 아무것도 시작할 수 없다.

016
파이프라인 건설비용은 얼마나 들까?
– 킬로미터당 몇 억이 아니라 킬로미터당 몇 백 억이 사라지는 세계

이제 파이프라인 건설의 핵심 질문으로 들어간다. 얼마나 드는가, 도대체 돈이 얼마나 들어가는가. 모든 외교, 전쟁, 협상, 환경보호 논의가 최종적으로 숫자로 환산되는 바로 그 순간. 한 문장이 모든 것을 바꾼다. "얼마냐?" 이 짧은 질문은 협상장을 얼어붙게 만들고, 계약서 위에 있던 사인을 지워버리며, 국가의 수장들조차 밤잠을 설치게 만든다. 파이프라인이 땅에 묻히기도 전에, 이미 수십조 원이 먼저 땅속으로 들어간다는 사실을 기억해야 한다.

파이프라인은 단순한 강철관이 아니다. 수천 킬로미터에 달하는 거리, 직경 1m를 넘는 강철 파이프. 그것도 지하 수미터, 혹은 바닷속 수천 미터에 깔리는 초대형 구조물이다. 이 파이프는 고압의 유체를 수십 년간 안전하게 이송해야 하며 사막의 열기, 극지의 혹한, 심해의 수압을 견뎌야 한다. 따라서 이것은 토목이 아니라 문명 전체를 떠받드는 대형 기술 프로젝트이며, 그만큼 건설비용 역시 천문학적인 수준으로 올라간다.

기본 전제부터 짚고 가자.

'길이 + 직경 + 압력'이 비용을 결정한다.

파이프라인의 비용은 단순히 '1킬로미터당 얼마'로 계산되지 않는다. 건설비용을 결정짓는 핵심 요소는 세 가지다. 첫째, 총 길이. 1,000km를 넘기면 비용은 기하급수적으로 상승한다. 둘째, 파이프의 직경. 이송 물질이 원유인지 천연가스인지 수소나 이산화탄소인지에 따라 직경과 소재가 달라지며, 직경이 클수록 당연히 비용이 커진다. 셋째, 압력. 고압을 견디기 위해선 고급 강재와 특수 용접, 내식성 코팅까지 모두 달라져야 한다. 그리고 이 모든 것에 더해, 설치되는 지역의 지형과 지질 조건이 비용에 절대적인 영향을 미친다. 평야보다 사막, 정글, 산악지대, 심해가 몇 배나 비싸다.

육상 파이프라인 건설비용

일반적인 육상 파이프라인은 1킬로미터당 약 300만에서 500만 달러, 즉 한화로 40억에서 70억 원 사이가 소요된다. 그러나 이 수치는 말 그대로 '기본' 조건일 때의 이야기다. 지역 특성이나 정치적 상황에 따라 단가는 급격히 상승한다. 예를 들어 사막 지역에서는 배수 문제 해결과 열팽창 대응 설계가 필요하여 킬로미터당 600만에서 800만 달러까지 올라간다. 실제로 사우디아라비아 송유관 프로젝트는 약 1,200km 구간에 총 80억 달러가 투입되었으며, 이는 킬로미터당 약 650만 달러에 해당한다. 산악지대의 경우, 암반 굴착과 터널 공사 등이 추가되어 단가는 1,000만 달러 이상까지 상승한다. 대표적으로 중국 – 파키스탄 에너지 회랑은 산악 구간에서 기존 대비 3배의 비용이 소요됐다. 정글이나 분쟁 지역에서는 보안 비용이 전체의 30%를 차지하며, 사설 군사기업의 고용비용까지 포함되기 때문에 킬로미터당 1,000만~1,500만 달러에 이른다. 나이지리아의 송유관은 건설비의 상당 부분이 무장 경호와 복구비용으로 소진되며, 유지비 역시 타 국가 대비 월등히 높다.

해저 파이프라인 건설비용

해저 파이프라인은 육상보다 훨씬 비싸다. 일반적으로 2배에서 5배 수준의 단가 차이가 발생하며, 수심과 시공 방식(S-lay 방식 또는 J-lay 방식)에 따라 가격이 결정된다. 얕은 해역(수심 100m 이하)의 경우 킬로미터당 1,000만에서 2,000만 달러가 소요된다. 노르드스트림 1 프로젝트는 1,224km를 건설하는 데 약 110억 달러가 투입되었다. 이는 킬로미터당 900만 달러 내외에 해당한다. 반면 심해 구간(수심 2,000m 이상) 건설은 킬로미터당 2,000만에서 3,000만 달러에 달한다. 튀르크스트림의 경우 2,200m 수심의 심해 구간에서 킬로미터당 약 2,500만 달러가 들어갔으며, 전체 프로젝트에는 76억 달러가 투입되었다.

용도에 따라 달라지는 특수 파이프라인 비용

이송하는 물질의 성격에 따라 파이프라인의 설계와 소재가 달라지고, 따라서 비용도 달라진다. 수소 파이프라인은 기존 천연가스 대비 30~50% 높은 비용이 든다. 수소의 특성상 취성 문제가 있어 특수 강재와 고압 설계가 필수이기 때문이다. 예를 들어 유럽의 'H2Med' 프로젝트는 3,000km 구간에 250억 유로를 책정했는데, 이는 킬로미터당 약 1,000만 유로에 해당하는 금액이다. 탄소 포집 저장(CCUS)용 파이프라인 역시 CO_2의 부식성과 고압 특성을 고려해야 하므로 고가의 재료가 사용된다. 미국의 'Heartland Greenway' 프로젝트는 2,000km에 45억 달러가 들어갔으며, 킬로미터당 약 225만 달러의 비용이 들었다. 단, 초기 투자비까지 포함하면 실질 단가는 훨씬 더 높다.

설치 이후에도 비용은 계속된다(운영 및 유지 비용).

파이프라인은 설치로 끝나지 않는다. 유지보수, 감시 시스템 운영, 정기 점검, 보안 비용 등으로 인해 매년 전체 프로젝트 비용의 1~2%가 운영비로 투입된다. 예를 들어 총 건설비가 100억 달러인 프로젝트라면 매년 1억에서 2억 달러의 유지비가 소요된다. 분쟁 지역에서는 PMC가 상시 투입되어 나이지리아 기준으로는 전체 운영비의 20%가 보안 비용으로 사용된다. 심해 파이프라인의 경우 해군의 보호가 요구되어 군사적 비용이 추가된다.

돈이 어떻게 움직이냐가 더 흥미롭다.

파이프라인의 자금 조달은 단순히 건설사의 투자만으로 이뤄지지 않는다. 먼저 국가의 보조금과 국제 금융기관의 대출이 기반이 되며, IMF, 월드뱅크, 아시아인프라투자은행(AIIB) 등이 주된 출처다. 여기에 메이저 오일 기업들이 전략적 투자를 한다. 대표적으로 Aramco, ExxonMobil, Shell 등이 있다. 건설은 Saipem, TechnipFMC, 현대중공업 등의 글로벌 건설사 컨소시엄이 수행하고, 장비와 소재는 Tenaris, Vallourec, 한국철강 등 전문 공급업체가 담당한다. 보안은 Academi, Wagner 등 PMC가 맡으며, 이 모든 조합의 최종 조율은 국가 간 외교와 군사동맹에 의해 결정된다.

파이프라인은 철이 아니라 돈을 깔고 그 위에 권력을 세운다.

건설비용은 단순한 공사비가 아니라 국가의 미래를 좌우하는 투자비다. 그 안에는 정치, 외교, 금융, 군사, 환경까지 모든 요소가 얽혀 있다. 하나의 파이프라인을 완성한다는 것은 단순한 인프라 구축이 아니라, 해당 국가가 미래를 어떻게 설계할 것인지에 대한 청사진을 제시하는 것이다.

한 줄 정리

파이프라인을 깔겠다고 결정한 순간 이미 수십조 원이 사라지고, 그 나라의 목줄이 파이프라인 위에 얹힌다.

017
파이프라인 프로젝트 수익은 어떻게 계산하는가?
— 철관 속을 흐르는 것은 에너지가 아니라 돈이다.

파이프라인을 땅속에 묻는다는 것은 처음부터 끝까지 정밀한 계산과 미래에 대한 예측의 영역이다. 누군가는 삽을 들고 흙을 파며 누군가는 정적압력과 유량을 계산하지만, 그 모든 물리적 노력의 이면에는 오직 하나의 물음이 존재한다. 이 파이프라인이 수익을 창출할 수 있느냐, 그리고 그 수익이 투자 대비 어느 시점에 손익분기점을 넘어설 수 있느냐는 문제다. 결국 이 거대한 강철 혈관의 본질은 에너지 수송이 아니라 돈의 흐름을 창출하는 시스템이다.

파이프라인 수익 모델의 기본 구조는 고속도로의 통행료 체계와 다르지 않다. 에너지 자원을 공급하는 국가는 파이프라인을 운영하는 주체에게 일정량의 수송료를 지불한다. 이 수송료는 배럴당, 톤당, 또는 1,000세제곱미터당 일정 단가로 계약되며, 이를 통해 일정 수준의 안정적인 현금 흐름이 확보된다. 이 시스템이 파이프라인을 흔히 '현금 젖줄(Cash Cow)'이라고 부르는 이유다. 밸브를 열기만 하면 에너지가 흐르고, 그 흐름을 따라 현금이 유입된다.

수익 계산의 첫 번째 기준은 수송량이다.

하루에 수백만 배럴의 원유나 수천만 세제곱미터의 천연가스가 흐른다면, 그 규모 자체가 막대한 현금 흐름을 의미한다. 여기에 각종 유지보수비, 세금, 운영비를 제외하고도 남는 순이익이 수익의 핵심이다. 두 번째는 단가다. 파이프라인 수송료는 대부분 장기계약으로 고정되어 있어 유가나 가스 가격이 오르거나 내려도 수익은 변동 없이 유지된다. 예를 들어 배럴당 2달러, 1,000세제곱미터당 2.5달러와 같은 조건이 수익을 결정짓는다. 세 번째는 계약 기간이다. 대부분의 파이프라인 프로젝트는 20년에서 30년 단위의 장기계약을 기반으로 하며, 이 계약 기간이 수익성을 안정화하는 핵심이다.

여기에 더해지는 것이 바로 Take-or-Pay 계약 구조다.

이는 수송 계약 당사자가 실제로 자원을 사용하지 않더라도 계약된 양의 수송료를 반드시 지불해야 한다는 조항이다. 즉, 에너지 소비가 감소하더라도 수익은 보장되는 구조다. 러시아와 중국이 체결한 '파워 오브 시베리아' 파이프라인 계약이 대표적인 예로, 중국이 수입량을 줄이더라도 계약된 기본 수송료는 그대로 러시아에 지급된다. 이처럼 안정적인 수익 확보는 투자자의 신뢰를 이끌어내는 핵심 요소다.

경유국이 존재할 경우 수익 모델은 한층 더 복잡해진다.

파이프라인이 제3국을 통과할 경우, 해당 국가는 통행료를 받는다. 이를 Transit Fee라고 하며, 대개는 수송량 기준으로 책정된다. 우크라이나는 러시아 가스를 유럽으로 보내는 관문 역할을 하며 매년 수십억 달러에 달하는 통행료를 수취해 왔다. 아이러니하게도 무력 충돌이 지속되는 상황에서도 파이프라인은 중단되지 않았고, 그에 따른 수익 역시 여전히 유효했다. 이는 파이프라인이 단순한 인프라를 넘어선, 실질적인 생존과 안보의 기반임을 보여준다.

최근에는 수익 구조에 ETS(배출권 거래제)와 CCUS(탄소 포집 및 저장 기술)가 추가되며 복합적인 수익원이 생성되고 있다. 이산화탄소를 파이프라인으로 이송해 저장하거나 활용하는 구조는 단순한 비용 절감이 아니다. 배출권 판매를 통해 실질적인 수익을 창출할 수 있다. 네덜란드의 포르토스(Porthos) 프로젝트는 산업단지에서 발생한 CO_2를 포집해 해저 저장소로 이송함으로써, 환경 대응과 수익 창출을 동시에 달성하고 있다. 이처럼 현대의 파이프라인은 단일한 수송 수단이 아니라 다층적인 수익 창출 플랫폼으로 진화하고 있다.

투자자는 이 모든 흐름을 IRR(내부수익률)이라는 지표로 판단한다. 대부분의 파이프라인 프로젝트는 연간 10~15%의 IRR을 목표로 하며, 이 수익률을 유지할 수 있는 전제는 장기계약, 정치적 안정성, 경유국과의 우호적인 협상 구조, 그리고 국제 제재 리스크의 최소화다. 노르드스트림 1의 IRR은 약 12% 수준으로 평가되며, 파워 오브 시베리아도 이와 유사한 수치를 기대하고 있다. 그러나 국제 정세가 불안정해지면 이 수익률은 순식간에 무너질 수 있으며, 완공 뒤에도 가동조차 못한 채 폭파되거나, 국제 제재로 수익 창출이 불가능해지는 사례가 실제로 존재한다.

파이프라인 프로젝트의 수익은 단순히 에너지가 흐른다고 해서 보장되지 않는다. 그 안에는 복잡한 정치 협상, 국제 금융 계약, 외교 전략, 그리고 기후 변화 대응이라는 다양한 변수들이 얽혀 있다. 그래서 파이프라인을 흐르는 것은 원유나 가스뿐만이 아니라 자본과 권력, 그리고 국가의 미래이기도 하다.

한 줄 정리

파이프라인은 단순한 철관이 아니라, 수십 년을 먹여 살릴 돈과 권력의 흐름이 깔리는 길이다.

018
어떤 회사가 파이프라인을 건설하나?
– 강철 혈관을 묻는 전쟁, 누가 삽을 들고 뛰는가?

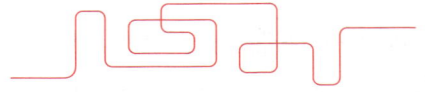

파이프라인을 짓는다는 것은 단순한 토목공사 이상의 의미를 지닌다. 이 작업은 에너지 인프라, 철강 산업, 금융 구조, 심지어 군사 전략까지 아우르는 복합적이고 고도화된 산업 프로젝트이며, 따라서 이를 수행할 수 있는 기업은 극소수의 정예로 구성된 전 지구적 플레이어들뿐이다. 이들은 극한의 조건에서 작업을 완수할 수 있는 기술과 장비, 그리고 무엇보다 전 지구적 에너지 정치에서의 입지를 확보한 집단이다. 수심 3,000m의 심해, 영하 50℃의 시베리아, 내전이 지속되는 중동과 아프리카. 어떤 지형과 정세 속에서도 이들은 철관을 묻고 가스를 흐르게 만든다.

Saipem(이탈리아) – 심해 파이프라인의 황제

Saipem은 이탈리아 국영 에너지기업 ENI에서 분사하여 설계, 조달, 시공을 모두 수행하는 글로벌 EPC 전문기업으로 독립한 뒤, 심해 파이프라인 시공 분야에서는 세계적인 권위를 자랑하는 기업이다. 특히 2,000m 이상의 해저에서도 안정적으로 시공이 가능한 J-lay 시스템과 파이프레이 배 운영 능력을 갖추고 있으며, 이 분야에서는 사실상 독보적인 입지를 구축하고 있다. 주요 실적으로는 노르드스트림 1 해저 파이프라인, 튀르크스트림 해저구간, 카스피 해저 프로젝트 등이 있다. 이들은 기술력뿐 아니라 외교 및 계약 협상력까지 총체적인 경쟁력을 요구하는 프로젝트였다. 동적 위치 제어 시스템(DPS)이 장착된 고가 장비를 다수 보유하고 있으며, 주요 수주 현장에서 현대중공업, Technip Energies와 빈번히 맞붙는 구조다.

Technip Energies(프랑스) – 천연가스와 수소 파이프라인 선두주자

Technip은 프랑스를 대표하는 에너지 인프라 기업으로, 특히 LNG와 수소 파이프라인 분야에서 압도적인 기술력을 가진다. 최근에는 탄소 포집 및 저장(CCS)과 같은 신재생 및 탈탄소 관련 프로젝트로 외연을 확장하고 있으며, ESG와 지속가능성을 중시하는 흐름에 발맞춰 친환경 파이프라인 인프라 구축에 집중하고 있다. 주요 실적으로는 노르웨이의 포로토스 CO_2 파이프라인, 중동 지역 수소 인프라, 카타르의 LNG 확장 프로젝트 등이 있다. 전통적인 에너지 인프라와 미래형 수소, 탄소배출권 연계 프로젝트까지 동시에 아우를 수 있는 종합성과 설계 능력이 이들의 가장 큰 경쟁력이다.

Subsea 7(영국 / 노르웨이) – 해양 파이프라인 전문 건설사

Subsea 7은 심해에서의 송유관 및 가스관 시공에 특화된 기업으로, 북해, 브라질, 서아프리카 해역 등에서의 실적이 강점이다. 심해 유전 개발과 연계된 파이프라인 일괄 시공 계약(EPCI)을 수행할 수 있으며, 특히 다이내믹 파이프레이 배와 DPS 기술을 활용한 해저작업에 능하다. 브라질의 프리-솔트 유전 해저 파이프라인, 아프리카 앙골라의 해저 가스 파이프라인은 이들의 기술이 어떤 수준에 도달해 있는지를 보여주는 대표 사례다. 경쟁사에 비해 대중적 인지도는 낮지만 기술력과 운영 안정성 면에서는 업계 최고 수준으로 평가된다.

Allseas(네덜란드) – 파이프레이 배의 절대 강자

Allseas는 시공보다는 해저 파이프라인을 까는 거대 선박으로 더욱 잘 알려진 회사다. 이들이 보유한 'Solitaire'와 'Pioneering Spirit' 같은 파이프레이 배는 단일 장비로 전 세계 해양 시공 시장의 흐름을 좌우할 수 있을 만큼 압도적인 존재감을 갖는다. 노르드스트림 1, 2 시공은 물론이고, 러시아 사할린에서 하바롭스크로 이어지는 해저 구간 공사도 이들이 수행했다. 특히 Pioneering Spirit은 해양 구조물 해체 기능까지 갖춘 복합 플랫폼으로, 해양 엔지니어링의 상징이라 해도 과언이 아니다.

현대엔지니어링·현대중공업(대한민국) – 조용히 강한 숨은 실력자

현대건설, 현대엔지니어링, 현대중공업은 모두 파이프라인 시공 능력을 보유하고 있으며, 중동 및 아프리카에서의 육상 파이프라인 시공 실적이 탄탄하다. 특히 고온다습, 전쟁 위험이 상존하는 환경 속에서도 빠른 시공과 안정적인 품질을 확보하며 신뢰를 쌓아왔다. 사우디 – 쿠웨이트 국경 송유관, 이라크 바스라 – 트리폴리 가스 파이프라인 등의 실적이 있으며, 향후 수소 파이프라인과 CCUS 연계 프로젝트에서도 존재감을 드러낼 것으로 기대된다. 뛰어난 가격 경쟁력과 인력 운용 능력은 이 기업들이 국제 입찰에서 경쟁력을 유지하는 핵심 요소다.

China Petroleum Pipeline Engineering(CPPE) – 중국식 초대형 시공 머신

CNPC 산하의 CPPE는 중국식 대형 프로젝트의 전형을 보여주는 기업이다. 중국 – 중앙아시아, 중국 – 러시아, 중국 – 파키스탄 간 파이프라인 프로젝트를 규모, 속도, 정치적 뚝심으로 밀어붙이는 공법을 구사한다. 이들의 강점은 무한한 인력, 정부 주도의 외교력, 저비용 구조다. 파워 오브 시베리아 중국 구간 시공, 중국 – 카자흐스탄 원유 파이프라인 등은 모두 이들의 대표작이다. 품질 논란도 존재하지만, 전략적 목표와 시간 싸움에서 우위를 점할 수 있는 능력이 이 기업의 진짜 경쟁력이다.

Tenaris, Vallourec, TMK – 강관 제조의 절대 고수들

이 기업들은 직접 시공에 나서진 않지만, 전 세계 파이프라인 프로젝트에 들어가는 강관을 공급하는 핵심 업체들이다. 고압 가스관, 수소 전용 파이프라인, 심해용 고강도 강재 등에서 이들의 제품은 사실상 글로벌 스탠다드로 통한다. API 5L X80~X100 등급의 강관, 수소 취성 방지 특수합금, 탄소 포집 전용 강관까지 모두 이들 손에서 탄생한다. 노르드스트림, 파워 오브 시베리아, 야말 LNG 프로젝트 등에 이들의 강관이 들어갔으며, 품질과 신뢰성 면에서는 비교 불가능한 독점적 위상을 유지하고 있다.

기타 주요 기업들

Worley(호주)는 설계와 프로젝트 매니지먼트에 강점을 가진 글로벌 EPC 기업이며, KBR(미국)은 군수 및 에너지 인프라 분야에서 기술력을 인정받고 있다. L&T(인도)는 중동과 인도 간 파이프라인에서 두각을 보이고 있으며, McDermott(미국)는 해양 구조물과 파이프라인 시공에 있어 오랜 경험을 보유한 전통 강자다.

파이프라인 건설은 몇몇 전쟁 같은 기업들이 지배한다.

지구 위에 파이프라인을 묻을 수 있는 기업은 손에 꼽힐 정도로 적으며, 이들은 기술력과 자본력뿐만 아니라 정치적 외교력과 군사적 전략까지 동원할 수 있는 역량을 지닌다. 그들의 장비가 움직이는 순간, 철이 땅을 가르고 돈이 흐르며, 지도 위의 권력 구도가 다시 그려진다.

019
Allseas, Saipem 등 글로벌 강자의 비밀은?
― 심해보다 깊고 철보다 단단한 그들의 기술과 권력

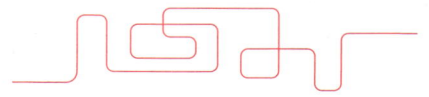

전 세계적으로 파이프라인을 시공할 수 있는 기업은 수십 곳에 이르지만, 그중에서도 심해 구간, 특히 수천 미터 아래의 고압 수역에서 강철 혈관을 정확히 깔 수 있는 역량을 가진 기업은 손에 꼽을 정도다. 그중에서도 Saipem과 Allseas는 고위험, 고비용, 그리고 가장 복잡한 해저 프로젝트를 주도하는 대표적 기업이다. 이들이 계약서에 서명하는 순간, 거기엔 단순히 숫자나 공사 조건만 적혀 있는 게 아니라, 한 국가의 에너지 미래와 지정학적 이해관계, 그리고 국제 정치의 실타래가 얽혀 있다.

파이프라인 공사의 핵심은 단순한 토목이 아니라 극한 환경에서의 고도 기술이다. 육상에서는 인부 수천 명과 장비 수십 대만으로도 작업이 가능하다. 돈을 충분히 투입하면 부족장도 설득할 수 있고, 정치적 갈등도 외교를 통해 조율할 수 있다. 하지만 심해는 다르다. 수심 3,000m에서는 수온이 거의 0℃에 가깝고, 수압은 인간의 몸을 단숨에 압축할 만큼 강하다. 해저 지형은 거칠고 불규칙하며, 바다 밑에서의 작업은 사람의 손길은커녕 일반적인 기계조차 접근이 어렵다. 이런 조건에서 수십 킬로미터에 이르는 강철 파이프를 연결하고, 정확한 위치에 안착시키며, 심지어 완벽하게 용접해 밀봉해야 하는 작업이 바로 Saipem과 Allseas의 전문 영역이다.

Saipem은 이탈리아의 국영 석유회사 ENI에서 독립하여 EPC(설계·조달·시공) 분야에서 글로벌 위상을 가진 기업으로 성장했다. 심해 파이프라인 시공 분야에서는 이들이 사실상 교과서를 쓰고 있다고 해도 과언이 아니다. 특히 수심 2,000m 이상의 환경에서 J-lay 방식으로 파이프를 설치할 수 있는 전용 장비와 시공 노하우는 전 세계 어느 회사도 쉽게 따라올 수 없는 수준이다. 흑해의 튀르크스트림 프로젝트는 그 기술력의 상징과도 같다. 수심 2,200m를 뚫고 파이프를 깔아낸 이 공사는 단순한 기술 성취를 넘어 러시아와 튀르키예 사이의 외교적 긴장, 지정학적 복잡성을 뚫고 완공된 사례로 기록된다. Saipem은 이처럼 극한의 물리적 환경과 복잡한 정치 상황을 동시에 돌파해낸다. 그리고 그 신뢰는 금융시장에서도 자산으로 인정받는다. Saipem이 참여한 프로젝트는 국가 간 계약은 물론, 채권 및 보험 시장에서도 별도의 리스크 프리미엄을 붙여 거래될 만큼 고신뢰 대상이다.

반면 Allseas는 다소 다른 길을 걸어왔다. 이들은 기술보다는 장비를 중심에 둔 전략으로 세계를 장악해왔다. 대표적인 장비인 'Pioneering Spirit'은 단순한 시공 장비를 넘어서 하나의 해상 산업기지라 불릴 만하다. 길이 477m, 폭 124m에 이르는 이 거대한 배는 해저 구조물 설치와 해체, 그리고 파이프라인 시공을 단일 장비로 수행할 수 있는 유일한 장비다. 여기에 파이프라인 시공 전용 장비인 'Solitaire'는 Allseas의 또 다른 무기다. GPS와 다중 스러스터 시스템을 이용해 센티미터 단위로 선박의 위치를 고정하며, 거친 파도 속에서도 고정된 자세로 파이프를 해저에 깔 수 있다. Allseas의 장비가 움직인다는 소문이 퍼지면 해상 보험 시장과 건설주식 시장은 즉각적으로 반응할 정도로 그 영향력이 크다.

두 기업의 공통점은 단지 기술력이나 장비에 있는 것이 아니다. 이들은 정치 외교, 프로젝트 관리, 리스크 대응, 그리고 현장 보안에 이르기까지 전방위적 종합 역량을 갖춘 조직이다. Saipem이 튀르크스트림을 진행할 당시 러시아와 튀르키예는 군함을 동원해 프로젝트를 경호했고, Allseas는 노르드스트림 2 시공 중 미국의 제재 위협으로 수개월 간 작업이 중단되기도 했다. 이런 상황에서도 프로젝트를 완수하는 힘은, 이들이 단순한 기업을 넘어 하나의 '국가 대리 플랫폼' 역할을 수행하는 데서 나온다.

기술적으로도 이들은 여전히 시장을 리드하고 있다. Saipem은 3,000m급 수심에서도 작업 가능한 J-lay 시스템과 파이프 핸들링 로봇을 자체 설계하며, AI 기반 실시간 파이프 상태 모니터링 시스템을 운영 중이다. Allseas는 파이프 시공과 구조물 해체를 동시에 수행할 수 있는 통합 시스템을 완성했으며, 로봇팔과 드론 기반 점검 장비까지 보유하고 있다. 그러나 가장 중요한 자산은 결국 시간과 신뢰다. 이들이 만든 구조물은 30년 뒤에도 안정적으로 기능해야 그 시스템을 기반으로 또 다른 계약과 협상이 이루어진다. 이처럼 축적된 시간과 검증된 경험이 이들을 글로벌 프로젝트에서 대체 불가능한 존재로 만든다.

　Allseas와 Saipem은 단순한 건설사가 아니다. 이들은 심해라는 물리적 불가능의 공간에서 가능을 실현해 온 기업이며, 그 실현력이 곧 권력이 된다. 누가 어떤 나라의 해저에 파이프라인을 깔 수 있는가, 누가 국제 외교의 이해관계를 통과해 공사를 완성할 수 있는가를 결정짓는 이름이 바로 이들이다. 아무리 기술이 발전하고 후발주자들이 등장해도 이들의 경험과 신뢰를 단기간에 따라잡기는 어렵다. 심해보다 깊은 기술력과 철보다 단단한 신뢰, 그것이 이들이 전 세계 파이프라인 전쟁에서 최전선에 서 있는 이유다.

한줄 정리

Saipem과 Allseas는 강철을 깔아 생존을 연결하는 기술기업이 아니라, 심해와 정치를 동시에 통제하는 인프라 제국이다.

020
파이프라인 시공 실패 사례와 그 교훈은?
― 수십조 원짜리 강철 혈관이 터질 때, 무너지는 건 돈만이 아니다.

파이프라인 시공이 실패하는 일은 대체로 조용히 벌어진다. 뉴스 헤드라인에는 잘 오르지 않지만, 지하에 묻힌 강철관 하나가 찢어지는 순간 그 충격은 아주 조용하면서도 깊고 넓게 퍼진다. 투자자들은 자금을 회수하고, 국가들은 동맹 구조를 다시 짜며, 보험사들은 리스크 평가를 수정하고 보험료를 끌어올린다. 결국 그 모든 손실은 가스 요금이나 세금의 형태로 일반 소비자에게 되돌아온다. 이런 실패는 단일 원인보다는 복합적 요인이 맞물려 발생하며, 대체로 그 밑바닥에는 오만한 판단과 잘못된 선택이 깔려 있다.

노르드스트림 2 (러시아 – 독일)

실패 원인 : 지정학 리스크 무시 + 외교적 오판

노르드스트림 1의 성공 이후, 러시아는 더욱 과감한 행보에 나섰고, 유럽의 에너지 수요 증가를 배경으로 독일과 함께 노르드스트림 2 프로젝트를 추진했다. 해저에 병렬로 깔리는 두 번째 파이프라인은 유럽 에너지 안보를 강화하는 동시에 러시아의 에너지 지배력을 고착화할 수단이었다. 그러나 이 프로젝트는 미국과 나토, 동유럽 국가들에게는 위협으로 인식되었다. 미국은 대러 제재 수단으로 프로젝트에 대한 강한 반대를 표명했고, 우크라이나와 폴란드도 격렬히 반발했다. 결국 2021년 완공 이후에도 운영 허가는 지연되었고, 2022년 러시아의 우크라이나 침공 직후 양쪽 노선 모두 발트해 심해 구간에서 폭파되었다. 책임 소재는 불분명하지만, 이례적인 초정밀 폭파는 사실상 국가 단위의 군사 행위로 해석되었다.

교훈 외교적 갈등을 무시한 채 기술과 경제 논리만으로 추진된 인프라는 언제든 무용지물이 될 수 있다. 심해 파이프라인은 전쟁의 첫 타격 대상이 될 만큼 전략적 자산이며, 기술보다 정치가 앞서야 하는 분야다.

키스톤 XL (캐나다 – 미국)

실패 원인: 환경 문제와 원주민 반발 + 정권 교체

키스톤 XL은 캐나다의 오일샌드 원유를 미국 남부 정유 단지로 운송하는 초대형 파이프라인이었다. 하루 80만 배럴 이상의 수송 능력을 자랑하며 북미 에너지 독립의 핵심 인프라로 간주됐다. 그러나 타르샌드 원유의 환경 파괴 문제와 원주민 땅을 관통하는 경로가 강한 반대에 부딪혔고, 각종 법적 소송과 시위가 잇따랐다. 결정적 전환점은 바이든 대통령 당선 이후 환경 정책 강화에 따라 기존 허가가 철회되면서였다. 이미 수십억 달러가 투입되었음에도 불구하고 프로젝트는 전면 중단되었고, 투자자들은 막대한 손실을 떠안게 되었다.

교훈 대규모 인프라가 정치 변화에 얼마나 취약한지를 보여주는 사례다. 환경과 원주민 권리는 기술력으로 해결할 수 없으며, 정권이 바뀌면 인프라의 운명도 바뀐다는 사실을 간과해선 안 된다.

트랜스카프카스 파이프라인 (아제르바이잔 – 조지아 – 튀르키예)

실패 원인 : 자연재해와 환경 논란 + 투자 이탈

이 파이프라인은 카스피해의 천연가스를 유럽으로 수송하는 전략적 루트로, 러시아 가스에 대한 의존도를 줄이기 위한 대안이었다. 그러나 조지아 산악 구간을 통과하는 시공 중 잇따른 지진과 산사태로 인해 큰 피해가 발생했고, 하천 오염과 토지 침하 등 환경 문제가 불거졌다. 민간인 보상 문제도 제대로 정리되지 못한 상황에서 주요 투자자인 BP와 Shell이 지분을 줄이며 빠져나갔다. 자금난에 빠진 프로젝트는 예정보다 지연되었고, 가동 이후 수익성도 기대에 못 미쳤다.

교훈 지형 리스크와 환경 문제는 기술만으로 극복할 수 없다. 지속 가능한 인프라는 사회적 수용성과 생태계 보호라는 두 기둥 위에 서야 하며, 투자자는 언제든 빠져나갈 준비가 되어 있다는 점을 염두에 둬야 한다.

나이지리아 델타 송유관

실패 원인 : 치안 부재와 지역사회 갈등

나이지리아 남부 델타 지역은 석유 자원이 풍부하지만, 반군과 해적, 무장단체가 활동하는 불안정 지역이다. 파이프라인이 깔리자마자 폭파 사고가 연쇄적으로 일어났고, 유출된 원유를 주민들이 훔치다 화재 사고까지 발생했다. 쉘과 AGIP 등 메이저 기업들이 관리에 어려움을 겪었고, 일부는 결국 자산을 정리하고 철수했다. 이 지역에서는 파이프라인 보호를 위한 경호 인력 자체가 갈등을 부추기기도 했다.

교훈 지역사회를 배제한 인프라는 결코 지속될 수 없다. 물리적 경호를 강화할수록 주민과의 심리적 거리만 벌어지며, 공동체와의 신뢰가 없는 상황에서는 기술도 장비도 무용지물이 된다.

야말 LNG 파이프라인 (러시아)

실패 원인 : 극지 시공 한계 + 국제 제재에 따른 기술 차질

러시아 북극권 야말반도는 영하 50℃를 오르내리는 극한 지역으로, LNG를 운송하기 위해 파이프라인이 시공되었다. 그러나 이 지역은 지반이 얼고 녹는 '동결융해' 작용으로 인해 지반 침하가 자주 발생하고, 파이프라인은 뒤틀리거나 파손되는 사고가 빈번했다. 여기에 러시아의 크림반도 병합 이후 서방의 제재로 인해 고급 장비와 부품의 수입이 제한되면서 공사 일정에 차질이 생겼고, 대체 자재 사용으로 인해 내구성 문제가 제기되었다.

교훈 극지방 프로젝트는 모든 리스크를 보수적으로 예측하고, 기술과 자재 공급망을 다변화하는 전략이 필요하다. 외부 제재에 대한 대비책이 없다면 시공 속도보다 중단 가능성이 더 커진다.

파이프라인 시공의 실패는 기술의 실패가 아니다. 그것은 곧 사람의 실패이자 정치적 조율의 실패이며, 환경과 공동체를 고려하지 않은 무모함의 결과다. 수십조 원이 투입되는 거대한 인프라일수록 그 기반은 콘크리트가 아니라 신뢰와 조율, 그리고 타협 위에 세워져야 한다.

한 줄 정리

파이프라인에 흐르는 건 원유가 아니라 신뢰와 협상, 그리고 생존이다.

1. 파이프라인의 기원은 19세기 펜실베이니아의 원유 채굴지에서 시작되었고, 목재로 만든 초기 송유관이 강철관으로 발전하며 석유 제국의 첫걸음을 내디뎠다.
2. 제2차 세계대전과 냉전은 파이프라인 전성시대의 서막을 알렸고, 연합군의 PLUTO 파이프라인과 소련의 드루즈바 송유관은 전쟁과 냉전의 승패를 가르는 결정적 인프라였다.
3. 냉전이 끝난 뒤에도 파이프라인은 에너지 패권의 핵심으로 남아 러시아, 중동, 중국, 유럽 사이에서 수십조 달러와 군사적 긴장이 엮인 거대 프로젝트가 줄줄이 이어졌다.
4. 현대의 파이프라인은 에너지 안보와 경제 전략의 중심축일 뿐 아니라, 환경 파괴, 원주민 반발, 전쟁과 테러라는 리스크 속에서 살아남기 위한 인류의 정치 기술이기도 하다.
5. 파이프라인 하나가 연결되거나 끊어질 때마다 세계 질서가 뒤흔들렸던 사건들을 통해 파이프라인이 단순한 강철관이 아닌 지구의 혈관이자 전쟁터임을 확인하게 된다.

PART
03

파이프라인의 역사와 사건들

021
파이프라인은 어디서 시작되었는가?
– 검은 피가 흐르기 시작한 순간, 역사는 조용히 바뀌기 시작했다.

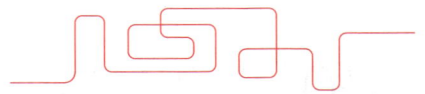

파이프라인이 어디에서 시작되었는지를 묻는다면, 대부분은 잠시 생각에 잠기다 "아마 미국?" 혹은 "중동 아닐까?" 정도로 대답을 얼버무린다. 하지만 이 강철 배관의 역사는 인류 문명이 바뀐 결정적 순간 중 하나였다.

불을 지피고 농사를 짓고 수레를 굴리고 바다를 건넌 다음, 인류의 삶을 가장 극적으로 바꿔놓은 순간은 아마도 석유라는 검은 액체가 흐르기 시작한 때일 것이다. 그러나 진짜 변화는 그 석유를 발견한 다음 그것을 어떻게 운반할지를 고민하기 시작하면서 비롯되었다.

1859년, 미국 펜실베이니아 북부의 타이터스빌이라는 마을에서 에드윈 드레이크라는 인물이 땅을 파고 있었다. 그는 땅속에서 기름이 솟아난다는 이야기를 듣고, 무모하다 싶을 정도의 시도로 21m를 파 내려갔다. 그리고 마침내 석유는 솟구쳤다. 하지만 정작 문제는 그다음이었다. 드럼통에 석유를 담아 말이 끄는 마차로 옮기는 기존의 방법으로는 이 무거운 액체를 항구나 정유소까지 제때 보낼 수 없었다. 펜실베이니아는 겨울이면 땅이 얼어붙었고, 여름이면 길이 진흙탕이 되었기 때문에, 유통 자체가 불가능에 가까웠다. 결국 사람들이 선택한 것은 나무를 깎아 만든 원시적인 파이프였다. 틈새로 기름이 새어 나오고 얼마 지나지 않아 썩어버리는 구조물이었지만, 기름을 땅 위가 아닌 땅속으로 흐르게 하겠다는 의지가 현실로 구현된 순간이었다.

이후 철제 파이프가 등장하고, 마침내 강철로 만든 혈관이 지표 아래를 가로지르기 시작하면서, 파이프라인 시대가 본격적으로 열렸다. 흥미롭게도 이 시스템을 주도한 건 석유사업가가 아니라 철도회사였다. 철도회사는 석유 수송의 미래가 레일 위가 아닌 땅속에 깔리는 관이라는 것을 먼저 간파했고, 파이프라인을 통해 유통 비용과 시간을 단축하는 구조를 만들었다. 이때부터 석유는 단순한 자원이 아니라, 그 흐름을 장악한 자가 권력을 쥐는 시대의 중심으로 떠올랐다.

이 흐름을 결정적으로 바꿔놓은 인물은 바로 존 D. 록펠러였다. 1879년, 그는 스탠다드 오일을 통해 미국 석유 산업의 95%를 장악하며 파이프라인 산업을 사실상 독점하게 된다. 처음에는 철도왕 벤더빌트와 손잡고 철도 수송을 장악했지만, 곧 깨달았다. 진짜 권력은 수송 수단이 아니라 유통 경로 그 자체에 있다는 사실을. 록펠러는 독점적인 파이프라인 망을 구축했고, 그 결과 다른 석유 회사들은 석유를 생산해도 록펠러의 파이프라인을 통과하지 않으면 시장에 내놓을 수 없는 상황이 되었다. 석유를 팔 수 있는 자는 파이프라인을 소유한 자뿐이었다.

파이프라인이 국가적 전략자산으로 떠오른 것은 제2차 세계대전에서였다. 연합군이 프랑스 노르망디 상륙작전 뒤 유럽 대륙으로 진군할 때, 전투보다 더 절박했던 건 연료의 안정적 공급이었다. 유조선을 앞세우는 방식은 독일군의 잠수함 공격에 취약했다. 이때 영국은 남부 해안에서 프랑스까지 해저에 파이프라인을 설치하는 PLUTO(Pipeline Under The Ocean) 프로젝트를 추진했다. 이 비밀 작전은 성공했고, 전쟁의 보급선을 안정적으로 유지하는 데 결정적인 역할을 했다. 총과 대포가 전장을 지배하던 시대였지만, 실제 전쟁을 움직인 건 파이프라인을 타고 흐르던 연료였다.

전쟁이 끝난 뒤, 파이프라인은 냉전시대의 보이지 않는 무기로 활용되었다. 소련은 동유럽 국가들을 통제하기 위해 '드루즈바(우정)'라는 이름의 파이프라인을 구축했다. 이 관은 모스크바에서 시작해 체코, 헝가리, 폴란드까지 이어지며 동유럽에 에너지를 공급했지만, 동시에 이 국가들의 독립성을 억제하는 도구로 활용되었다. 밸브를 여는 것은 '동맹'의 신호였고, 밸브를 잠그는 것은 곧 '처벌'이었다. 파이프라인은 에너지 무기였고, 지배 수단이었다.

그 뒤에도 파이프라인은 전 세계로 퍼져나갔다. 중동에서는 사우디아라비아가 해상 수송을 피해 육상 파이프라인을 확장했고, 이란-이라크 전쟁 때는 서로의 송유관을 폭파하며 상대방의 수출을 차단했다. 파이프라인은 생명선이면서도 동시에 취약지점이 되었고, 전쟁의 타깃이 되기도 했다. BTC(바쿠-트빌리시-제이한) 파이프라인처럼 러시아를 우회해 에너지를 유럽으로 보내는 시도는 새로운 루트를 개척했지만, 동시에 외교적 충돌과 군사적 갈등을 낳았다.

파이프라인은 기술 이전에 권력의 상징이었다. 펜실베이니아의 진흙탕에서 나무 파이프를 묻던 그 초라한 시작은 이제 수천 킬로미터에 달하는 강철 혈관으로 진화했고, 그 위에는 국가의 생존과 세계 질서가 얹혀 있다. 눈에 보이지 않는 그 배관이 오늘날에도 여전히 전쟁과 평화의 경계선을 가르고 있으며, 에너지의 흐름을 따라 권력의 방향도 함께 움직이고 있다.

한 줄 정리

파이프라인은 펜실베이니아의 진흙탕에서 시작됐지만, 지금은 세계를 움직이는 혈관이 되었다.

022
카이저호프호텔에서 시작된
서독 – 소련 협상은 무엇이었나?
– 철의 장막 너머, 가스와 강철이 만든 비밀 동맹

냉전의 긴장이 절정에 달하던 1968년, 세계의 이목이 핵무기와 베를린 장벽에 집중되던 바로 그 시점, 서독과 소련은 누구도 예상치 못한 장소에서 조용히 손을 맞잡았다. 그 장소는 스위스 취리히의 카이저호프호텔. 당시로서는 외교적 긴장과 첩보가 난무하던 시대였지만, 중립국 스위스는 그 모든 정찰의 눈길을 피해가기엔 안성맞춤인 무대였다. 바로 이 호텔의 2층 비공식 접견실에서 냉전사의 물줄기를 바꾸는 협상이 시작되었다.

이 협상은 서독과 소련, 즉 NATO 진영과 바르샤바 조약국 간의 경제적 밀월의 시작이었다. 겉으로는 적대적 관계였지만 양측 모두에게는 절박한 사정이 있었다. 서독은 빠르게 성장하는 산업에 에너지를 공급할 수 있는 안정적인 자원이 필요했고, 소련은 경제적으로 고립된 상태에서 서방 세계의 외화, 특히 달러가 절실했다. 무엇보다 소련은 막대한 천연가스를 보유하고 있었지만, 유럽으로 수송할 고품질 파이프라인을 자체적으로 제작할 능력이 부족했다. 이때 서독이 가진 세계 최고 수준의 강관 기술이 해답이 되었고, 가스와 강철을 맞바꾸는 형태의 경제협력이 조용히 도모되기 시작했다.

카이저호프호텔은 원래 스위스 상인과 금융인들이 애용하던 고급 숙소였지만, 이날만큼은 냉전의 두 진영 대표가 테이블을 사이에 두고 지도와 기술 도면을 펼쳐 놓고 앉아 있었다. 서독 측에서는 루르가스를 비롯한 에너지 기업 대표들이 참석했고, 소련 측에서는 훗날 가즈프롬으로 이어지는 소련 천연가스부의 고위 실무진이 배석했다. 그들은 소련 시베리아 가스전을 독일 루르 산업지대까지 연결할 수 있는 파이프라인 경로를 함께 논의했고, 기술 교환과 장기계약 조건을 손에 땀을 쥐고 조율했다.

협상의 핵심은 단순하면서도 강력했다. 서독은 소련으로부터 대규모 천연가스를 수입하고, 그 대가로 소련에 고압 강철 파이프, 밸브, 압축기 등의 핵심 부품과 제조 기술을 수출하는 방식이었다. 당시 소련이 보유한 강관은 품질이 낮아 고압 수송에 치명적인 결함을 드러냈고, 이는 수천 킬로미터에 달하는 가스관 구축을 불가능에 가깝게 만들고 있었다. 반면 서독의 산업기술은 이미 세계적인 수준에 올라 있었고, 파이프라인 강재 분야에서는 독보적인 입지를 구축하고 있었다.

이 협상은 공식화되기 전까지 극도의 보안 아래 유지되었고, 미국과 영국의 정보기관은 이 거래가 성사된 이후에야 이를 파악할 수 있었다. 미국 CIA와 영국 MI6는 취리히호텔 바에 감시 요원을 배치했지만, 정작 협상이 벌어졌던 그 위층 스위트룸에서 어떤 이야기가 오갔는지에 대해서는 오랫동안 알지 못했다. 결국 이 호텔에서 맺어진 가스 – 강철 협정(Gas for Pipe Deal)은 1969년에 공식 계약으로 발전했다. 서독 루르가스는 소련으로부터 연간 10억m^3의 가스를 20년간 공급받기로 하고, 그 대가로 수천 킬로미터 분량의 고압 강관과 설비를 제공했다.

이 거래는 단순한 수입·수출 계약이 아니었다. 그것은 철의 장막을 넘나드는 경제적 신뢰의 구축이었고, 냉전이라는 이념적 분단 구조를 실질적 이해관계로 돌파한 전략적 거래였다. 이후 소련은 이 모델을 확대해 나갔고, 동유럽 국가들뿐 아니라 프랑스, 이탈리아, 오스트리아 등과도 유사한 계약을 체결하며 유럽 전체를 가스 네트워크로 엮어나갔다. 특히 우크라이나를 경유하는 드루즈바 파이프라인은 소련의 전략적 영향력을 유럽 전역으로 확장하는 데 결정적 역할을 했다. 아이러니하게도 이 모든 인프라의 절반 이상이 서독과 일본의 기술력으로 완성되었다.

서독 역시 이 협상을 통해 냉전의 양극화 속에서도 실리를 확보하는 데 성공했다. 미국의 정치적 동맹으로 남으면서도 소련과 경제적 관계를 구축함으로써, 양방향에서 전략적 균형을 꾀했던 것이다. 이중외교 전략은 훗날 동서독 통일 전에도 의미 있는 경제적 토대를 형성하는 데 기여했고, 독일이 러시아 에너지에 깊숙이 연결되도록 만든 역사의 시작점이기도 했다.

 카이저호프호텔의 협상은 그 자체로 냉전의 패러다임을 뒤흔든 사건이었다. 총성 없는 협상 테이블 위에서 결정된 이 거래는, 수십 년 뒤 유럽 전체가 러시아 에너지 종속 문제로 휘청이게 되는 시발점이 되었다. 현재 독일이 러시아산 가스에 의존하는 구조 역시 이때부터 형성된 것이다. 경제는 정치보다 오래가고, 파이프라인은 한 번 연결되면 끊기 어렵다. 그것이 바로 이 협상이 남긴 또 하나의 교훈이다.

 결론적으로, 1968년 스위스 취리히의 한 호텔에서 이루어진 이 조용한 만남은 단순한 가스 공급 계약이 아니라, 유럽의 에너지 질서를 재편하는 결정적 순간이었다. 철과 가스, 기술과 자원이 맞물린 이 협상은 냉전이라는 거대한 정치 이념의 구도를 넘어서 실용과 이익의 언어로 세계를 재구성하는 사례가 되었고, 오늘날까지 그 여파가 이어지고 있다.

한 줄 정리

카이저호프호텔에서 시작된 가스와 강철의 협상은 유럽을 러시아 에너지의 파이프라인에 묶어둔 첫 번째 사슬이 되었다.

023
드루즈바 파이프라인의 탄생과 냉전은 무슨 관계였나?

― 우정이라는 이름을 가진 강철의 손아귀, 소련이 석유로 세운 새로운 동맹 시스템

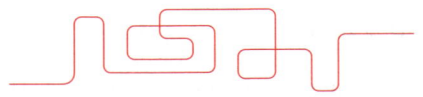

 냉전 한가운데에서 세계 최대 규모의 파이프라인이 어떻게 탄생해, 그것이 단순한 배관이 아니라 소련의 전략 무기로 변모했는지를 살펴보자. 드루즈바(Druzhba)는 러시아어로 '우정'을 의미하지만, 이 단어가 새겨진 지도 위의 붉은 선은 실상 친구의 상징이 아닌 동유럽 위성국가들의 숨통을 틀어쥐는 강철의 손아귀였다. 파이프라인의 밸브는 언제든 열리고 닫힐 수 있었고, 그 흐름은 각국 정권의 운명을 좌우했다.

드루즈바 파이프라인의 탄생 배경

 1958년, 제2차 세계대전 이후 소련은 동유럽 국가들을 해방시키겠다는 명분을 내세우며 자신들의 경제권과 군사적 완충지대로 편입시켰다. 그러나 이들 국가들은 식량, 기계, 석유를 포함한 거의 모든 분야에서 소련에 대한 의존도가 극심했다. 특히 에너지 문제

는 치명적이었다. 산업화를 추진하던 동독, 체코슬로바키아, 폴란드, 헝가리 등은 안정적인 석유 공급 없이는 공장조차 제대로 가동할 수 없는 상태였다. 이를 누구보다 잘 알고 있던 소련은 대규모 서부 시베리아 유전 개발을 완료한 뒤, 과잉 생산된 석유의 유통 경로를 새롭게 모색하게 된다. 중국과의 관계가 악화된 뒤, 소련은 에너지 외교의 방향을 동유럽과 서유럽으로 돌렸고, 바로 이 시점에 드루즈바 파이프라인 프로젝트가 구상되기 시작했다. 이는 단순한 물류 인프라가 아니라, 에너지를 무기로 삼아 동유럽을 체계적으로 종속시키는 전략적 프로젝트였다.

파이프라인 설계와 노선이 보여주는 냉전 지형

드루즈바 파이프라인은 1959년 착공되어 1964년에 첫 수송이 시작되었으며, 전체 길이는 약 5,500km에 달한다. 출발점은 브랸스크 근처의 드루즈바 노드이며, 이 노드는 벨라루스, 우크라이나를 거쳐 폴란드 플로츠크, 동독 슈베트, 체코슬로바키아 브라티슬라바, 헝가리 부다페스트 등 동유럽 주요 국가로 연결된다. 최종 종착지는 발칸반도 및 동독의 항구에 이른다. 이 노선은 군사적, 정치적으로 철저히 계산된 경로였다. 각 국가가 독립적으로 공급받을 수 있는 구조가 아니라, 마치 진주 목걸이처럼 일렬로 배열되어 있어 모스크바는 단 한 번의 밸브 조작으로 전 체계를 장악할 수 있었다. 이는 곧 에너지 공급의 통제를 넘어 정치적 통제 수단으로 이어졌고, 서방의 입장에서는 명백한 에너지 블록화 시도로 인식되었다. 중동과 북아프리카 석유에 의존하던 서방 진영과 달리, 동유럽은 소련의 밸브 없이는 공장 하나 돌리기 어려운 구조가 완성되었다.

드루즈바가 만든 냉전의 새로운 전선

드루즈바 파이프라인은 단순한 경제적 협력의 도구가 아니었다. 소련은 이 파이프라인을 통해 동유럽 국가들의 정치적 충성도를 강화했다. 체코슬로바키아처럼 소련의 영향력에서 벗어나려는 움직임이 감지될 때마다 공급량 조절이라는 간접 제재가 가해졌고, 이는 곧 산업 불황과 정권 불안을 야기했다. 파이프라인은 눈에 보이지 않는 무기였고, 정치적 복종을 요구하는 명백한 압박 수단이었다. 소련은 이러한 전략을 서방에도 확장했다. 동유럽 안정화 이후, 프랑스와 서독에도 드루즈바의 연장선을 제안하며 경제적 파트너십을 구축했고, 특히 서독과는 가스-강철 협정을 체결함으로써 NATO 내부에서도 에너지 의존에 따른 균열을 만들어냈다. 이처럼 드루즈바는 군사력과 별개로, 에너지 공급망을 통해 소련이 냉전 경제 전선의 주도권을 장악할 수 있었던 결정적 수단이었다.

드루즈바 파이프라인의 상징성과 실제 영향

드루즈바 파이프라인은 바르샤바 조약기구 내부의 경제적 생명선이자, 모스크바의 외교 전략의 중심축이었다. 이 파이프라인을 통해 동유럽 각국은 사실상 자율성을 상실했고, 반체제적 움직임은 초기 단계에서부터 제압될 수밖에 없었다. 소련은 이 인프라를 통해 체제를 유지하는 동시에 서방 세계에도 영향력을 넓혀갔다. 미국과 NATO는 이를 인지하고 있었지만, 에너지 가격과 안정성 측면에서 유럽 일부 국가들은 오히려 소련과의 거래를 확대했다. 이는 훗날 노르드스트림 프로젝트로 이어지는 독일과 러시아 간의 에너지 동맹의 초석이 되었다.

냉전 뒤에도 계속되는 드루즈바의 유산

소련 붕괴 뒤에도 드루즈바 파이프라인은 여전히 가동 중이며, 현재는 러시아가 운영권을 이어받았다. 이 파이프라인은 여전히 벨라루스와 우크라이나를 통과하고 있고, 이 경로를 둘러싼 정치적 갈등은 2006년, 2009년, 2014년에 걸쳐 반복되었다. 특히 우크라이나와 러시아 사이의 가스 분쟁은 유럽 전체의 에너지 안보에 심각한 영향을 미쳤고, 드루즈바 시스템의 밸브는 여전히 유럽 정치의 약점을 쥐고 있는 수단으로 작동하고 있다. 냉전은 끝났지만, 에너지에 기반한 정치적 긴장 구조는 여전히 현재진행형이다.

한 줄 정리

드루즈바 파이프라인은 '우정'이라는 이름표를 달았지만, 실제로는 냉전이라는 거대한 체스판에서 밸브 하나로 국가의 산업과 생존을 좌우한 강철의 손아귀였다.

024
야말 프로젝트는 왜 미국을 화나게 했는가?
– 가스관 한 줄이 NATO를 흔들고 미국을 분노케 한 이유

야말 프로젝트(Yamal Project)는 단순한 천연가스 수송망이 아니었다. 그것은 러시아가 유럽과의 에너지 연결고리를 새롭게 설계한 고압 혈관이자, 미국이 가장 민감하게 반응한 지정학적 변수였다. 이 프로젝트는 냉전 이후 다소 해빙된 국제 질서 속에서 조용히 추진되었고, 유럽 내부에서는 경제적 편익으로 포장되었지만, 미국의 입장에서 보자면 이는 서방 동맹을 안으로부터 흔드는 전략적 폭탄과 다름없었다.

냉전 종식과 함께 등장한 새로운 에너지 구도

1991년 소련이 붕괴되고 러시아가 자본주의 체제로 전환되며 국제사회는 평화와 협력의 시대로 접어드는 듯했다. 그러나 이 평화는 어디까지나 군사적 충돌의 빈도가 줄었다는 의미일 뿐, 에너지와 경제를 둘러싼 새로운 패권경쟁은 훨씬 교묘하게 전개되기 시작했다. 그 중심에 있었던 것이 바로 러시아 북극권의 야말반도였다. 지구상에서 가장 많은 천연가스를 품고 있는 이 혹한의 땅은 러시아가 서유럽을 대상으로 에너지 전략을 구체화할 수 있는 가장 핵심적인 거점이었다.

러시아의 전략과 야말 프로젝트의 구조

야말 가스전을 유럽으로 보내기 위해 러시아는 기존의 드루즈바 파이프라인이 통과하던 우크라이나를 피해 벨라루스와 폴란드를 거쳐 독일로 직통하는 새로운 루트를 설계했다. 이 야말-유럽 파이프라인(Yamal-Europe Pipeline)은 기존 루트의 정치적 리스크를 회피하고, 보다 효율적이고 신속하게 가스를 수출하려는 목적에서 시작되었다. 러시아는 이 파이프라인을 통해 유럽과의 장기적 계약을 확보하고, 서방 진영 내에서 자국의 에너지 영향력을 확장할 수 있게 되었다.

미국이 민감하게 반응한 이유

문제는 미국의 시각이었다. 미국은 냉전의 종식에도 불구하고 NATO를 중심으로 유럽에 군사적 영향력을 유지하고 있었고, 유럽과 러시아의 에너지 협력은 미국의 전략적 기조와 정면으로 충돌하는 것이었다. 야말 프로젝트는 러시아가 자국의 가스를 저렴하게 유럽에 공급하면서 에너지 의존도를 급격히 높이게 만든 계기가 되었고, 이는 곧 유럽 각국이 미국보다는 러시아의 입장을 고려하게 만드는 구조로 작용했다. 특히 독일, 프랑스, 이탈리아 같은 핵심 유럽국가들이 러시아와 경제적으로 엮이기 시작하면서 미국은 이 흐름을 심각한 전략적 위협으로 인식하게 된다.

미국의 견제와 야말 이후의 대응

초기 미국은 외교적 언어로 우려를 표했지만, 점차 강도 높은 대응으로 전환하게 된다. NATO 회의에서는 에너지 안보를 중요한 의제로 끌어올리고, 유럽국가들에 러시아 가스 의존이 위험하다는 점을 끊임없이 강조했다. 그러나 러시아 가스의 가격 경쟁력과 안정적인 공급 능력은 유럽 측으로 하여금 미국의 경고를 외면하고 오히려 러시아와의 협력을 확대하는 방향으로 움직이게 했다.

결국 미국은 우회로 확보에 나섰다. 카스피해와 아제르바이잔, 그루지야, 튀르키예를 거쳐 지중해까지 이어지는 BTC 파이프라인을 지원하며, 러시아를 피해 유럽으로 에너지를 공급하는 대안을 만들었다. 동시에 폴란드, 리투아니아 등 동유럽 국가들로 하여금 미국산 LNG 수입을 확대하게 만들며, 유럽 내에서 러시아 의존도를 줄이기 위한 경제적·외교적 장치를 다각도로 마련했다.

에너지 패권 전쟁의 본격화

야말 프로젝트는 러시아의 가스 외교를 정점으로 끌어올렸고, 그 결과 유럽의 러시아 가스 의존도는 40%를 넘기게 되었다. 이는 미국이 받아들일 수 없는 수치였으며, 결국 러시아를 단순한 무역 파트너가 아닌 에너지 패권을 둘러싼 적대적 세력으로 다시 규정하게 만들었다. 이후 미국은 노르드스트림 1과 2에 대해 지속적인 반대와 제재를 가했고, EU 내에서도 에너지 안보에 대한 자율적 논의가 본격화되기 시작했다.

야말 이후, 러시아 – 유럽, 미국 삼각관계의 재편

2000년대 후반부터 2010년대까지 야말 파이프라인은 유럽과 러시아를 이어주는 핵심 혈관으로 작동했지만, 2014년 크림반도 합병 이후부터 이 혈관은 미국과 EU 사이에서 갈등의 뇌관이 되기 시작했다. 특히 2022년 러시아 – 우크라이나 전쟁 이후 야말 루트는 사실상 폐쇄되었고, 유럽은 미국산 LNG 수입으로 빠르게 전환하며 지정학적 균형이 다시 요동치게 된다. 미국은 에너지 수출국으로서의 입지를 강화했고, 유럽은 러시아 가스에서 점차 벗어나려는 시도를 본격화했다. 하지만 그 과정에서 유럽의 에너지 가격은 급등했고, 러시아는 에너지를 무기화하는 전략을 노골적으로 추진했다.

에너지 배관이 만든 세계 질서의 균열

결국 야말 프로젝트는 파이프라인 하나가 단순한 물류 설비를 넘어 어떻게 국제정치의 중추적 역할을 할 수 있는지를 보여준 대표 사례가 되었다. 그것은 러시아의 손에 쥐어진 경제적 지렛대였고, 유럽과 미국 사이에 새로운 갈등의 축을 만든 장치였다. 그 파이프라인 위를 흐른 것은 단순한 천연가스가 아니라 패권과 안보, 신뢰와 위기의 교차점이었다.

한 줄 정리

야말 프로젝트는 러시아가 유럽을 연결고리로 묶고 미국이 그 고리를 끊기 위해 모든 수단을 동원하게 만든 에너지 전쟁의 불씨였다.

025
사우스스트림은 왜 무산됐나?
– 검은 황금이 흐르지 못한 이유, 그리고 그 뒤에 숨은 힘들

　사우스스트림(South Stream) 프로젝트는 러시아가 유럽을 향해 내디딘 가장 야심찬 에너지 외교의 결정체다. 노르드스트림이 북쪽에서 독일을 향해 뻗어 나갔다면, 이 사우스스트림은 남쪽에서 불가리아와 발칸반도, 그리고 이탈리아까지 이어지는 남유럽 에너지 라인을 구축하려는 계획이었다. 러시아의 전략은 분명했다. 기존에 유럽으로 향하던 가스의 대부분이 우크라이나를 통과하면서 정치적 갈등과 공급 중단이라는 위험이 반복되자, 이를 우회할 새로운 고속도로를 해저와 육상에 깔아 유럽 시장을 안정적으로 장악하려 했던 것이다. 그러나 이 프로젝트는 여러 갈등과 규제, 국제 압력에 부딪히면서 결국 좌초되었다. 그 이면에는 단순한 기술적 문제 이상의 외교적 셈법과 패권경쟁이 복잡하게 얽혀 있었다.

사우스스트림 프로젝트의 시작과 야망
　2007년, 러시아의 블라디미르 푸틴 대통령과 이탈리아 에너지 기업 ENI의 CEO였던 파올로 스카로니는 모스크바 크렘린 궁전에서 사우스스트림 프로젝트를 공식 발표했다. 가즈프롬과 ENI가 각각 50%의 지분을 갖는 공동사업 구조였고, 흑해를 가로질러 러시아에서 불가리아, 세르비아, 헝가리, 슬로베니아를 거쳐 이탈리아 북부까지 총 연장 2,400km에 달하는 초대형 파이프라인을 건설하겠다는 계획이었다. 러시아 입장에서 이는 단순히 가스를 공급하는 사업이 아니라 유럽 에너지 체계에 깊숙이 관여하며 정치적 영향력을 확장하는 도구로서 기능하는 전략적 수단이었다. 사우스스트림은 기존의 우크라이나 경유 루트를 무력화시킴으로써, 러시아가 에너지 수송의 결정권을 온전히 장악하려는 핵심 수단이었다.

유럽연합의 규제가 만든 첫 번째 장벽

사우스스트림의 첫 번째 걸림돌은 기술이 아니라 제도에서 등장했다. 유럽연합은 2009년 제3차 에너지 패키지(Third Energy Package)를 발표하며, 에너지 시장의 투명성과 공정성을 높이겠다는 명분으로, 가스 생산자와 수송자의 분리를 의무화했다. 이 규정에 따르면, 가즈프롬과 같은 에너지 기업이 파이프라인의 소유와 운영을 동시에 할 수 없게 되었다. 이는 곧 사우스스트림의 사업 구조 자체가 EU 규제를 위반하게 되는 상황을 만들었다. 파이프라인 건설과 운영이 모두 가즈프롬 중심으로 설계된 이 프로젝트는 법적 정당성을 상실하기 시작했다. 러시아는 이러한 규제를 정치적 견제 수단이라고 반발했지만, 유럽연합은 이를 일관되게 밀어붙였고,

프로젝트 추진은 처음부터 법적 불확실성에 휘말리게 되었다.

두 번째 장벽, 미국의 압박과 제재

2014년, 러시아가 크림반도를 강제 병합하면서 국제사회는 러시아를 향한 본격적인 경제 제재 국면으로 진입하게 된다. 미국은 이 사건을 계기로 러시아를 외교적으로 고립시키려는 전략을 강화했고, 그 중심에 에너지 프로젝트 차단이 있었다. 미국은 유럽 각국, 특히 불가리아를 향해 사우스스트림 참여를 철회하라고 외교적 압력을 가했다. 불가리아는 사우스스트림의 첫 기착지이자 중요한 허브로서 역할을 맡고 있었지만, 미국과 EU의 동시다발적인 압박과 규제의 틀에 갇혀, 결국 2014년에 사우스스트림의 자국 내 건설 승인을 보류한다는 입장을 밝히게 된다. 이 조치로 프로젝트는 사실상 첫 삽도 제대로 뜨지 못한 채 추진 동력을 상실했고, 러시아는 공개적으로 불가리아를 비난하며 유럽의 신뢰성에 의문을 제기했다.

발칸 국가들의 이중 셈법과 내부 균열

사우스스트림의 경유국으로 설계된 세르비아, 헝가리, 슬로베니아 등은 각기 다른 정치·경제 상황 속에서 엇갈린 반응을 보였다. 헝가리는 러시아와의 에너지 협력에 적극적이었지만 EU 회원국으로서 브뤼셀의 규제를 무시할 수 없었고, 세르비아는 전통적인 친러 외교 노선을 유지했지만 EU 가입을 추진하고 있는 입장이어서 러시아와의 일방적 협력은 부담이 컸다. 이들 국가는 내부적으로는 사우스스트림을 지지하면서도 외부적으로는 EU와 미국의 눈치를 보는 복잡한 외교 전략을 구사했고, 이중적인 태도는 프로젝트의 정치적 불안정성을 더욱 키우는 결과를 낳았다.

튀르키예스트림으로의 전환, 푸틴의 전략적 회피

2014년 말, 푸틴 대통령은 튀르키예를 방문해 사우스스트림의 공식 중단을 선언하고, 그 대안으로 튀르키예스트림(TurkStream) 프로젝트를 시작한다고 발표했다. 튀르키예스트림은 흑해를 통해 튀르키예로 가스를 송출한 뒤, 튀르키예를 거점으로 남유럽으로 가스를 공급하는 방식이었다. 튀르키예는 EU 규제의 영향권에서 벗어나 있었고, 에너지 허브 국가를 꿈꾸는 에르도안 대통령의 이해관계와 맞물려 양국의 협력이 빠르게 진전되었다. 결국 사우스스트림이 좌초된 자리에는 이름만 바꾼 새로운 전략이 그 자리를 대신하게 되었고, 러시아는 한발 물러서서 우회로를 확보하는 데 성공했다.

사우스스트림이 남긴 외교적 유산과 교훈

사우스스트림 프로젝트는 단순한 에너지 인프라 사업이 아니라, 지정학과 외교, 그리고 전략적 안보가 얼마나 밀접하게 얽혀 있는지를 보여준 대표적인 사례였다. 러시아는 에너지를 통해 유럽과의 정치적 거리 좁히기를 시도했지만, 미국과 EU의 압박, 법적 규제, 지역 국가들의 복잡한 정치 지형 속에서 결국 전면적인 후퇴를 결정할 수밖에 없었다. 그러나 이 실패는 곧바로 튀르키예스트림이라는 새로운 전략으로 대체되었고, 러시아는 여전히 유럽의 에너지 지형 속에서 핵심 플레이어로 남아 있는 상황이다. 유럽은 미국과의 공조를 통해 러시아의 영향력을 제한하려 했지만, 그 대가로 더 비싼 LNG와 복잡한 수입 다변화 전략이라는 현실과 마주해야 했다.

한 줄 정리

사우스스트림은 유럽연합의 규제, 미국의 정치적 압박, 경유국의 이해관계 충돌이 뒤엉켜 무산되었고, 그 자리에 러시아는 전략적으로 튀르키예스트림을 세워 다시 에너지 게임의 중심에 복귀했다.

026

노르드스트림 1·2, 파이프라인의 전설은 어떻게 만들어졌나?
—북해의 심장에 묻힌 강철의 뱀, 그것이 전설이 된 이유

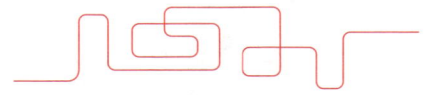

노르드스트림은 단순히 천연가스를 수송하는 철관이 아니었다.

그것은 러시아와 유럽, 특히 독일 사이에 형성된 전략적 연결선이자, 에너지와 지정학의 중심에서 끊임없이 요동친 근현대사 한복판의 신경망이었다. 눈에 보이는 것은 발트해 해저를 가로지르는 수천 킬로미터의 강철관이지만, 그 안에 흐르는 것은 단순한 메탄가스가 아니라 힘과 영향력, 의존과 갈등이라는 고도로 농축된 정치적 에너지였다. 노르드스트림 1과 2는 각기 다른 시기에 다른 명분으로 시작됐지만 결국 하나의 전설이 되었고, 그 전설의 종착지는 파괴와 불신, 그리고 에너지 패권의 재편이었다.

노르드스트림은 왜 필요한가? – 우회 없는 직선, 의도된 회피

기존에 러시아산 천연가스는 주로 드루즈바 파이프라인을 통해 우크라이나와 폴란드를 거쳐 유럽으로 공급되었다. 그러나 러시아 입장에서 우크라이나는 더 이상 신뢰할 수 있는 경유국이 아니었다. 통행료를 둘러싼 분쟁, 가스 도난 의혹, 무단 밸브 차단 등의 갈등이 반복되었고, 이는 가스 공급 중단이라는 위기로 이어졌다. 러시아는 더 이상 자국의 에너지 전략을 이웃 국가의 정치 리스크에 맡길 수 없다고 판단했고, 그 결과 직접 독일로 연결되는 새로운 경로, 즉 노르드스트림을 구상하게 된다. 이 해저 파이프라인은 단순한 대안이 아니었다. 러시아가 유럽과의 거래에서 우크라이나라는 중간 매개를 제거하고, 독일과 직접적이고 안정적인 공급망을 구축하겠다는 의지의 표현이었다.

노르드스트림 1 – 푸틴과 슈뢰더의 악수, 그리고 강철의 탄생

2005년, 러시아 푸틴 대통령과 독일 총리 게르하르트 슈뢰더는 베를린에서 공식적으로 노르드스트림 프로젝트를 발표하며 노르드스트림 AG라는 합작회사를 설립했다. E.ON과 BASF 등 독일 기업과 가즈프롬이 지분을 분할 소유하고 사업 추진에 들어갔다. 흥미롭게도 슈뢰더는 총리직에서 물러난 뒤, 곧장 노르드스트림 AG의 이사회 의장직을 맡으며 정치와 비즈니스의 교차점에서 독일 – 러시아 에너지 동맹의 얼굴이 되었다. 2011년 완공된 노르드스트림 1은 러시아 비보르크에서 독일 루브민까지 약 1,224km를 이어, 연간 550억㎥의 천연가스를 독일로 공급하는 노선을 열었다. 이 프로젝트는 유럽 전체의 가스 공급 지형을 바꿔놓았다.

노르드스트림 2 – 성공의 반복인가 위험의 증폭인가?

노르드스트림 1의 성공 뒤에 러시아와 독일은 그 수송 능력을 두 배로 확대하려는 노르드스트림 2 프로젝트에 착수한다. 이 파이프라인은 기존 노선과 나란히 발트해 해저를 통과하며 동일한 길이와 연간 550억m³의 공급 능력을 갖도록 설계되었다. 총 투자 비용은 약 98억 유로에 달했고, 시공에는 Saipem, Allseas 같은 심해 시공 전문기업들이 참여했다. 그러나 이 과정에서 미국의 거센 반대가 시작된다. 미국은 유럽의 에너지 안보가 러시아의 손에 장악될 것이라며, 노르드스트림 2를 '푸틴의 지렛대'라고 규정하고, 프로젝트 참여 기업에 제재를 가했다. 그 결과 몇몇 해저 시공 기업들은 프로젝트에서 철수하거나 작업을 중단하는 상황에 이른다.

파이프라인 안에서 흐른 것은 가스만이 아니었다.

노르드스트림은 단지 경제적 연결망이 아니라 정치적 지렛대이기도 했다. 러시아는 독일과의 에너지 의존도를 통해 유럽 내부의 결속을 약화시키는 효과를 노렸고, 독일은 저렴하고 안정적인 에너지를 통해 자국 제조업의 경쟁력을 유지하려 했다. 하지만 그 대가는 컸다. 유럽 내 러시아 가스 의존도가 40%를 넘어서면서, 러시아가 밸브를 조절하는 순간 독일 산업 전체가 위기에 처하는 구조가 형성되었다. 특히 독일의 탈원전 정책과 재생에너지 확대 과정에서 러시아 가스는 사실상 기반 에너지 역할을 하게 되었고, 이는 유럽 내부에서 '너무 많은 걸 맡겼다'는 자성으로 이어졌다.

파괴 – 발트해 해저에서 끊긴 혈관, 전설의 붕괴

2022년 9월, 노르드스트림 1과 2는 발트해 해저에서 정체불명의 폭발로 인해 심각한 손상을 입는다. 폭파 지점은 덴마크와 스웨덴 해역 사이 수심 약 80m 지점으로, 전문가들은 정밀 폭파 흔적이 발견되었다고 분석했다. 폭파의 주체를 두고 러시아, 미국, 우크라이나 등 다양한 가능성이 제기되었지만, 어느 쪽도 명확한 증거를 내놓지 못한 채 여전히 진실은 안갯속이다. 이 사건으로 노르드스트림을 통한 가스 수송은 사실상 중단되었고, 유럽은 에너지 수급 방향을 미국산 LNG와 노르웨이, 카타르 등으로 분산시키는 구조로 이동하게 되었다.

왜 이 파이프라인이 전설이 되었는가?

노르드스트림은 단순한 가스 수송관 이상의 존재였다. 그것은 독일과 러시아라는 두 강국이 경제와 지정학의 이해를 바탕으로 직접 연결된 상징이었고, 동시에 미국의 견제를 피해 만들어낸 전략적 대안이었다. 그러나 그 파이프라인이 만들어낸 지정학적 긴장감은 냉전보다 더 복잡해 결국 전쟁이라는 극단적 방식으로 마감되었다. 강철로 만든 이 혈관은 너무나 튼튼했기에 쉽게 무너지지 않았지만, 그 안에 흐르던 신뢰는 한순간에 끊어졌다.

> **한 줄 정리**

노르드스트림은 강철로 만든 파이프가 아니라 러시아와 독일의 운명을 함께 묶은 정치적 혈관이었고, 그 연결이 끊기는 순간 유럽의 에너지 지도 전체가 재편되기 시작했다.

027
노르드스트림은 누가 파괴했는가?
– 심해 80m 아래에서 벌어진 현대판 트로이 전쟁의 하이라이트

심해 80m의 폭발, 세계를 흔든 충격

　노르드스트림 파괴 사건은 단순한 가스관 폭발이 아니라, 21세기 국제 정치가 심해 80미터 아래에서 벌인 현대판 트로이 전쟁의 하이라이트였다. 2022년 9월 발트해 해저에서 연이어 일어난 거대한 폭발은 독일과 러시아를 직접 잇는 노르드스트림 1·2 가스관을 찢어발겼다. 순간, 바다 위로 거대한 기포가 치솟았고 수킬로미터에 걸쳐 물이 부글부글 끓어오르는 장관이 연출되었다. 이는 단순한 사고가 아니었다. 누군가가 의도적으로 정교하게 설치한 폭발물이 심해의 강철관을 절단한 것이었다. 그날 이후 세계는 한 가지 질문에 매달렸다. 도대체 누가 이 관을 파괴했는가.

에너지의 9·11, 유럽을 덮친 공포

　수십억 유로가 들어간 유럽 최대의 에너지 인프라가 한순간에 무용지물이 되었다. 사건의 파장은 러시아 – 우크라이나 전쟁의 전선에서 곧장 유럽의 겨울 난방 문제로 이어졌다. 독일은 순식간에 전력 위기에 내몰렸고, 가스 가격은 천정부지로 치솟았다. 언론들은 "에너지의 9·11"이라 불렀고, 러시아는 미국을, 미국은 러시아를, 그리고 일부 유럽 국가는 내부 음모론을 제기했다. 누군가는 우크라이나 특수부대의 소행이라고 주장했고, 누군가는 러시아가 스스로 폭파해 협상 지렛대를 확보하려 했다고 의심했다. 그러나 모두가 공통적으로 동의한 사실은 있었다. 이 사건은 심해 80m 아래에서 벌어진, 전 세계가 보는 앞에서 이뤄진, 보이지 않는 전쟁이었다는 것이다.

폭발의 흔적, 군사 작전의 냄새

사건 직후 스웨덴과 덴마크 당국은 급히 잠수정을 투입해 해저를 조사했다. 발견된 것은 뚜렷한 폭발 흔적과 바깥에서 안쪽으로 찢겨나간 관의 형태였다. 자연적 원인도 내부 고장도 아니었다. 군사용 폭약이 설치되어 정확히 폭발한 흔적이었다. 전문가들은 수톤에 이르는 C4 계열 폭약이 사용되었을 가능성이 높다고 분석했다. 문제는 누가 그 폭발물을 심해 80m 아래까지 운반하고 설치했느냐였다. 이는 군대급 기술과 잠수 능력이 없으면 불가능한 일이었다. 즉, 국가 단위 행위자가 배후에 있을 수밖에 없다는 결론이었다.

러시아 배후설과 그 허점

가장 먼저 지목된 것은 러시아였다. 러시아가 유럽을 에너지 인질로 삼기 위해 스스로 가스관을 파괴했다는 논리였다. 실제로 푸틴은 전쟁을 벌이면서도 가스 공급을 무기처럼 휘둘렀다. 그러나 밸브를 잠그는 것만으로도 독일과 프랑스를 궁지에 몰 수 있는데, 굳이 수십 년간 공들여 만든 인프라를 자해하듯 폭파할 이유가 있었을까? 이 점이 러시아 배후설의 약점이었다.

미국의 그림자, 바이든의 경고

반대로 미국을 의심하는 시선도 있었다. 바이든 대통령은 전쟁 직전 "러시아가 우크라이나를 침공하면 노르드스트림 2는 끝날 것이다"라고 공개적으로 경고한 바 있었다. 실제로 미국은 유럽이 러시아 가스에 의존하는 것을 줄이고 미국산 LNG 수입을 늘리길 바랐다. 노르드스트림이 무너진 순간, 미국산 LNG는 대서양을 건너 독일 항구에 속속 도착했다. 경제적 이해관계와 정치적 발언, 그리고 정교한 군사 능력까지 고려하면 미국을 배제하기 어려웠다. 하지만 공개적으로 동맹국의 인프라를 폭파한다는 건 상상하기 힘든 외교적 자살 행위였다. 그럼에도 불구하고 미국 배후설은 끊임없이 제기되었다.

우크라이나 작전설, 그러나 남은 의문

우크라이나 특수부대의 소행이라는 주장은 2023년에 들어서야 본격적으로 떠올랐다. 독일과 미국 언론이 보도한 바에 따르면, 소규모 다이버 팀이 요트를 이용해 폭발물을 설치했을 가능성이 있다는 것이다. 그러나 이 역시 의문투성이였다. 일반 요트로 심해 80m 까지 들어가 폭발물을 정확히 설치한다는 것은 사실상 불가능하다. 게다가 노르드스트림 같은 거대한 해저 인프라는 정밀한 군사 장비와 잠수정, 훈련된 인력이 필요하다. 결국 우크라이나 단독 작전이라기보다 서방의 정보기관이 지원했을 가능성이 제기되었다.

러시아의 반격, 음모론의 확산

러시아의 선전은 달랐다. 그들은 사건 직후 "이건 테러다, 범인은 서방이다"라고 목소리를 높였다. 러시아 외무부는 미국, 영국, 덴마크, 스웨덴이 모두 공범일 수 있다고 주장했고, 러시아 국영 언론은 시종일관 CIA 음모론을 퍼뜨렸다. 그들에게 이 사건은 서방이 러시아의 에너지 무기를 무력화하기 위해 벌인 작전이었다. 실제로 파이프라인이 끊긴 뒤 러시아는 유럽 시장을 상실했고, 가스를 중국과 인도로 돌려야 했다. 전략적 타격은 분명했다.

현대판 트로이 목마, 에너지 전쟁의 전환점

이 모든 의혹과 음모론 속에서 사건은 마치 현대판 트로이 전쟁의 목마처럼 남았다. 트로이 목마가 성 안으로 들어온 순간 전쟁의 판도가 바뀌었듯, 발트해 해저의 폭발은 러시아 – 유럽 관계의 균열을 확정지었다. 독일은 러시아 가스를 버릴 수밖에 없었고, 유럽은 LNG 수입과 재생에너지 확대라는 새로운 길로 강제 전환되었다. 전쟁의 무대는 우크라이나 평야에서 심해로 확장된 것이고, 그 결과는 전 세계 에너지 질서의 재편이었다.

미궁 속 진실, 그러나 남겨진 메시지

오늘날까지도 '누가 노르드스트림을 파괴했는가'라는 질문은 명확한 답을 얻지 못했다. 스웨덴, 덴마크, 독일이 각각 수사를 벌였지만 구체적인 결과는 발표되지 않았다. 정치적 파장이 너무 크고, 어떤 나라를 지목하는 순간 외교 관계가 파국에 빠질 수 있기 때문이다. 그래서 사건은 '미궁'이라는 말로 덮였다. 그러나 미궁 속에서도 한 가지 진실은 명확하다. 파이프라인은 단순한 강철관이 아니라 권력과 전쟁의 상징이라는 사실이다. 심해 80m 아래에서 잘린 강철관은 그 자체로 메시지를 남겼다. 누가 했든 간에, 현대의 전쟁은 더 이상 전차와 미사일만으로 이루어지지 않는다. 이제는 보이지 않는 바다 밑에서 에너지의 혈관을 끊는 방식으로도 충분히 국가를 무너뜨릴 수 있다.

심장에 남은 상흔

노르드스트림 파괴는 그래서 단순한 사건이 아니다. 그것은 에너지 시대를 정의하는 상징적 장면이자, 21세기판 트로이 전쟁의 결정적 순간이다. 트로이 목마가 불타던 그날처럼, 발트해의 거품은 세계가 목격한 신호탄이었다. 그날의 사건 뒤에 누구도 파이프라인을 단순한 철관으로 보지 않는다. 그것은 심해에 묻힌 권력의 동맥이며, 언제든 폭발할 수 있는 전쟁의 심장이다.

028
오일쇼크는 파이프라인에 어떤 영향을 미쳤나?

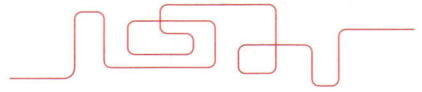

1973년 가을, 세계는 갑자기 멈춘 듯했다.

유가가 하루아침에 네 배로 뛰어오르면서, 자동차 공장은 멈추고 공항은 불 꺼진 활주로를 바라봐야 했다. 석유를 무기화한 오일쇼크는 단순한 에너지 위기가 아니라 세계 경제와 정치 질서를 뒤흔든 충격파였고, 그 여파는 파이프라인이라는 강철 혈관 위에도 고스란히 남았다. 이전까지 파이프라인은 값싼 원유와 가스를 안정적으로 공급하는 통로였으나, 오일쇼크 이후 그것은 국가의 생존과 직결된 전략적 무기가 되었다.

오일쇼크의 불씨는 중동에서 시작됐다. 1973년 10월, 이집트와 시리아가 이스라엘을 기습 공격하며 제4차 중동전쟁이 발발했고, 미국과 서방 국가들이 곧바로 이스라엘을 지원하자 산유국들은 반격에 나섰다. OAPEC, 즉 아랍수출국기구는 석유 수출을 제한하고 가격을 폭등시켰다. 그때까지도 파이프라인은 주로 중동에서 항구까지 원유를 옮기는 단순한 도구였지만, 갑작스러운 공급 제한은 이 강철관의 존재 의미를 재조명하게 만들었다.

누가 파이프라인을 지배하느냐에 따라 누가 전기를 켜고 끄는지가 결정되었기 때문이다.

오일쇼크의 첫 번째 큰 변화는 송유관의 가치가 단숨에 폭발적으로 상승했다는 점이다. 예를 들어 사우디아라비아에서 지중해 연안을 연결하는 트랜스아라비안 파이프라인(TAPLINE)은 한때 단순한 지역 인프라였지만, 오일쇼크 이후 서방의 생명줄로 여겨졌다. 걸프에서 출발한 원유를 수에즈 운하를 거치지 않고 직통으로 수송할 수 있었기 때문에, 전쟁이나 봉쇄로 바다가 막히더라도 파이프라인만 있으면 유럽 공장은 돌아갈 수 있었다. TAPLINE은 전후 가장 뜨거운 외교 협상 카드가 되었고, 산유국은 이 관을 통해 서방을 쥐락펴락했다.

두 번째 변화는 파이프라인의 지정학적 리스크가 본격적으로 드러났다는 점이다. 오일쇼크 당시 시리아는 TAPLINE을 전략적으로 차단하면서, 석유의 물리적 흐름이 한 국가의 정치적 의사에 따라 얼마든지 뒤집힐 수 있다는 사실을 세계에 증명했다. 단순히 유조선 한 척을 막는 것과는 차원이 달랐다. 관 하나를 잠그는 순간 수백만 배럴이 멈췄고, 유럽 산업은 순식간에 흔들렸다. 이후 서방 세계는 파이프라인 경로의 안전 확보에 집착하기 시작했고, 이로 인해 군사적 개입과 비밀 협상이 잇따랐다.

세 번째는 파이프라인 건설 붐이었다. 오일쇼크는 '안정적 수송로'라는 절대 명제를 각국의 머릿속에 각인시켰다. 유럽은 북해 원유를 빠르게 개발하고, 이를 내륙까지 연결하는 파이프라인 건설에 사활을 걸었다. 독일과 프랑스는 러시아와의 협상을 통해 드루즈바 같은 대형 가스관 프로젝트를 추진했다. 이 과정에서 미국은 격렬히 반대했지만 결국 유럽의 에너지 독립이라는 명분 앞에서 힘을 잃었다. 러시아 입장에서는 서방과 손을 잡고 안정적인 가스 시장을 확보할 기회였고, 유럽 입장에서는 다시는 중동에 휘둘리지 않겠다는 생존 전략이었다. 오일쇼크가 아니었다면 동서 냉전 속에서 이런 협력은 불가능했을 것이다.

네 번째는 파이프라인과 해상 운송의 경쟁 구도가 바뀌었다는 점이다. 오일쇼크 이전에는 초대형 유조선이 원유 수송의 왕이었다. 그러나 중동 정세가 불안정해지고 수에즈 운하가 차단될 위험이 현실로 다가오자, 유럽과 아시아는 해상 운송만으로는 위험을 감당할 수 없다고 판단했다. 대신 파이프라인은 물리적으로 눈에 보이는 안정성을 제공했다. 적어도 폭발물이 설치되지 않는 한, 바다 위에서 해적이나 봉쇄에 막힐 가능성은 없었다. 오일쇼크는 결국 '유조선 시대의 절정'을 넘어 파이프라인 시대의 본격적인 개막을 알린 셈이었다.

다섯 번째는 미국의 반응이었다. 오일쇼크 이후 미국은 '에너지 독립'을 국가 전략의 최우선 과제로 삼았다. 알래스카 송유관 건설이 바로 그 대표적인 사례다. 1977년 완공된 트랜스알래스카 파이프라인(TAPS)은 1,280km에 이르는 초대형 프로젝트로, 혹독한 추위와 영구동토층을 뚫고 알래스카 북극해 연안에서 태평양까지 원유를 실어 날랐다. 이 파이프라인은 오일쇼크라는 충격이 없었다면 추진조차 힘들었을 것이다. TAPS는 단순한 에너지 시설이 아니라 미국이 중동 의존에서 벗어나려는 몸부림의 상징이었고, 이는 이후 셰일혁명으로 이어지는 에너지 자립 전략의 출발점이었다.

여섯 번째는 아시아의 각성과 파이프라인 외교다. 일본은 오일쇼크로 극심한 경제 타격을 입었고, 한국 역시 공장 가동 중단과 대규모 정전 사태를 겪었다. 이 경험은 동아시아 국가들에게 파이프라인 네트워크의 필요성을 각인시켰다. 특히 한국은 러시아 극동과 연결하는 파이프라인 구상을 진지하게 검토하기 시작했고, 일본 역시 사할린 가스 개발과 연계된 파이프라인 논의를 이어갔다. 비록 냉전의 장벽 때문에 실현은 더뎠지만, 오일쇼크가 아니었다면 동북아에서 에너지 인프라를 국가 전략으로 삼는 움직임은 훨씬 늦어졌을 것이다.

오일쇼크는 단순히 기름값을 올린 사건이 아니었다. 그것은 세계가 파이프라인을 보는 눈을 바꾸어놓았다. 파이프라인은 더 이상 단순한 산업 시설이 아니라 전쟁과 외교, 생존과 패권의 무기였다. 이후 파이프라인을 둘러싼 분쟁과 협력, 음모와 전쟁은 모두 1973년의 교훈에서 시작되었다. 강철관을 누가 쥐고 있느냐가 곧 세계를 지배하는 열쇠라는 사실을 인류는 뼈저리게 배웠다.

한 줄 정리

오일쇼크는 파이프라인을 단순한 수송관에서 국가 생존과 패권을 가르는 무기로 바꿔놓은 역사적 분기점이었다.

029
이란 – 이라크 전쟁과 파이프라인 전쟁

전쟁의 불씨, 석유와 파이프라인

1980년 9월, 이란과 이라크는 20세기의 가장 잔혹한 전쟁 중 하나에 돌입했다. 표면적으로는 국경 분쟁과 종교적 갈등이 원인이었지만, 그 이면에는 석유와 파이프라인이라는 거대한 이해관계가 자리 잡고 있었다. 두 나라는 모두 막대한 석유 매장량을 가지고 있었고, 이를 어떻게 수출하고 통제하느냐가 전쟁의 향방과 직결되었다. 이란 – 이라크 전쟁은 총과 미사일의 전투였지만, 동시에 파이프라인을 향한 치열한 쟁탈전이었다.

호르무즈 해협, 세계의 숨통을 조이다.

전쟁 초반, 이란은 호르무즈 해협을 무기화했다. 전 세계 원유 수송의 40%가 이 좁은 해협을 통과했는데, 이란 혁명군은 기회가 있을 때마다 유조선을 공격하거나 봉쇄 위협을 가했다. 이란의 전략은 단순했다. 자신들이 고통받는 만큼, 세계도 고통받게 만들겠다는 것이었다. 그 결과 국제 유가는 급등했고, 세계 경제는 다시 한 번 에너지 위기에 흔들렸다. 호르무즈 해협의 불안정은 이라크를 곧바로 압박했다. 이라크는 원유 수출의 대부분을 이란 영토와 접한 남부 항구 바스라에서 처리했지만, 전쟁으로 항구가 마비되자 수출길이 끊겼다. 석유 수출이 멈추는 것은 곧 국가 재정의 붕괴였다.

파이프라인, 전쟁의 또 다른 전선

이라크는 곧바로 새로운 파이프라인을 찾아야 했다. 그래서 등장한 것이 튀르키예를 거쳐 지중해로 이어지는 키르쿠크 – 제이한 파이프라인이었다. 이라크 북부 유전지대 키르쿠크에서 시작해 튀르키예 항구 제이한으로 연결되는 이 관은 이라크 경제의 생명줄로 부상했다. 그러나 문제는 이란이었다. 이란은 이라크가 새로운 수송로를 확보하지 못하도록 끊임없이 방해했고, 이라크 역시 이란의 송유관과 유전 시설을 공격해 보복했다. 이때부터 전쟁은 '탱크 전쟁'에서 '파이프라인 전쟁'으로 변모했다. 서로의 강철관을 끊는 것이 곧 전장의 승리로 이어졌기 때문이다.

걸프전의 전조, 유조선 공격전

전쟁이 장기화하자 이란과 이라크는 걸프 해역에서 상대방의 유조선을 공격하기 시작했다. 이것이 바로 '유조선 전쟁'이었다. 이라크는 프랑스제 슈페르 에탕다르 전투기와 엑조세 미사일을 이용해 이란 유조선을 공격했고, 이란은 고속정과 기뢰를 활용해 이라크와 쿠웨이트 유조선을 공격했다. 파이프라인이 끊기면 바다를 막고, 바다가 막히면 파이프라인을 공격하는 악순환이었다. 결국 쿠웨이트와 사우디아라비아의 파이프라인도 공격 대상이 되었고, 페르시아만 전역은 불바다가 되었다.

사우디의 전략, 동서 파이프라인의 등장

이라크와 이란의 공격이 거세지자 사우디아라비아는 자국 석유 수출의 안전을 위해 동서 파이프라인(Petroleum East-West Pipeline, 줄여서 Petroline)을 급히 확장했다. 이 파이프라인은 페르시아만에서 홍해까지 직통으로 연결되었고, 이를 통해 사우디는 호르무즈 해협을 우회할 수 있었다. 전쟁으로 바다와 인접 파이프라인이 위험해질수록 사우디의 이 관은 전략적 가치를 발휘했다. 결국 오일쇼크 이후 사우디가 추진한 이 거대한 관은 이란-이라크 전쟁이라는 실제 상황에서 빛을 발했다.

쿠웨이트와 요르단, 그리고 파이프라인 외교

이라크는 튀르키예 경로만으로는 부족하다고 판단해 쿠웨이트와 요르단을 활용하려 했다. 쿠웨이트를 통해 바다로 나가는 길을 원했던 것이다. 하지만 이란은 쿠웨이트 유조선을 집중 공격했다. 결국 쿠웨이트는 미국과 소련에 호소했고, 이로 인해 미 해군이 직접 호르무즈와 걸프 해역에 진입하게 되었다. 이는 훗날 걸프전으로 이어지는 전조였다. 동시에 이라크는 요르단과도 협력해 아카

바 항까지 이어지는 송유관 건설을 논의했지만, 전쟁의 불확실성 때문에 완전한 안전망을 구축하지는 못했다. 파이프라인은 외교와 전쟁의 경계선 위에 놓여 있었다.

파괴와 복구의 악순환

전쟁 중 파이프라인은 끊임없이 공격당했다. 이라크의 키르쿠크–제이한 라인은 수차례 폭파되었고, 이란 역시 주요 파이프라인이 공습을 받았다. 그러나 파괴와 동시에 복구가 이루어졌다. 엔지니어와 군인들이 합동으로 며칠 밤낮을 새워 다시 관을 이어붙였고, 불완전한 상태에서도 원유는 흘러갔다. 파이프라인은 단순한 강철관이 아니라, 전장의 또 다른 병사였다. 끊어지고 이어지고 다시 끊어지는 과정에서 수많은 노동자와 기술자들이 목숨을 잃었고, 이는 전쟁의 비극을 더욱 짙게 만들었다.

전쟁이 남긴 교훈

1988년, 양측이 결국 유엔 중재로 휴전에 합의했을 때 전장은 초토화되어 있었다. 수백만 명이 목숨을 잃었고, 수십 년간 쌓아온 석유 인프라는 파괴되었다. 그러나 가장 뼈아픈 상처는 파이프라인이었다. 강철관 하나에 국가의 재정과 경제, 생존이 달려 있음을 두 나라는 뼈저리게 깨달았다. 이란은 호르무즈 해협을 무기로 삼는 전략을 이후에도 유지했고, 이라크는 새로운 수송로를 확보하지 못한 대가로 결국 1990년 쿠웨이트 침공이라는 무리수를 두게 된다. 파이프라인을 지키지 못한 전쟁이 결국 다음 전쟁의 불씨가 된 셈이었다.

현대판 파이프라인 전쟁의 시작

이란 – 이라크 전쟁은 단순한 지역 분쟁이 아니라 현대사에서 처음으로 '파이프라인 전쟁'이라는 개념을 확립한 사건이었다. 그 뒤 카스피해, 코카서스, 중앙아시아, 동지중해 등지에서 벌어진 수많은 파이프라인 경쟁은 모두 이때의 교훈을 반영한다. 파이프라인을 장악하지 못하면 국가의 경제는 질식하고, 장악하면 상대를 무릎 꿇릴 수 있다는 교훈이었다. 전쟁의 무대는 총성이 울리는 전선뿐 아니라, 땅속과 해저의 강철관 위에서도 벌어질 수 있다는 사실이 세계에 각인되었다.

한 줄 정리

이란 – 이라크 전쟁은 총탄의 전쟁이자 파이프라인의 전쟁이었고, 강철관 하나가 국가의 생존과 패권을 좌우한다는 사실을 증명한 현대사의 분수령이었다.

030
미국의 파이프라인 외교는 어떻게 변화해왔나?

파이프라인 외교의 탄생, 석유 패권의 시작

미국의 파이프라인 외교는 20세기 초반 석유가 곧 국가의 힘이라는 인식이 자리 잡으면서 태동했다. 제2차 세계대전 당시 루즈벨트가 사우디아라비아의 압둘아지즈 국왕과 손을 잡은 순간부터, 미국은 단순한 군사 동맹국이 아니라 에너지 동맹국으로서 중동을 관리하기 시작했다. 당시 석유는 전쟁을 움직이는 연료였고, 승전국의 조건이었다. 사우디를 비롯한 걸프 국가들은 막대한 원유를 약속했고, 미국은 그 대가로 안보를 보장했다. 이때부터 파이프라인은 미국의 외교 전략에서 군사동맹 못지않게 중요한 도구가 되었다.

냉전 시대, 파이프라인을 둘러싼 이중 게임

냉전이 본격화되자 미국은 파이프라인을 소련 견제의 수단으로 활용했다. 소련은 드루즈바 파이프라인을 통해 동유럽을 묶고 서

유럽까지 영향력을 뻗치려 했다. 이에 대해 미국은 공개적으로는 "유럽이 러시아 가스에 종속된다"는 논리를 내세워 반대했지만, 이면에는 복잡한 계산이 있었다. 서독 같은 동맹국은 값싼 소련산 가스를 원했고, 미국은 이를 막을 명분과 수단이 부족했다. 결국 미국은 정치적 압박과 경제적 제재를 동시에 구사하면서, 파이프라인 문제를 단순한 에너지 공급선이 아니라 이념 전쟁의 전선으로 확장시켰다. 냉전 속 파이프라인 외교는 곧 '누가 누구의 밥줄을 쥐고 있느냐'라는 질문으로 귀결되었다.

오일쇼크 이후, 자립을 향한 몸부림

1973년 오일쇼크는 미국의 파이프라인 외교에 결정적인 전환점을 가져왔다. 아랍 산유국들의 석유 금수 조치로 미국은 자국 내에서 줄을 서서 기름을 넣어야 했고, 백악관은 석유 의존도를 낮추는 방법을 고민하기 시작했다. 그 해답은 두 가지였다. 하나는 해외 동맹국의 안정적 파이프라인 건설을 지원하는 것이었고, 다른 하나는 자국 내 파이프라인 인프라를 확충하는 것이었다. 알래스카의 트랜스알래스카 파이프라인(TAPS) 건설은 그 대표적인 사례였다. 북극해에서 캘리포니아까지 이어지는 이 강철관은 단순한 산업 시설이 아니라 오일쇼크의 상처를 꿰매는 봉합선이었다. 동시에 미국은 중동에 대한 군사적 개입을 더욱 강화하며 파이프라인 외교를 군사력과 직결된 정책으로 확장시켰다.

걸프전과 파이프라인 보호 전쟁

1990년 걸프전은 미국이 왜 파이프라인 외교를 군사 전략과 연결시켰는지 보여주는 사건이었다. 사담 후세인이 쿠웨이트를 침공했을 때, 미국은 단순히 민주주의를 지키기 위해 움직인 것이 아니었다. 쿠웨이트와 사우디의 송유관과 유조 시설이 이라크 손에 넘어가는 순간, 세계 에너지 시장은 이라크의 인질이 될 수 있었다. 미국은 이를 좌시하지 않았고, 대규모 군사 개입으로 걸프 전쟁을 일으켰다. 여기서 중요한 것은 전쟁의 명분이 '자유 수호'였지만, 실제로는 파이프라인과 유전의 자유를 지키는 것이 본질이었다는 점이다. 파이프라인 외교는 총성과 함께 현실 전쟁의 한가운데로 들어왔다.

카스피해와 중앙아시아, 새로운 전선

냉전이 끝난 뒤 미국의 파이프라인 외교는 또 다른 무대로 이동했다. 카스피해와 중앙아시아였다. 소련이 붕괴하자 카자흐스탄, 아제르바이잔, 투르크메니스탄 같은 신생국들이 독립했고, 그들의 땅 아래에는 막대한 석유와 가스가 잠들어 있었다. 미국은 러시아와 이란을 배제하고 이 자원들을 서방으로 끌어오기 위한 새로운 파이프라인을 추진했다. 그 대표적인 결과물이 바로 BTC 파이프라인(바쿠 – 트빌리시 – 제이한)이었다. 아제르바이잔의 수도 바쿠에서 시작해 조지아를 거쳐 튀르키예 지중해 연안 제이한까지 이어지는 이 관은 러시아와 이란을 피해 서방으로 직통하는 첫 번째 대규모 파이프라인이었다. 이는 단순한 수송관이 아니라 미국의 외교 전략이 구현된 상징이었다.

9·11 이후, 에너지 안보와 전쟁의 경계

2001년 9·11 테러 이후 미국의 파이프라인 외교는 '테러와의 전쟁'이라는 이름 아래 새로운 얼굴을 갖추었다. 아프가니스탄과 이라크에서의 전쟁은 명분상으로는 테러리즘 제거였지만, 그 이면에는 석유와 파이프라인의 안보 문제가 있었다. 아프가니스탄을 거쳐 중앙아시아 자원을 남아시아로 잇는 파이프라인 구상은 오래전부터 존재했다. 이라크 전쟁 역시 사담 후세인이 쥐고 있는 석유와 수송로를 통제하려는 계산이 깔려 있었다. 물론 미국은 이를 직접적으로 인정하지 않았지만, 전쟁 뒤 이루어진 파이프라인 계약과 에너지 기업의 움직임은 그 속내를 여실히 드러냈다.

셰일혁명과 역전된 외교

2010년대 들어 미국은 또 한 번 파이프라인 외교의 성격을 바꿨다. 셰일혁명이 터지면서 미국은 순수입국에서 순수출국으로 변신했고, 이는 곧 파이프라인 외교의 방향을 완전히 뒤집어놓았다. 이제 미국은 중동 석유에 의존하는 나라가 아니라 LNG를 유럽과 아시아에 공급하는 나라가 되었다. 키스톤 XL 같은 대규모 파이프라인 프로젝트는 미국 내에서 논란을 일으켰지만, 에너지 수출국으로의 전환은 거스를 수 없는 흐름이었다. 과거에는 다른 나라의 파이프라인을 통제하는 것이 외교의 목표였다면, 이제는 자국의 파이프라인을 어떻게 활용해 세계 시장을 장악하느냐가 새로운 목표가 되었다.

우크라이나 전쟁과 LNG 외교

2022년 러시아의 우크라이나 침공은 미국 파이프라인 외교에 마지막으로 강렬한 변화를 가져왔다. 러시아산 가스에 의존하던 유럽이 갑자기 대체 공급원을 찾아야 했을 때, 미국은 즉각 LNG 수출을 늘리며 구원투수로 등장했다. 노르드스트림 파괴 이후, 유럽 항구에 도착하는 미국산 LNG는 단순한 에너지가 아니라 미국의 외교적 무기였다. 파이프라인이 아닌 액화 천연가스를 배로 보내는 방식이었지만, 본질은 같았다. 에너지를 쥔 자가 외교를 지배한다는 원칙은 여전히 유효했다. 미국은 파이프라인 외교에서 LNG 외교로 자연스럽게 진화했고, 이는 또 다른 패권 전략의 형태였다.

변화의 궤적, 그러나 이어지는 본질

미국의 파이프라인 외교는 20세기 초반 석유 동맹에서 시작해 냉전의 이념 전쟁, 오일쇼크의 자립 시도, 걸프전의 군사 개입, 카스피해와 중앙아시아의 확장, 9·11 이후의 전쟁, 셰일혁명과 LNG 외교에 이르기까지 끊임없이 변화해왔다. 그러나 그 본질은 변하지 않았다. 파이프라인은 단순한 강철관이 아니라 국가의 생존과 패권을 결정짓는 혈관이었다. 미국은 언제나 이 혈관을 지배하려 했고, 필요하다면 전쟁도 불사했다. 변화는 있었지만, 목표는 늘 같았다. 에너지 흐름을 쥐는 자가 세계를 쥔다.

한 줄 정리

미국의 파이프라인 외교는 시대마다 형태를 바꾸었지만, 본질적으로 에너지 흐름을 지배해 세계 패권을 유지하려는 전략의 연속이었다.

1. **러시아** 세계 최장 파이프라인을 거느린 에너지 제국. 드루즈바, 노르드스트림, 야말, 튀르크스트림 등으로 유럽과 아시아를 연결하며 에너지를 무기로 삼아온 전략을 조명한다.

2. **미국** 셰일혁명 이후 LNG 수출국으로 부상하며, 기존 파이프라인 중심에서 글로벌 해양 수송과 육상 인프라 확장으로 진화한 모습을 다룬다.

3. **중국** 중앙아시아, 러시아, 미얀마 등과의 파이프라인 네트워크를 통해 에너지 수입의 안정성을 확보하고, 일대일로 전략과 결합된 인프라 패권을 분석한다.

4. **중동** 산유국들 사우디아라비아, 이란, 이라크, UAE 등 페르시아만을 중심으로 한 파이프라인 경쟁과 지정학적 리스크 관리, SUMED 파이프라인과 호르무즈 해협 패싱 전략을 심층적으로 조명한다.

5. **유럽과 기타 지역** EU의 에너지 독립을 위한 남부 가스 회랑, TAP, TANAP, 북해 파이프라인 프로젝트와 아프리카, 중앙아시아 등 제3세계 국가들과의 파트너십 및 갈등을 검토한다.

Pipeline

PART
04

주요 국가별 파이프라인 프로젝트

031
러시아 : 파워 오브 시베리아와 유럽 통제 전략

러시아, 가스 제국의 서막

러시아는 20세기 후반부터 자신들의 천연가스를 단순한 자원이 아니라 지정학적 무기로 다뤄왔다. 냉전 시절부터 이어진 드루즈바 파이프라인이 동유럽 사회주의 국가들을 묶는 보이지 않는 족쇄였다면, 21세기 러시아는 한층 정교한 전략으로 파이프라인을 국가 권력의 연장선에 두었다. 그 전략의 핵심은 두 방향으로 나뉜다. 하나는 유럽을 대상으로 한 에너지 지배력 유지이고, 다른 하나는 중국이라는 거대한 시장을 새롭게 열어 극동에서 중앙아시아까지 러시아의 손길을 뻗치는 것이었다. 바로 그 교차점에서 등장한 프로젝트가 '파워 오브 시베리아'였다.

파워 오브 시베리아, 동쪽으로 향한 혈관

'파워 오브 시베리아'는 단순한 가스관이 아니다. 길이만 3,000km가 넘는 이 거대한 파이프라인은 시베리아의 추운 벌판을 가로질러 블라디보스토크 인근까지 뻗어 있으며, 중국 동북부를 향해 연결된다. 러시아는 이 파이프라인을 통해 연간 380억m³에 달하는 천연가스를 중국에 공급하기로 약속했다. 2014년 크림반도 병합 이후 서방의 제재로 옥죄던 상황에서, 러시아가 서쪽 대신 동쪽으로 고개를 돌리며 체결한 역사적 계약이었다. 이 계약은 중국에겐 안정적인 에너지 확보, 러시아에겐 새로운 시장 개척이라는 이익을 동시에 안겨주었다. 하지만 그 속내는 단순한 상호이익이 아니라, 유럽에 대한 러시아의 압박 카드였다.

유럽 통제 전략, 파이프라인을 무기화하다.

유럽은 러시아 가스 없이는 살아가기 어려운 구조를 오래도록 유지해왔다. 독일, 이탈리아, 프랑스 같은 주요국들이 산업 발전과 겨울 난방을 위해 러시아 가스에 의존한 것은 잘 알려진 사실이다. 러시아는 이를 놓치지 않았다. 가스프롬은 단순한 국영 에너지 기업이 아니라, 크렘린의 외교 팔이었다. 가격 협상에서 러시아는 정치적 메시지를 담아냈고, 밸브를 열고 닫는 행위가 곧 압력 수단이 되었다. 우크라이나를 통한 수송로에서 분쟁이 일어날 때마다 러시아는 공급을 줄이거나 중단했고, 그 여파로 유럽의 가스 가격은 폭등했다. 유럽 시민들이 겨울에 난방을 줄여야 했던 순간은 단순한 시장 변동이 아니라 러시아 외교의 직접적 결과였다.

노르드스트림과 파워 오브 시베리아, 양날의 칼

러시아의 전략은 양날의 검이었다. 서쪽에는 노르드스트림을 통해 독일과 직통으로 연결하며 유럽의 중심부를 묶었고, 동쪽에는 파워 오브 시베리아로 중국을 끌어들였다. 이 두 노선은 단순히 가스를 수송하는 통로가 아니라, 러시아가 스스로를 '에너지 제국'이라 부를 수 있는 근거였다. 그러나 동시에 이 노선들은 러시아의 약점이기도 했다. 파이프라인은 물리적으로 눈에 보이고 지도에 찍히는 만큼 공격당하기도 쉬워서, 국제 정치의 갈등 한가운데 놓였다. 2022년 노르드스트림이 발트해 해저에서 폭파되었을 때 세계가 충격에 빠진 이유가 바로 거기에 있었다. 러시아의 에너지 무기가 한순간에 무력화될 수 있음을 모두가 목격했다.

중국과의 거래, 제재의 돌파구

서방의 제재 속에서 러시아는 파워 오브 시베리아를 통해 숨통을 틔웠다. 2014년 계약 당시 중국은 협상에서 유리한 위치에 있었고, 러시아는 제재에 몰려 값싼 가격에 가스를 공급할 수밖에 없었다. 그러나 러시아 입장에서는 어쩔 수 없는 선택이었다. 유럽 시장이 흔들리는 와중에도 러시아가 국가 재정을 유지할 수 있었던 이유 중 하나가 바로 이 계약 덕분이었다. 중국 역시 만족했다. 러시아산 가스는 중앙아시아산보다 안정적이었고, 중동산보다 정치적으로 덜 불안정했다. 하지만 중국은 철저히 실용적이었다. 러시아에 전적으로 의존하지 않고 여러 경로를 확보하며 가격 협상에서 주도권을 유지했다. 러시아는 '동쪽 파이프라인'으로 버틸 수 있었지만, 동시에 중국의 흥정력에 끌려다니는 또 다른 굴레를 쓰게 된 셈이었다.

우크라이나 전쟁과 파이프라인의 운명

2022년 러시아가 우크라이나를 침공하면서 파이프라인 전략은 절정에 달했다. 유럽은 러시아 가스를 줄이겠다고 선언했지만, 현실은 녹록지 않았다. LNG 수입을 늘렸지만, 단기간에 러시아산 파이프라인 가스를 대체하기는 불가능했다. 러시아는 그 틈을 타 가격을 흔들며 유럽을 압박했고, 유럽의 겨울은 에너지 위기로 얼어붙었다. 이 과정에서 파워 오브 시베리아는 더욱 빛을 발했다. 서쪽이 흔들릴수록 동쪽은 안정적 수입원이 되었고, 러시아는 여전히 '가스를 무기화하는 제국'으로 남을 수 있었다. 하지만 동시에 파이프라인 의존이라는 구조적 위험은 러시아 스스로를 옭아맸다. 노르드스트림이 파괴된 뒤 러시아의 전략은 치명적인 구멍을 안게 되었다.

러시아의 딜레마

러시아의 파이프라인 외교는 성공과 위기를 동시에 안고 있다. 유럽은 이제 러시아 의존도를 줄이려 하고, 미국과 카타르 같은 LNG 공급국이 새로운 영향력을 행사하고 있다. 반면 러시아는 파워 오브 시베리아 2호선 같은 추가 프로젝트로 중국 시장에 더 깊숙이 들어가려 한다. 그러나 이는 곧 중국에 대한 종속을 심화시키는 결과가 될 수 있다. 러시아는 한때 파이프라인으로 유럽을 통제했지만, 시간이 지날수록 그 강철관은 자신들의 목을 조르는 족쇄가 될지도 모른다.

파이프라인 제국의 미래

러시아는 여전히 막대한 자원을 가진 거대한 제국이고, 파이프라인은 그들의 가장 강력한 무기다. 하지만 세계는 변하고 있다. 재생에너지 확대, LNG의 부상, 수소 경제의 도래는 파이프라인이라는 무기의 효력을 점점 줄이고 있다. 파워 오브 시베리아는 지금은 러시아의 숨통을 틔워주지만, 미래에는 중국의 흥정 카드로 전락할 위험이 있다. 유럽을 향한 통제 전략도 이미 한계에 다다랐다. 러시아가 가스 제국으로 남을지, 아니면 에너지 전환의 흐름 속에서 뒤처질지는 파이프라인이라는 혈관을 어떻게 관리하느냐에 달려 있다.

한 줄 정리

러시아의 파워 오브 시베리아와 유럽 통제 전략은 가스를 무기화한 제국의 힘을 보여주지만, 동시에 에너지 전환과 지정학적 압력 속에서 스스로의 족쇄가 될 위험을 안고 있다.

032
미국 : 키스톤 파이프라인과 내수 경제의 혈관

북미 대륙을 가르는 강철의 꿈

키스톤 파이프라인은 단순한 송유관이 아니라 북미 대륙을 가로지르는 거대한 혈관이었다. 캐나다 앨버타주의 오일샌드에서 뽑아낸 원유를 미국 중서부와 멕시코만 정유공장까지 이어주는 4,000km 규모의 프로젝트, 그것이 키스톤이었다. 미국 내수 경제의 심장부를 관통하는 이 파이프라인은 에너지 안보와 일자리 창출, 그리고 정치적 상징성까지 동시에 담아냈다. 2008년 첫 단계가 완공되었을 때, 그것은 단순한 산업 인프라가 아니라 미국이 에너지 초강대국으로 나아가는 상징이었다.

캐나다 오일샌드와 미국의 갈증

이야기의 출발점은 캐나다 앨버타 오일샌드였다. 오일샌드는 모래와 점토, 물과 석유가 뒤엉켜 있는 자원으로, 정제 과정은 복잡하고 환경 부담이 크지만 매장량은 사우디아라비아에 맞먹을 만큼 방대하다. 미국은 이 거대한 에너지 저장고를 곁에 두고도 쉽게 활용하지 못했는데, 키스톤 파이프라인은 이를 직접 미국 시장으로 끌어오겠다는 발상에서 출발했다. 석유 수입의 상당 부분을 중동과 베네수엘라에 의존하고 있던 미국은 정세 불안과 정치 갈등 때문에 늘 위험을 감수해야 했다. 따라서 캐나다라는 안정적인 우방의 자원을 곧장 미국 내 정유공장으로 잇는 관은 그 자체로 국가 안보의 해법이었다.

경제의 혈관, 중서부와 걸프를 잇다

키스톤 파이프라인은 1단계부터 3단계까지 차례로 확장되었다. 앨버타에서 네브래스카, 일리노이, 오클라호마를 거쳐 멕시코만 연안 정유시설에 이르는 이 강철관은 미국 내수 경제의 혈관이라 불릴 만했다. 중서부 농업지대와 산업지대는 안정적인 연료 공급으로 활력을 얻었고, 걸프 연안 정유공장들은 원유를 대량으로 처리해 다시 수출로 연결했다. 키스톤은 단순히 원유를 수송하는 관이 아니라 북미 대륙 경제의 심장을 뛰게 만드는 펌프였다.

정치의 전장, 키스톤 XL

그러나 진짜 드라마는 키스톤 XL에서 시작되었다. XL은 앨버타에서 네브래스카까지 직선으로 잇는 대형 확장 노선으로, 기존 노선보다 빠르고 효율적으로 원유를 수송할 수 있었다. 하지만 이 프로젝트는 미국 정치에서 거대한 논쟁의 불씨가 되었다. 공화당은 에너지 자립과 일자리 창출을 이유로 강력히 지지했고, 민주당과 환경 단체는 기후변화와 생태 파괴를 이유로 격렬히 반대했다. XL은 단순한 파이프라인이 아니라 미국이 어떤 미래를 선택할 것인가를 둘러싼 전장의 상징이었다.

오바마의 거부권, 트럼프의 승인, 바이든의 철회

2015년 오바마 대통령은 기후변화 대응을 이유로 키스톤 XL 건설을 공식 거부했다. 이는 환경 운동가들에게는 승리였지만, 에너지 산업계와 공화당에게는 치욕이었다. 그러나 트럼프가 집권하자 상황은 뒤집혔다. 그는 집권 첫 해인 2017년 곧바로 키스톤 XL 승인을 내렸고, 이는 "미국 에너지 우선주의"의 상징이 되었다. 하지만 2021년 바이든이 취임하자 또다시 상황은 뒤집혔다. 그는 취임 첫날 키스톤 XL 허가를 취소했다. 세 대통령이 서로 다른 입장을 취하며 파이프라인 하나를 두고 미국의 정치 지형이 요동쳤다. 키스톤은 이제 강철관을 넘어 미국 정치의 아이콘이 되었다.

일자리와 경제 성장 논쟁

키스톤 XL을 둘러싼 논쟁의 핵심 중 하나는 경제 효과였다. 지지자들은 수만 개의 건설 일자리가 생기고, 미국 내 정유업이 활력을 되찾을 것이라 주장했다. 반대자들은 그 일자리가 대부분 일시적이며, 장기적으로 환경 피해 비용이 더 클 것이라 반박했다. 현실은 그 중간쯤에 있었다. 건설 과정에서 실제로 수많은 노동자들이

고용되었고 지역 경제가 살아났지만, 완공 뒤에는 유지 인력만 남았다. 그러나 키스톤 논쟁은 단순한 숫자 싸움이 아니라 미국 사회가 단기 성장과 장기 지속 가능성 사이에서 무엇을 우선할지 묻는 시험장이었다.

환경과 원주민의 저항

키스톤 XL이 지나가야 할 경로에는 네브래스카 샌드힐스와 오갈라 대수층 같은 중요한 생태계와 수자원이 있었다. 원주민 부족들은 조상의 땅을 침해한다며 격렬히 반대했고, 환경 단체들은 오일샌드 원유가 전 세계에서 가장 탄소 집약적인 자원이라는 점을 지적하며 싸웠다. 파이프라인이 관통하는 농부들의 땅에서는 토지 수용과 보상 문제로 갈등이 이어졌다. 결국 키스톤 XL은 단순한 기술 문제가 아니라 미국 사회의 가치 충돌이 집약된 상징적 프로젝트가 되었다.

키스톤 이후 미국 에너지 외교의 변화

키스톤 논쟁은 미국의 에너지 외교에도 큰 영향을 주었다. 미국은 셰일혁명을 통해 에너지 자립에 가까워졌고, 이제는 오히려 LNG와 석유를 수출하는 나라가 되었다. 하지만 캐나다와의 파이프라인 협력은 여전히 중요한 문제였다. 캐나다는 자국 석유를 수출하기 위해 미국 파이프라인에 의존할 수밖에 없었고, 미국은 이를 통해 캐나다를 에너지 질서 안에 묶어둘 수 있었다. 키스톤은 비록 중단되었지만, 북미 에너지 동맹의 구조는 여전히 유효했다.

강철관을 넘어선 상징

키스톤 파이프라인은 단순한 에너지 인프라를 넘어 미국 사회의 분열과 갈등, 선택과 타협을 상징하는 존재가 되었다. 경제와 환경, 단기와 장기, 안보와 가치 사이의 줄다리기 속에서 키스톤은 수차례 살아나고 죽었다. 그러나 그 과정에서 미국인들은 파이프라인이 단순한 관이 아니라 국가의 미래를 가늠하는 상징적 혈관임을 절감했다.

한 줄 정리

키스톤 파이프라인은 미국 내수 경제의 혈관이자 정치와 가치의 전장이었으며, 에너지 자립과 기후 대응 사이에서 미국이 어떤 길을 택할지 드러내는 상징이었다.

033
중국 : 중앙아시아 – 중국
가스 파이프라인 전략

에너지에 굶주린 제국의 눈길

21세기 초, 중국은 경제 기적을 달성하며 세계의 공장을 넘어 세계의 소비자로 변모했다. 그러나 경제 성장은 곧 에너지 갈증을 의미했다. 석탄에 의존한 산업화는 대기오염이라는 독을 남겼고, 석유와 가스 수입은 해상로에 지나치게 의존했다. 미국이 태평양과 인도양을 장악한 상황에서 중국은 바다를 통한 에너지 수송이 언제든 봉쇄될 수 있다는 '말라카 딜레마'에 시달렸다. 해결책은 명확했다. 바다를 건너지 않고 땅 위에서 곧장 에너지를 들여올 수 있는 길, 즉 중앙아시아에서 중국으로 향하는 가스 파이프라인이었다.

중앙아시아, 잊힌 제국의 보물창고

중앙아시아는 한때 소련의 변방이었고, 이후엔 세계의 관심에서 벗어난 변두리였다. 그러나 그 땅 아래에는 막대한 가스가 잠들어 있었다. 투르크메니스탄, 카자흐스탄, 우즈베키스탄은 독립한 뒤에 자원 수출에 의존해야 했지만, 과거처럼 러시아 송유관만을 통해 유럽으로 나가는 길은 제한적이었다. 중국은 바로 이 틈을 파고들었다. 돈과 기술, 그리고 무엇보다 안정적인 수요를 무기로 삼아 중앙아시아의 가스를 동쪽으로 당겨왔다. 2009년 개통된 '중앙아시아 – 중국 가스 파이프라인'은 그 결정판이었다.

강철로 엮인 신(新) 실크로드

이 파이프라인은 투르크메니스탄에서 시작해 우즈베키스탄과 카자흐스탄을 거쳐 신장 위구르 자치구로 들어온다. 길이만 1,800km가 넘는 이 강철관은 단순한 수송관이 아니라 신(新) 실크로드였다. 과거에는 비단과 향신료가 오갔다면 이제는 천연가스가 흐르고 있었다. 중국은 이 프로젝트에 막대한 자본을 투입했다. 그 결과 투르크메니스탄은 유럽에 의존하지 않고도 안정적인 수출 시장을 확보했다. 중국의 국영 석유기업 CNPC는 이 협정을 통해 중앙아시아에서 절대적인 영향력을 행사할 수 있게 되었고, 이는 러시아와의 미묘한 긴장으로 이어졌다.

러시아의 불편한 시선

중앙아시아는 원래 러시아의 뒷마당이었다. 소련 시절부터 이어져 온 송유관 네트워크는 모스크바가 중앙아시아 자원을 통제하는 수단이었다. 그러나 중국의 파이프라인은 이 질서를 뒤흔들었다. 투르크메니스탄은 러시아 대신 중국으로 가스를 팔 수 있게 되었고, 이는 러시아의 협상력을 약화시켰다. 모스크바 입장에서 이는 명백한 위협이었다. 중국은 이 지역에서 러시아와 직접적인 충돌을 피하면서도, 가스관이라는 현실적 수단을 통해 영향력을 차곡차곡 넓혀갔다. 이 파이프라인은 단순히 에너지 거래가 아니라 지정학의 판을 흔드는 도구였다.

신장의 그림자, 내부 통제의 논리

파이프라인의 동쪽 끝은 신장 위구르 자치구다. 중국은 이 지역을 안정적으로 관리하는 것이 국가 전략의 핵심이라 여겨왔다. 파이프라인은 신장을 경제적으로 끌어안는 동시에 중국 본토와 더욱 강력히 묶어두는 고리였다. 에너지가 흐르면 인프라가 따라오고, 인프라가 들어서면 인구와 산업이 몰려든다. 이는 신장의 동화와 통제에 결정적인 역할을 했다. 즉 중앙아시아 – 중국 가스 파이프라인은 단순히 에너지를 끌어오는 도구가 아니라 중국 내부 통치의 수단으로도 기능했다.

다변화 전략, 라인의 확장

중앙아시아 – 중국 파이프라인은 A, B, C 세 개의 라인으로 확장되었고, 추가로 D라인 건설도 추진되고 있다. 매년 수십억 입방미터의 가스가 중국으로 흘러 들어가며, 이는 중국 전체 가스 수입의 40% 이상을 차지할 정도로 커졌다. 중국은 카자흐스탄과 별도의 석유 파이프라인도 연결해 에너지 수입원을 더욱 다변화했다. 이는 곧 중국이 러시아, 중동, 아프리카, 중앙아시아를 동시에 활용하는 다층적 에너지 전략의 일환이었다. 바다와 육지를 동시에 장악해 어느 한쪽이 막혀도 흔들리지 않는 구조를 만드는 것, 그것이 중국이 그리고 있는 에너지 안보의 청사진이었다.

일대일로와 파이프라인의 접점

중앙아시아 – 중국 가스 파이프라인은 중국의 '일대일로' 구상과 맞물려 돌아갔다. 도로와 철도가 실크로드의 상징이라면, 파이프라인은 그 실질적 동맥이었다. 중국은 파이프라인을 통해 중앙아시아 국가들에 차관을 제공하고, 인프라를 건설하며, 정치적 영향력을 행사했다. 단순한 가스 거래를 넘어, 이 강철관은 중앙아시아 국가들을 중국 경제권에 편입시키는 보이지 않는 사슬이 되었다. 그 대가로 이들 국가는 안정적 수출 시장을 얻었지만, 동시에 중국 의존도가 높아지는 위험을 떠안았다.

미국과의 보이지 않는 대결

미국 역시 이 흐름을 예의주시했다. 미국은 중앙아시아 자원을 유럽과 연결하려는 파이프라인 구상을 오래전부터 추진했지만, 지정학적 제약과 비용 문제로 번번이 좌절을 맛봐야 했다. 반면 중국은 지리적 근접성과 막대한 자본, 정치적 결단력으로 이를 단숨에 실현시켰다. 워싱턴 입장에서 중앙아시아 가스가 유럽 대신 중국으로 흘러간다는 것은 에너지 패권의 동쪽 이동을 의미했다. 파이프라인은 단순히 에너지가 아니라 미국과 중국의 보이지 않는 패권 경쟁의 무대였다.

미래를 향한 관문

중앙아시아 – 중국 가스 파이프라인은 현재진행형이다. 중국은 앞으로도 에너지 수입을 늘릴 것이고, 중앙아시아는 여전히 자원 수출에 의존할 것이다. 그러나 미래는 불확실하다. 기후 변화 대응과 탄소중립 압력이 커질수록 화석연료 파이프라인의 경제성은 흔들릴 수 있다. 하지만 단기적으로 이 파이프라인은 여전히 중국 경제를 움직이는 심장이다. 러시아와 중동이 흔들리는 지금, 중국은 중앙아시아라는 육상 혈관을 통해 안정적인 에너지 흐름을 확보했다. 이 강철관은 단순한 기술이 아니라 제국의 갈증을 해소하는 전략적 선택이었다.

한 줄 정리

중앙아시아 – 중국 가스 파이프라인은 중국의 에너지 안보와 패권 전략을 동시에 실현하는 강철 동맥이자 신(新) 실크로드의 심장이다.

034
이스라엘 : EAPC와 EastMed, 에너지 허브의 야망

숨겨진 파이프라인, 이스라엘의 비밀 카드

이스라엘이라는 이름을 들을 때 대부분은 전쟁과 종교, 혹은 첨단 기술을 떠올린다. 하지만 이 땅에는 잘 알려지지 않은 또 다른 무기가 있다. 바로 에너지 파이프라인이다. 그중에서도 이스라엘의 전략적 야망을 상징하는 것은 EAPC, 즉 엘랏 – 아슈켈론 파이프라인이다. 이 강철관은 홍해와 지중해를 곧장 잇는, 일종의 '육상 수에즈 운하'라 불리는 길이었다. 수에즈 운하를 거치지 않고 원유를 홍해에서 지중해로, 혹은 반대 방향으로 옮길 수 있는 이 파이프라인은 단순한 인프라가 아니라 국가의 운명을 바꿀 수 있는 숨겨진 혈관이었다.

혁명의 파트너에서 적으로

1960년대 후반, 이스라엘은 의외의 동맹을 가졌다. 바로 이란이었다. 당시 이란은 친서방 노선을 걷던 팔레비 왕조가 통치하고 있었고, 이스라엘과 이란은 미국이라는 공통된 후견인을 두고 있었다. 그 협력의 결과가 바로 EAPC였다. 이란산 원유를 홍해 항구 엘랏에서 받아 지중해 연안 아슈켈론으로 끌어올리고, 거기서 다시 유럽으로 수출하는 시스템이었다. 이 파이프라인 덕분에 이스라엘은 수에즈 운하라는 정치적 리스크를 피해 안정적인 수송로를 확보했고, 이란은 서방 시장으로 원유를 내보낼 수 있었다. 그러나 1979년 이란 혁명이 모든 것을 갈라놓았다. 팔레비 왕조가 무너지고 이슬람 공화국이 들어서자 이스라엘과 이란은 순식간에 철천지원수가 되었다. 이란은 파이프라인에 대한 권리를 주장했고, 이스라엘은 이를 인정하지 않았다. 결국 두 국가는 지금까지도 이 숨겨진 관을 두고 법적 분쟁을 벌이고 있다.

EAPC, 전략적 우회로

EAPC는 단순히 이란과의 과거 협력의 흔적이 아니다. 지리적으로 보았을 때 그것은 중동 지정학의 판도를 뒤흔드는 잠재력을 가지고 있었다. 수에즈 운하가 전쟁이나 봉쇄로 막힐 경우 원유 수송은 큰 차질을 빚게 된다. 그러나 EAPC는 그런 리스크를 피할 수 있는 확실한 대안이었다. 홍해에서 지중해까지 직선으로 이어지는 강철관은 군사적·경제적 가치가 막대했다. 실제로 1973년 제4차 중동전쟁 당시 아랍 국가들이 원유 금수 조치를 내리자, 이스라엘은 이 파이프라인을 통해 우회로를 마련하며 숨통을 틔웠다. 보이지 않는 강철관은 이스라엘의 생존을 지탱하는 비밀 무기였던 셈이다.

천연가스의 발견, 새로운 게임체인저

21세기 들어 상황은 완전히 달라졌다. 이스라엘은 자원 없는 나라로 여겨졌으나, 2000년대 후반 지중해 연안에서 거대한 천연가스전이 발견되었다. 타마르, 레비아탄 같은 이름의 가스전은 이스라엘의 운명을 바꿨다. 이제 이스라엘은 더 이상 에너지 수입국이 아니라 수출국이 될 수 있었다. 문제는 어떻게 이 가스를 세계로 내보내느냐였다. 해상 LNG 수출은 비용이 많이 들고 불안정했다. 다시 주목받은 것이 파이프라인이었다. 이스라엘은 자신들의 가스를 지중해 동부의 다른 국가들과 연결해 유럽으로 보내겠다는 야망을 품었다. 그것이 바로 EastMed 프로젝트였다.

EastMed, 지중해의 새로운 혈관

EastMed 파이프라인은 이스라엘과 키프로스, 그리스, 그리고 궁극적으로는 유럽을 연결하는 초대형 프로젝트다. 총 길이 1,900km에 달하는 이 파이프라인은 지중해 심해를 가로질러 연간 100억㎥ 이상의 가스를 유럽에 공급할 수 있도록 설계되었다. 이스라엘은 이를 통해 단순한 지역 국가가 아니라 유럽 에너지 안보의 핵심 공급자가 되겠다는 야망을 드러냈다. 특히 유럽이 러시아 가스 의존을 줄이려는 시점에 이스라엘 가스는 매력적인 대안이었다. EastMed는 단순한 관이 아니라 이스라엘을 에너지 허브로 격상시킬 황금의 티켓이었다.

튀르키예와의 갈등, 지중해의 파도

그러나 EastMed는 지정학적 파도를 피할 수 없었다. 지중해 동부는 튀르키예와 그리스, 키프로스가 영유권을 두고 오랫동안 갈등을 빚어온 지역이었다. 튀르키예는 EastMed가 자신을 배제한 프로젝트라며 강력히 반발했고, 동지중해 해역에 군함을 보내 긴장을 고조시켰다. 이스라엘, 그리스, 키프로스가 삼각 동맹을 강화하자 튀르키예는 리비아와 손잡고 해양 경계 협정을 체결하며 맞불을 놨다. 결국 EastMed는 단순한 경제 프로젝트를 넘어 군사적 긴장까지 불러오는 불씨가 되었다. 이스라엘은 이 프로젝트를 통해 얻는 이익만큼이나 새로운 적대적 관계를 감수해야 했다.

미국의 흔들리는 태도

EastMed의 또 다른 변수는 미국이었다. 초기에는 유럽의 에너지 다변화를 위해 EastMed를 지지했던 미국은, 시간이 지나며 점차 소극적인 태도로 돌아섰다. 해저 깊은 곳을 가로지르는 기술적 난제와 막대한 비용, 그리고 튀르키예와의 관계를 고려한 외교적 계산 때문이었다. 미국은 결국 EastMed 지원에서 발을 뺐고, 이는 프로젝트의 불확실성을 더욱 키웠다. 이스라엘은 여전히 추진 의지를 보이고 있지만, 국제 정치의 파도 속에서 그 길은 험난할 수밖에 없다.

에너지 허브의 야망과 현실

EAPC와 EastMed는 서로 다른 시기의 산물이지만, 공통적으로 이스라엘의 에너지 허브 야망을 드러낸다. 과거에는 생존을 위한 숨겨진 파이프라인이었다면 이제는 지역 강국으로 도약하기 위한 공개적 프로젝트다. 그러나 지정학적 현실은 냉정하다. 이란과의 끝없는 법적 분쟁, 튀르키예와의 군사적 긴장, 미국의 모호한 태도, 그리고 유럽의 에너지 정책 변화까지 모든 것이 이스라엘의 길을 가로막고 있다. 하지만 이스라엘은 특유의 집요함과 기술력으로 이 관들을 단순한 철관이 아니라 국가 전략의 동맥으로 만들려 하고 있다.

강철관에 담긴 이스라엘의 운명

이스라엘은 늘 생존을 위해 싸워왔다. 총과 탱크만이 아니라, 파이프라인이라는 보이지 않는 무기까지 동원해왔다. EAPC는 과거의 비밀 카드였고, EastMed는 미래의 황금 티켓이다. 이스라엘은 이 강철관들을 통해 자신을 단순한 분쟁의 나라가 아니라 에너지를 쥔 허브로 탈바꿈시키려 한다. 그러나 그 길은 언제나 정치와 전쟁의 파도 위에 있다. 결국 이스라엘의 운명은 파이프라인이 어디로 흐르는지, 그리고 누가 그 밸브를 쥐고 있는지에 따라 달라질 것이다.

한 줄 정리

이스라엘의 EAPC와 EastMed는 생존과 야망을 동시에 상징하는 파이프라인으로, 에너지 허브 국가로 도약하려는 꿈이자 끊임없는 갈등의 불씨다.

035

사우디와 UAE : 송유관으로 중동을 지배

중동의 심장을 관통하는 강철관

사우디아라비아와 아랍에미리트, 두 나라는 단순한 산유국이 아니라 중동을 지배하는 에너지 제국이다. 그리고 그들이 권력을 유지하고 확대하는 데 사용한 무기는 석유 자체가 아니라 석유를 흘려보내는 송유관이었다. 바다 위 유조선이 언제든 봉쇄와 공격에 노출되는 반면, 땅속 깊이 묻힌 강철관은 안정적이고 빠르며 무엇보다 눈에 보이지 않는 힘이었다. 송유관은 두 나라의 경제를 살리는 혈관이었고, 동시에 지정학의 게임판을 흔드는 칼날이었다.

사우디의 동서 파이프라인, 육상 수에즈 운하

사우디는 일찍부터 호르무즈 해협이라는 전략적 약점을 인식했다. 걸프에서 나가는 석유 수송로는 언제든 이란의 위협에 노출될 수 있었지만, 세계 원유의 30% 이상이 그 좁은 바다를 지나야 했다. 사우디는 이 병목을 벗어나기 위해 1980년대 '동서 파이프라인

(East-West Pipeline, 일명 Petroline)'을 건설했다. 페르시아만에서 홍해까지 약 1,200km를 가로지르는 이 거대한 관은 사실상 육상으로 만든 두 번째 수에즈 운하였다. 하루 500만 배럴 이상을 수송할 수 있는 이 송유관은 이란의 호르무즈 봉쇄 협박을 무력화시켰고, 동시에 유럽과 아시아 시장으로 이어지는 수출로를 보장했다. 1990년 걸프전 당시 이라크가 쿠웨이트를 침공하고 호르무즈 긴장이 고조되자, 사우디는 이 송유관을 전력으로 가동하며 세계 시장의 공황을 막았다.

이란과의 그림자 전쟁

사우디의 송유관 전략은 곧 이란과의 그림자 전쟁으로 이어졌다. 이란은 수차례 유조선과 해상 수송로를 위협하며 자신들의 무력을 과시했지만, 사우디는 육상 파이프라인으로 맞섰다. 이란의 해군력이 아무리 강하더라도 땅속 깊숙이 묻힌 송유관을 건드리기는 어려웠다. 이런 배경에서 사우디는 자신감을 얻었고, 중동의 에너지 허브로서 입지를 강화했다. 송유관 하나가 이란의 해상 카드 전체를 무력화하는 순간이었다.

UAE의 아부다비 – 푸자이라 송유관

UAE 역시 같은 딜레마에 직면했다. 아부다비에서 생산한 원유를 전 세계로 수출하려면 반드시 호르무즈 해협을 지나야 했다. 하지만 이란의 위협은 언제나 존재했다. 그래서 2012년 완공된 것이 '아부다비 – 푸자이라 송유관'이다. 길이 370km, 수송 능력 하루 150만 배럴의 이 파이프라인은 UAE를 호르무즈에 묶어두던 족쇄를 끊어냈다. 관은 아부다비 사막을 가로질러 오만만 연안 푸자이라 항구로 이어졌고, 이곳에서 곧바로 인도양을 향해 원유를 수출할 수 있었다. 이란의 위협을 우회한 이 파이프라인 덕분에 UAE는 에너지 수송의 안정성을 확보했고, 푸자이라는 순식간에 세계 주요 원유 허브 항구로 부상했다.

걸프전과 파이프라인의 힘

1990년대 걸프전은 파이프라인이 단순한 수송로가 아니라 생존의 무기임을 보여주었다. 이라크가 쿠웨이트를 침공하고 사우디 국경을 위협했을 때, 유조선 수송은 즉각 불안정해졌다. 그러나 사우디의 동서 파이프라인은 여전히 석유를 실어나를 수 있었고, 국제 시장은 완전히 붕괴되는 것을 피했다. 미국과 연합군이 사우디를 중심으로 반격할 수 있었던 것도 안정적 석유 수송 덕분이었다. 파이프라인은 단순한 강철관이 아니라 전쟁의 판도를 바꾸는 전략적 자산이었다.

21세기, 파이프라인 외교

21세기에 들어서면서 사우디와 UAE는 송유관을 단순한 생존 수단에서 외교 무기로 승격시켰다. 사우디는 동서 파이프라인을 통해 홍해 항구 얀부를 세계적인 수출 거점으로 키웠고, UAE는 푸자이라를 국제 원유 거래의 핵심 허브로 만들었다. 두 나라는 이 관을 기반으로 아시아 시장과 유럽 시장을 동시에 겨냥했다. 특히 중국과 인도는 안정적 공급로를 절실히 원했기 때문에 사우디와 UAE의 파이프라인 전략은 자연스럽게 외교적 협상력을 강화했다. 밸브 하나를 쥐고 있으면 협상 테이블에서 한발 앞서 나갈 수 있었다.

예멘 전쟁과 송유관의 위기

그러나 파이프라인은 늘 안전하지 않았다. 사우디의 동서 파이프라인은 예멘의 후티 반군 드론 공격으로 여러 차례 타격을 입었다. 2019년 리야드 외곽을 겨냥한 드론 폭격은 파이프라인이 현대전에서 얼마나 취약한지를 보여주었다. 땅속에 묻혀 있다고 해도 밸브와 압축소, 종착지 터미널은 언제든 공격당할 수 있었다. UAE 역시 푸자이라 항구가 이란과 그 대리세력의 공격 위협에 노출되면서 송유관 전략의 불안정성을 실감했다. 하지만 이 역시 양국에 교훈을 남겼다. 파이프라인은 보호해야 할 대상이자, 동시에 새로운 방어 기술을 요구하는 인프라였다.

송유관으로 지배하는 미래

사우디와 UAE는 여전히 송유관을 중동 지배 전략의 핵심에 두고 있다. 호르무즈라는 병목을 벗어난 수송로는 이란을 견제할 수 있는 무기이며, 동시에 세계 에너지 시장을 장악하는 지렛대다. 두 나라는 이제 단순한 산유국을 넘어 글로벌 에너지 허브로 변신하려 한다. 송유관은 그 중심에 있다. 강철관은 중동 사막을 가로지르며 흘러가지만, 그 안에는 단순한 석유가 아니라 권력과 패권이 흐른다.

한줄정리

사우디와 UAE는 송유관을 통해 호르무즈의 족쇄를 벗어나며 중동을 지배하는 전략적 힘을 쥐었고, 이 강철관은 단순한 수송로가 아니라 패권의 동맥이 되었다.

036
투르크메니스탄 : 카스피해 파이프라인

고립된 에너지 제국, 투르크메니스탄

중앙아시아의 한가운데 자리 잡은 투르크메니스탄은 세계 4위의 천연가스 매장량을 가진 나라다. 그러나 이 나라의 이름은 자원 부국이라는 이미지보다는 '고립'과 '독재'라는 단어와 함께 거론되곤 했다. 소비에트 붕괴 이후 독립을 얻었지만, 바다로 나가는 출구가 없는 내륙국이라는 지리적 한계는 투르크메니스탄을 늘 묶어두었다. 자원이 있어도 그것을 세계 시장으로 내보내지 못하면 무용지물이다. 그래서 투르크메니스탄의 역사는 곧 '가스를 어떻게, 어디로, 누구에게 흘려보낼 것인가'를 둘러싼 파이프라인의 역사였다.

러시아의 목줄을 쥔 가스관

소련 시절부터 투르크메니스탄의 가스는 모스크바를 향해 있었다. 소비에트 연방이 붕괴한 뒤에도 상황은 크게 다르지 않았다. 투르크메니스탄은 가스를 러시아 국영기업 가스프롬의 송유관을 통해 유럽으로 내보낼 수밖에 없었다. 이 구조에서 모스크바는 가격과 물량을 마음대로 조절할 수 있는 힘을 쥐었고, 투르크메니스탄은 '자원은 많지만 협상력은 없는 나라'라는 굴레에 갇혔다. 러시아가 수입을 줄이면 국고는 곧장 흔들렸고, 수도 아슈가바트의 재정은 불안정해졌다. 이때부터 투르크메니스탄의 숙명은 러시아의 그늘을 벗어나 독자적인 파이프라인을 확보하는 것이었다.

카스피해, 바다인지 호수인지

투르크메니스탄의 시선이 향한 곳은 카스피해였다. 세계에서 가장 큰 내륙 수역인 카스피해는 유럽과 중앙아시아를 잇는 전략적 요충지였지만, 그것을 둘러싼 정의부터 불분명했다. 바다인지 호수인지조차 합의되지 않았기 때문이다. 만약 바다라면 국제해양법에 따라 각국이 자유롭게 파이프라인을 설치할 수 있었지만, 호수라면 주변국 모두의 동의를 받아야 했다. 카스피해를 둘러싼 러시아, 이란, 카자흐스탄, 아제르바이잔, 투르크메니스탄 다섯 나라의 입장은 첨예하게 갈렸다. 특히 러시아와 이란은 '호수'라는 정의를 고집하며 파이프라인 건설에 제동을 걸었다. 이유는 간단했다. 투르크메니스탄의 가스가 카스피해를 가로질러 유럽으로 곧장 가버리면 자신들이 쥔 영향력이 줄어들기 때문이었다.

트랜스-카스피안 파이프라인의 유령

1990년대 말부터 논의된 트랜스-카스피안 파이프라인(TCP)은 투르크메니스탄이 꿈꿔온 탈러시아 전략의 상징이었다. 이 파이프라인이 완성되면 투르크메니스탄 가스가 카스피해를 건너 아제르바이잔에 도착하고, 그곳에서 다시 BTC(바쿠 – 트빌리시 – 제이한) 파이프라인이나 TANAP(트랜스 아나톨리아) 파이프라인을 통해 튀르키예와 유럽으로 흘러갈 수 있었다. 이는 곧 러시아를 우회하는 직통로였다. 그러나 TCP는 수십 년 동안 '유령 프로젝트'로만 남았다. 러시아와 이란의 반대, 자금 조달 문제, 그리고 카스피해의 법적 지위 불확실성이 겹쳐 실현되지 못했다. 투르크메니스탄의 가스는 여전히 러시아의 밸브에 갇혀 있었고, 유럽의 기대는 번번이 좌절됐다.

중국이라는 새로운 출구

그러나 2009년, 역사의 흐름을 바꾼 사건이 벌어졌다. 중국이 중앙아시아 – 중국 가스 파이프라인을 완공한 것이다. 투르크메니스탄 가스가 카자흐스탄과 우즈베키스탄을 거쳐 신장으로 직행하는 이 강철관은 투르크메니스탄 경제의 운명을 뒤집었다. 중국이라는 거대한 수요처가 문을 열어주었기에 더 이상 러시아만 바라볼 필요가 없어졌다. 투르크메니스탄은 곧 중국 최대의 가스 공급국이 되었고, 아슈가바트의 재정은 한숨을 돌렸다. 하지만 문제는 또 있었다. 러시아의 종속을 벗어났더니 이번에는 중국 의존이 심화했다는 점이었다. 중국은 자본과 기술, 그리고 정치적 협상력에서 우위를 점했고, 투르크메니스탄은 값싼 가격에 가스를 공급할 수밖에 없었다. 종속의 성격만 달라졌을 뿐, 근본 문제는 여전히 남았다.

유럽의 갈증과 좌절

유럽은 투르크메니스탄 가스를 오래전부터 탐냈다. 러시아 의존을 줄이고 새로운 공급원을 확보하는 데 이만한 선택지는 없었다. 그러나 TCP가 번번이 좌초되면서 유럽의 기대는 번번이 배신당했다. 2018년 카스피해 연안 5개국이 협정을 맺어 '특정 국가만 동의하면 파이프라인 건설이 가능하다'는 합의를 이끌어냈을 때, 유럽은 잠시 환호했다. 하지만 여전히 정치적 리스크와 자금 문제가 발목을 잡았다. 트랜스-카스피안 파이프라인은 다시 논의만 되고 현실에서는 움직이지 않았다. 결국 유럽은 카타르 LNG와 미국 LNG에 더 크게 의존할 수밖에 없었고, 투르크메니스탄은 또다시 기회의 창을 놓쳤다.

투르크메니스탄의 내적 한계

파이프라인 문제는 단지 외부 요인만이 아니었다. 투르크메니스탄 내부의 정치적 경직성과 비효율적인 경제 구조도 큰 장애물이었다. 권위주의 정권은 자원 수출을 권력 유지 수단으로 삼았고, 국제 협상에서 과도한 조건을 내세우거나 투명성을 결여했다. 이는 외국 자본을 끌어들이는 데 악영향을 주었고, 파이프라인 프로젝트를 더욱 불안정하게 만들었다. 결국 투르크메니스탄은 '자원이 많지만 길이 없는 나라'라는 역설을 벗어나지 못했다.

카스피해 파이프라인의 미래

오늘날에도 트랜스-카스피안 파이프라인은 여전히 책상 위에 존재한다. 유럽은 러시아-우크라이나 전쟁 이후 다시 투르크메니스탄 가스를 바라보고 있고, 미국과 EU는 TCP 건설을 외교적으로 지원하겠다는 의지를 보이고 있다. 그러나 러시아와 이란은 여전히 반대하며, 중국 역시 투르크메니스탄 가스를 독점하기 위해 TCP를 달가워하지 않는다. 카스피해의 심장부에서 벌어지는 이 줄다리기는 단순한 에너지 문제가 아니라 지정학적 패권 다툼의 또 다른 전선이다.

강철관을 향한 끝없는 갈망

투르크메니스탄에게 파이프라인은 생존이고, 꿈이며, 족쇄이기도 했다. 러시아에 묶였던 과거, 중국에 의존하는 현재, 유럽으로 향하고 싶지만 막혀 있는 미래. 이 나라의 역사는 결국 강철관을 따라 흘러왔다. 카스피해를 가로지르는 관이 언젠가 현실이 될지 알 수 없지만, 분명한 것은 투르크메니스탄이 그날을 기다리며 여전히 강철관의 설계도를 손에서 놓지 않고 있다는 사실이다.

한 줄 정리

투르크메니스탄과 카스피해 파이프라인은 자원 부국의 고립을 풀 열쇠이자, 러시아·중국·이란·유럽이 얽힌 지정학의 미궁 속에서 끝없이 미뤄지는 유령 프로젝트다.

037
아제르바이잔 : BTC와 TANAP 프로젝트

카스피해의 숨겨진 보물

아제르바이잔은 오래전부터 '불의 나라'라 불렸다. 카스피해 연안에서 자연스럽게 솟아오르는 불꽃은 이 땅의 상징이자 저주였다. 소비에트 시대에는 모스크바가 이 자원을 통제했지만, 독립 이후 아제르바이잔은 자신만의 에너지 길을 찾으려 몸부림쳤다. 자원은 넘쳐났지만, 내륙 깊숙한 카스피해에서 생산된 원유와 가스를 세계로 내보낼 통로가 필요했다. 바로 여기서 BTC와 TANAP라는 두 개의 파이프라인 프로젝트가 탄생했다.

BTC 파이프라인, 바쿠에서 지중해까지

BTC는 바쿠 – 트빌리시 – 제이한의 약자다. 2006년 개통된 이 파이프라인은 아제르바이잔의 수도 바쿠에서 시작해 조지아를 거쳐 튀르키예 지중해 연안 제이한 항구까지 1,768km를 달린다. 하루 100만 배럴 이상을 수송할 수 있는 이 강철관은 아제르바이잔의 운명을 바꿨다. 소비에트 붕괴 뒤 혼란스러웠던 국가가 단숨에 세계 에너지 지도에 이름을 새긴 것이다. BTC는 단순한 송유관이 아니었다. 그것은 러시아와 이란을 우회해 유럽과 곧바로 연결되는 정치적 선언이었고, 미국과 서방이 지원한 '에너지 독립 프로젝트'였다.

서방과의 밀월, 러시아와의 균열

BTC의 탄생 배경에는 미국과 EU의 전략이 있었다. 서방은 러시아와 이란을 거치지 않는 새로운 에너지 수송로를 원했고, 아제르바이잔은 그 욕망을 충족시켜 줄 최적의 파트너였다. 미국은 이 프로젝트를 적극적으로 후원하며 '실크로드 전략'의 일환으로 BTC를 밀어붙였다. 반면 러시아는 이를 노골적인 도전으로 여겼다. 모스크바는 아제르바이잔의 원유가 자국 송유관을 거치지 않고 곧장 서방으로 흘러가는 것을 바라볼 수 없었다. 하지만 BTC는 끝내 완성되었고, 러시아의 영향력은 약화되었다. BTC는 그 자체로 지정학적 균형을 흔드는 파괴력이 있었다.

경제 기적, 석유가 흘러든 부

BTC가 본격 가동되자 아제르바이잔의 경제는 폭발적으로 성장했다. 석유 수익은 국가 재정을 채웠고, 바쿠의 스카이라인은 초고층 빌딩과 화려한 불의 탑으로 변모했다. 국제 스포츠 행사와 대형 건축 프로젝트가 이어졌다. 아제르바이잔은 자원 부국으로서 자신감을 얻었다. 그러나 동시에 자원 의존 경제의 그림자도 짙어졌다.

석유 가격에 따라 국가 재정이 출렁였고, 정치적 권위주의가 강화되면서 자원은 권력의 도구가 되었다.

TANAP, 가스의 길을 열다

BTC가 원유라면, TANAP은 천연가스의 이야기다. TANAP은 트랜스 아나톨리아 파이프라인의 약자로, 아제르바이잔의 샤흐데니즈 가스전을 출발해 조지아와 튀르키예를 관통한 뒤 유럽으로 연결된다. 2018년 본격 가동된 TANAP은 연간 160억m³의 가스를 수송할 수 있으며, 그중 60억m³는 튀르키예로, 나머지는 유럽으로 흘러간다. 이 파이프라인은 단순한 가스 수송관이 아니라 아제르바이잔이 '유럽의 에너지 안보'에 기여하는 존재로 자리매김하게 만든 전략적 자산이었다.

남부 가스 회랑, 아제르바이잔의 야망

TANAP은 더 큰 그림의 일부였다. 그것은 바로 '남부 가스 회랑(Southern Gas Corridor)'이다. 아제르바이잔은 튀르키예와 협력해 TANAP을 TAP(Trans-Adriatic Pipeline)과 연결함으로써 아드리아해 연안을 넘어 이탈리아와 남유럽까지 가스를 공급했다. 이는 러시아 의존도를 줄이려는 유럽의 열망과 정확히 맞아떨어졌다. 우크라이나 사태 뒤 러시아 가스가 불안정해질수록 아제르바이잔의 가스는 유럽에서 전략적 가치를 더해갔다.

지정학의 바람 속에서

BTC와 TANAP은 단순한 경제적 프로젝트가 아니었다. 그것은 지정학의 무대 위에서 아제르바이잔을 주연으로 올려놓았다. 러시아와 이란은 불편했지만 어쩔 수 없었다. 유럽과 미국은 아제르바이잔을 '전략적 파트너'로 대우했고, 튀르키예는 이 프로젝트들을 통해 자신을 에너지 허브로 끌어올렸다. 아제르바이잔은 강철관을 통해 자신이 더 이상 변방 국가가 아니라, 유럽과 아시아를 연결하는 중추라는 사실을 증명했다.

그림자와 도전

모든 것이 순탄한 것은 아니었다. BTC는 쿠르드 반군의 공격을 받기도 했고, TANAP 역시 테러와 지정학적 리스크에 늘 노출되어 있다. 또한 아제르바이잔의 정치적 권위주의와 인권 문제는 서방과의 관계를 불편하게 만든다. 에너지 의존 경제의 구조적 취약성도 여전히 해결되지 않았다. 파이프라인은 국가를 부유하게 만들었지만, 동시에 국제 시장과 정치적 리스크에 더 취약하게 만들었다.

강철관 위의 운명

아제르바이잔은 여전히 BTC와 TANAP을 국가 전략의 중심에 두고 있다. 유럽의 에너지 위기가 심화할수록 이 두 파이프라인의 가치는 더 높아질 것이다. 그러나 동시에 아제르바이잔은 '가스와 석유에만 기대는 나라'라는 비판을 피하기 어렵다. BTC와 TANAP은 기회의 문이자 족쇄다. 이 강철관을 통해 국부가 흘러들지만, 동시에 그것이 끊기면 국가의 심장도 멎는다.

한 줄 정리

아제르바이잔의 BTC와 TANAP 프로젝트는 자원 부국을 세계 에너지 무대의 주역으로 끌어올린 강철관이지만, 동시에 지정학적 리스크와 자원 의존의 족쇄를 함께 안겨주었다.

038
튀르키예 : 튀르크스트림과 에너지 관문 전략
- 두 개의 대륙 세 개의 바다를 지배하는 강철 혈관의 관문

보스포루스의 교차로에 선 나라

튀르키예는 늘 동서양의 교차로라는 이름으로 불렸다. 지리적으로 유럽과 아시아를 잇는 좁은 땅을 차지한 나라. 이곳은 제국의 흥망과 함께 길목을 지켜왔다. 21세기에 들어서 튀르키예는 그 길목의 가치를 에너지로 환산하기 시작했다. 단순히 무역과 문화의 통로가 아니라, 가스와 석유가 지나가는 에너지의 관문이 되겠다는 야심이었다. 그리고 이 야망의 상징적인 결과물이 바로 러시아와 손잡고 만든 '튀르크스트림(TurkStream)'이었다.

사우스스트림의 좌절과 튀르크스트림의 부상

원래 러시아는 남유럽으로 가스를 보내기 위해 사우스스트림이라는 거대한 해저 파이프라인을 계획했다. 흑해를 가로질러 불가리아로 들어가 유럽 전역으로 뻗어가는 구상이었다. 그러나 유럽연합의 반대와 미국의 압박, 그리고 불가리아 내부의 정치적 혼란으로 사우스스트림은 좌초됐다. 러시아는 대안을 찾아야 했고, 그때 손을 내민 나라가 튀르키예였다. 에르도안은 이 기회를 놓치지 않았다. 그는 러시아의 가스를 유럽으로 보내는 새로운 길을 제공하는 대신, 튀르키예를 에너지 허브로 만들겠다는 전략을 세웠다. 그렇게 2014년 튀르크스트림 프로젝트가 탄생했다.

흑해를 가로지르는 강철관

튀르크스트림은 흑해 해저를 따라 930km를 달린다. 수심 2,200m의 심해를 가로지르는 이 파이프라인은 기술적으로도 정치적으로도 도전이었다. 2019년 가동을 시작한 튀르크스트림은 두 갈래로 나뉜다. 한쪽은 튀르키예 국내로 가스를 공급하고, 다른 한쪽은 불가리아, 세르비아, 헝가리로 이어져 유럽에 가스를 전달한다. 연간 수송량은 315억m³에 달한다. 이 프로젝트 덕분에 튀르키예는 단순한 소비국을 넘어 '밸브를 쥔 나라'가 되었다. 가스는 러시아에서 나오지만, 그 방향을 결정하는 건 이제 튀르키예의 손에 달린 셈이었다.

에르도안의 에너지 허브 전략

튀르크스트림은 에르도안의 정치적 야심과 맞물려 있었다. 그는 튀르키예를 단순한 국경의 나라가 아니라 에너지가 교차하는 허브로 만들고 싶었다. 그 전략은 간단하지만 강력했다. 러시아 가스, 아제르바이잔 가스, 카타르 LNG, 심지어 동지중해의 가스까지 모두 튀르키예를 거쳐야 하는 구조를 만드는 것이다. 튀르키예를 지나야만 유럽이 가스를 얻을 수 있다면, 그 순간 튀르키예는 단순한 NATO의 변방 국가가 아니라 유럽과 중동을 동시에 협박할 수 있는 지정학적 강국으로 변신할 수 있었다. 튀르크스트림은 이 전략을 상징적으로 보여주는 관이었다.

러시아와의 동맹, 그러나 불편한 동거

튀르크스트림은 러시아와 튀르키예의 밀월을 상징했지만, 두 나라의 관계는 언제나 복잡했다. 시리아 내전에서 서로 다른 진영을 지원했고, 나토와 러시아 사이에서 줄타기를 이어갔다. 하지만 에너지 문제만큼은 이해가 일치했다. 러시아는 유럽 의존을 유지하기 위해 튀르키예라는 우회로가 필요했고, 튀르키예는 자신들의 지정학적 위치를 극대화할 기회를 원했다. 이 불편한 동거는 서로의 약점을 파고들면서도 동시에 서로를 묶어두는 아이러니한 관계를 만들어냈다.

유럽의 불안, 미국의 견제

튀르크스트림이 완공되자 유럽은 불안에 휩싸였다. 러시아 가스 의존을 줄이겠다던 전략이 오히려 더 깊은 의존으로 이어질 수 있었기 때문이다. 특히 동유럽 국가들은 튀르키예와 러시아가 손잡을 경우 자신들이 이중으로 종속될 수 있다는 우려를 드러냈다. 미국 역시 가만히 있지 않았다. 워싱턴은 제재와 외교적 압박을 통해 튀르크스트림의 확산을 견제했고, 동시에 자국의 LNG를 유럽에 공급하며 대안을 제시했다. 하지만 가격과 물량에서 러시아 가스를 대체하기는 쉽지 않았다.

발칸반도의 정치적 무기

튀르크스트림은 단순한 관이 아니라 발칸반도 정치의 새로운 무기였다. 세르비아와 헝가리는 러시아 가스가 절실했기에 튀르크스트림을 적극 지지했다. 그 결과 러시아와 튀르키예는 발칸 지역에서 영향력을 강화할 수 있었다. 이는 유럽연합의 에너지 다변화 전략에 정면으로 충돌했고, 이에 따라 동서의 갈등을 또 다른 형태로 부각시켰다. 파이프라인 하나가 국가의 외교 노선을 바꾸고 동맹의 균열을 만들 수 있다는 사실이 튀르크스트림에서 다시 한 번 입증되었다.

에너지와 권력의 교차로

튀르크스트림은 튀르키예가 왜 '교차로의 나라'인지 다시 보여주었다. 가스의 흐름이 단순한 경제적 이익을 넘어 정치와 권력의 도구가 된 것이다. 에르도안은 이를 통해 튀르키예가 더 이상 유럽과 중동 사이의 변방이 아니라 그 둘을 잇는 심장부임을 증명하려 했다. 그러나 동시에 이 관은 튀르키예를 새로운 갈등의 중심으로 끌어들였다. 러시아와의 불안정한 동맹, 유럽과 미국의 견제, 내부 정치의 불안정까지 모든 것이 이 관 위에 얹혀 있었다.

불확실한 미래, 그러나 놓지 못할 카드

튀르크스트림의 미래는 불확실하다. 유럽이 재생에너지와 LNG로 눈을 돌리고 러시아가 우크라이나 전쟁으로 제재를 받으면서, 이 관의 전략적 가치는 흔들리고 있다. 그러나 튀르키예가 이 카드를 놓을 일은 없다. 강철관을 쥔 나라만이 협상 테이블에서 목소리를 높일 수 있기 때문이다. 튀르크스트림은 단순한 파이프라인이 아니라 튀르키예가 세계 정치 무대에서 존재감을 증명하는 가장 강력한 무기였다.

한 줄 정리

튀르크스트림은 튀르키예가 단순한 소비국을 넘어 에너지 관문 국가로 도약하려는 야망의 상징이자, 러시아·유럽·미국 사이에서 힘의 균형을 흔드는 강철관이다.

039
유럽 : 남부 가스 회랑과 러시아 의존 탈피 전략
― 가스를 끊고 자유를 얻는 법, 혹은 스스로를 위기에 몰아넣는 법

러시아 가스의 그늘 아래

유럽의 현대사는 러시아 가스관의 길 위에서 흔들려왔다.

냉전이 끝난 뒤에도 유럽 국가들은 값싸고 안정적인 러시아산 가스에 의존했지만, 그것은 동시에 크렘린의 밸브 앞에 무릎을 꿇는 일이기도 했다. 독일과 이탈리아 같은 대국부터 슬로바키아, 헝가리 같은 작은 나라까지 러시아 가스 없이는 겨울을 버틸 수 없었다. 드루즈바, 노르드스트림 같은 강철관은 단순한 수송로가 아니라 러시아의 지정학적 무기였고, 유럽은 이 무기 앞에서 늘 불안하게 숨을 고를 수밖에 없었다.

오일쇼크의 기억과 에너지 자립의 열망

1970년대 오일쇼크는 유럽에 에너지 의존이 얼마나 위험한지 각인시켰다. 그러나 중동 석유 의존에서 벗어나자마자 러시아 가스라는 또 다른 의존이 자리 잡았다. EU 내부에서는 오래전부터 "대

체 수송로가 필요하다"는 목소리가 있었지만, 비용과 정치적 계산 앞에 번번이 미뤄졌다. 2006년 러시아-우크라이나 가스 분쟁은 전환점이었다. 러시아가 우크라이나와의 갈등 속에서 밸브를 잠그자 슬로바키아와 불가리아, 헝가리의 난방이 순식간에 끊겼다. 유럽 전체가 추위 속에서 모스크바의 힘을 체감했고, 그때부터 진지한 대안이 논의되었다.

남부 가스 회랑, 새로운 혈관의 설계도

유럽이 내놓은 해법은 '남부 가스 회랑(Southern Gas Corridor)'이었다. 카스피해와 중앙아시아의 가스를 아제르바이잔을 출발점으로 삼아 조지아와 튀르키예를 거쳐 유럽으로 직접 끌어오는 구상. 이것은 단순한 파이프라인이 아니라 러시아 의존에서 벗어나겠다는 정치적 선언이었다. 남부 가스 회랑은 세 단계의 강철관으로 구성되었다. 첫 번째는 카스피해를 건너온 가스를 받아내는 '사우스 카프카스 파이프라인(SCP)', 두 번째는 튀르키예를 가로지르는 '트랜스 아나톨리아 파이프라인(TANAP)', 그리고 마지막으로 그리스와 알바니아, 아드리아해를 건너 이탈리아로 연결되는 '트랜스 아드리아틱 파이프라인(TAP)'이었다. 이 세 줄기의 강철관이 모여 새로운 남쪽 혈관을 완성했다.

TANAP, 튀르키예의 길목을 지나

남부 가스 회랑의 심장은 TANAP이었다. 길이 1,850km, 연간 160

억m³의 수송 능력을 가진 이 파이프라인은 튀르키예 동부에서 시작해 서부 국경까지 이어졌다. 그중 60억m³는 튀르키예가 소비하고 나머지 100억m³는 TAP을 통해 유럽으로 흘러갔다. TANAP의 개통은 튀르키예를 단순한 통과국이 아니라 에너지 허브로 변신시켰다. 에르도안은 개통식에서 "튀르키예는 이제 에너지를 지배하는 나라가 될 것"이라 선언했다. 유럽 입장에서는 러시아에 의존하지 않는 새로운 수송로를 확보했다는 점에서 환호할 만한 사건이었다.

TAP, 이탈리아 해안에 도달하다.

TANAP의 끝은 TAP이었다. 그리스 국경에서 시작된 가스관은 알바니아를 거쳐 아드리아해 해저를 지나 이탈리아 남부로 이어졌다. 2020년 본격 가동을 시작한 TAP은 매년 100억m³의 가스를 유럽으로 공급했다. 규모 자체는 러시아 노르드스트림의 절반에도 미치지 못했지만, 정치적 의미는 훨씬 더 컸다. TAP은 유럽이 러시아 가스 독점에서 벗어나 스스로 선택할 수 있는 대안을 마련했다는 점에서 상징적 승리였다.

아제르바이잔, 의외의 영웅

남부 가스 회랑의 출발점은 아제르바이잔의 샤흐데니즈 가스전이었다. 카스피해 심해에 묻힌 이 거대한 가스전은 아제르바이잔을 단숨에 전략적 요충지로 끌어올렸다. 바쿠는 오랫동안 러시아와 이란의 그늘에 있었지만, 이제는 유럽의 에너지 안보를 책임지는 파트너가 되었다. 아제르바이잔은 남부 가스 회랑을 통해 자국의 가스를 유럽으로 수출하며 국가 재정을 강화했고, 동시에 국제 외교에서 목소리를 키울 수 있었다. 작은 카스피해 국가가 유럽 전체의 전략적 지도를 바꾼 셈이었다.

러시아의 반발과 유럽의 줄타기

물론 러시아는 남부 가스 회랑을 곱게 보지 않았다. 모스크바는 유럽이 러시아산 가스를 버릴 수 없다는 사실을 잘 알고 있었고, 실제로도 남부 가스 회랑의 규모는 유럽 전체 소비량을 충당하기엔 턱없이 부족했다. 그러나 문제는 양이 아니라 방향이었다. 러시아 가스 외에 다른 선택지가 존재한다는 사실 자체가 크렘린의 힘을 약화시켰다. 유럽은 남부 가스 회랑을 완성했지만, 여전히 러시아 가스를 수입하면서 줄타기를 이어가야 했다. 에너지 안보와 경제적 실리를 동시에 고려하는 복잡한 셈법이 필요했던 것이다.

우크라이나 전쟁과 남부 가스 회랑의 부상

2022년 러시아가 우크라이나를 침공하면서 상황은 급격히 달라졌다. 유럽은 러시아 가스 의존을 급격히 줄여야 했고, 남부 가스 회랑은 갑자기 대안의 중심으로 떠올랐다. 아제르바이잔은 공급량을 늘리겠다고 약속했고, EU 지도자들은 바쿠를 찾아가 협정을 체결했다. 물론 남부 가스 회랑이 유럽 전체의 수요를 충족시키기에는 여전히 한계가 있었다. 그러나 상징적 의미는 분명했다. 유럽은 러시아의 밸브 앞에서 더 이상 무릎 꿇지 않겠다는 메시지를 보낸 것이다.

에너지 안보의 새로운 지도

남부 가스 회랑은 단순히 파이프라인 세 줄이 아니라 유럽의 에너지 안보 지도를 다시 그린 프로젝트였다. 유럽은 이제 LNG 수입, 재생에너지 확대, 그리고 남부 가스 회랑이라는 세 축을 통해 러시아 의존을 줄여가고 있다. 여전히 부족하고 불완전하지만, 러시아의 압박에 맞설 최소한의 방패를 마련했다는 점에서 의미는 크다. 가스는 여전히 흘러야 하고, 그 흐름은 곧 권력이다. 남부 가스 회랑은 유럽이 스스로의 권력을 되찾기 위해 만든 새로운 혈관이었다.

한 줄 정리

남부 가스 회랑은 러시아 가스의 그늘에서 벗어나려는 유럽의 전략적 선택이자, 에너지 안보를 위해 새롭게 그려진 강철의 혈관이다.

040

한국 : 러시아 파이프라인의 가능성
― 강철 혈관이 한반도를 가로지르는 날 우리는 무엇을 얻게 될까?

에너지 섬, 한국의 숙명

한국은 지리적으로 섬이 아니다. 그러나 에너지 문제에서만큼은 섬처럼 살아왔다. 석유 한 방울 나지 않고 가스 한 덩어리 생산하지 못하는 나라가 세계 10위권 경제 규모를 유지한다는 건 기적인 동시에 위험한 모험이었다. 한국의 발전소와 공장은 언제나 바다 위 LNG선과 원유선에 의존했다. 중동에서 카타르, 호주에서 러시아 사할린까지 바다를 가로질러 들어오는 에너지가 끊기면 한국 경제의 심장은 즉시 멎는다. 그래서 한국이 늘 꿈꿔온 것은 하나였다. 땅을 통해 들어오는 파이프라인, 안정적이고 값싼 육상 혈관이었다.

러시아 가스, 손에 잡힐 듯 멀어진 꿈

1990년대 초반, 냉전이 끝나고 소련이 무너졌을 때 한국은 러시아와 직접 연결되는 가스 파이프라인을 논의하기 시작했다. 러시아 극동에는 야말, 사할린, 그리고 시베리아 가스전이 있었고, 한국은 그것을 곧장 연결해 들여올 수 있었다. 문제는 지리였다. 한국과 러시아 사이에는 북한이 있었다. 파이프라인이 러시아에서 한국으로 들어오려면 북한 땅을 지나야 했다. 이론적으로는 가장 간단한 길이었지만, 정치적으로는 가장 위험한 길이었다. 남북 관계가 언제나 긴장의 연속이었고, 북한이라는 불안정한 변수 위에 에너지의 생명을 걸 수 없다는 불안이 따라왔다.

사할린 프로젝트, 그리고 현실적 우회

한국은 러시아 가스를 도입하기 위해 사할린 프로젝트에 투자했다. 사할린-2 프로젝트는 일본과 함께 한국이 러시아 극동 개발에 참여한 대표적 사례였다. 하지만 LNG를 선박으로 운송하는 방식이었기에 파이프라인의 장점을 살릴 수 없었다. 안정성은 확보했지만, 한국이 꿈꾸던 '관을 통한 직통 공급'은 여전히 실현되지 못했다. 그 사이 일본은 자국 해안까지 연결되는 파이프라인을 검토했지만, 정치적 리스크와 비용 문제로 좌초되었다. 한국 역시 사할린 LNG에 만족할 수밖에 없었다.

북한을 경유할 수 있는가

한국과 러시아 사이의 파이프라인 논의에서 가장 뜨거운 쟁점은 언제나 북한이었다. 북한은 남북 경제협력과 에너지 협상에서 파이프라인을 카드로 활용할 수 있었다. 실제로 2000년대 남북 정상회담에서도 '러시아 가스관을 한반도를 통해 연결하자'는 논의가 오갔다. 북한은 통과료를 얻을 수 있고, 한국은 값싼 가스를 안정적으로 확보할 수 있으며, 러시아는 새로운 시장을 열 수 있었다. 논리적으로는 모두가 이익이었다. 그러나 북한의 정치적 불확실성과 국제 제재라는 장벽은 언제나 협상을 무너뜨렸다. 한반도에서 총성이 울리거나 미사일이 발사될 때마다, 파이프라인 구상은 지도에서 지워졌다.

해저 파이프라인이라는 대안

북한을 거치지 않고 러시아와 한국을 직접 잇는 길은 없을까. 그 대안으로 제시된 것이 동해 해저 파이프라인이었다. 러시아 극동에서 해저를 따라 한국 동해안까지 파이프라인을 설치한다는 계획이었다. 이 방식은 정치적 리스크를 줄일 수 있지만, 경제성과 기술적 난관이 발목을 잡았다. 수심이 깊고 지형이 험한 동해 해저를 따라 수천 킬로미터의 강철관을 묻는 건 천문학적 비용이 든다. 결국 해저 파이프라인 구상은 현실로 이어지지 못했다.

유럽의 사례가 주는 교훈

러시아와 유럽의 관계는 한국에게 중요한 참고서였다. 유럽은 노르드스트림, 드루즈바 같은 파이프라인을 통해 러시아 가스에 깊이 의존했지만, 이는 동시에 러시아의 정치적 무기에 종속되는 결과를 낳았다. 2022년 우크라이나 전쟁과 노르드스트림 파괴 사건은 그 위험을 적나라하게 보여줬다. 한국이 만약 러시아 파이프라인에 의존한다면 유럽이 겪은 운명을 그대로 반복할 수 있다. 값싼 가스는 달콤하지만, 밸브 하나가 돌려지는 순간 나라 전체가 흔들릴 수 있다.

중국과 일본, 주변국의 움직임

중국은 이미 러시아와 파워 오브 시베리아 파이프라인으로 연결되었다. 러시아는 유럽이 막힌 상황에서 동쪽으로 더 많은 가스를 공급하려 하고, 중국은 그 기회를 놓치지 않았다. 일본 역시 러시아 사할린 프로젝트에 적극적으로 참여했지만, LNG 선박 수입에 머물렀다. 한국이 러시아 파이프라인을 실현하지 못하는 동안 중국은 이미 한발 앞서가 있었다. 이는 한국에게 더 큰 압박이었다.

한국의 에너지 안보 전략

결국 한국은 파이프라인의 꿈을 접고 LNG 인프라 확충에 집중했다. 전국 곳곳에 LNG 터미널을 세우고, 장기계약을 통해 카타르, 호주, 미국과 안정적 수입선을 확보했다. 그러나 LNG는 파이프라인보다 비싸고 국제 정세에 더 민감하다. 한국이 여전히 러시아 파이프라인을 꿈꾸는 이유는 바로 이 때문이다. LNG의 불안정성을 보완할 수 있는 육상 혈관이 필요하지만, 정치적 현실은 그것을 허락하지 않는다.

파이프라인은 가능한가?

한국과 러시아 파이프라인은 기술적으로는 가능하다. 북한을 경유하거나 동해 해저를 뚫는 것도 불가능한 일은 아니다. 그러나 정치적 리스크와 경제적 타당성을 고려하면 당장은 실현 가능성이 거의 없다. 북한이라는 불안정한 변수를 통과하거나 천문학적 비용을 감수하는 것 둘 다 한국 사회가 쉽게 선택할 수 없는 길이다. 게다가 국제 제재와 미·중 갈등, 러시아의 우크라이나 전쟁까지 더해지면서 이 구상은 현실에서 구현되지 못하고 상상 속에서만 살아남았다.

끝나지 않은 숙제

한국의 러시아 파이프라인 구상은 좌절과 부활을 반복하며 여전히 끝나지 않은 숙제로 남아 있다. 값싼 가스를 안정적으로 확보하려는 갈망은 여전히 강해서 에너지 안보를 강화하기 위한 대안으로 파이프라인은 늘 거론된다. 그러나 현실의 장벽은 높고 국제 정치의 풍향은 늘 거칠다. 한국의 지도자들은 파이프라인을 말할 때마다 유럽의 교훈을 떠올려야 한다. 그것은 생존의 길이 될 수도 있지만, 족쇄가 될 수도 있다.

한 줄 정리

한국의 러시아 파이프라인 구상은 값싼 에너지에 대한 갈망과 정치적 현실 사이에서 부침을 거듭해 온, 여전히 꿈과 두려움이 교차하는 끝나지 않은 숙제다.

1. **파이프라인은 왜 '전쟁 없는 전쟁'의 무기가 되었는가?** 총과 미사일이 아닌 가스와 원유로 상대국을 굴복시키는 현대의 에너지 전쟁. 파이프라인이 외교적 협상과 군사적 억지의 도구로 어떻게 쓰이는지 조명한다.

2. **가스와 유가는 협상 테이블 위의 칼날이다.** 에너지가 외교의 지렛대가 되는 순간, 파이프라인은 전쟁과 평화 사이의 밸브를 조정하는 손이 된다. 러시아, 미국, 중동 국가들의 파이프라인 외교 사례를 분석한다.

3. **파이프라인을 둘러싼 전쟁과 테러, 그리고 사이버 공격** 파이프라인은 파괴의 표적이 된다. 중동 전쟁과 우크라이나 분쟁, 나이지리아의 무장단체 공격, 그리고 사이버 테러까지. 현대전의 숨은 격전지로서의 파이프라인을 해부한다.

4. **국가 안보와 에너지 인프라 보호, 무엇이 필요한가?** 파이프라인을 지키는 것이 곧 국가 안보를 지키는 것이다. 물리적 방어와 IT 방어를 넘어 국제 협력과 군사적 대응 체계를 살펴본다.

5. **21세기 파이프라인 외교와 안보의 미래 시나리오** 탄소중립과 에너지 전환 시대에도 파이프라인은 여전히 유효한 힘이다. 수소와 암모니아 파이프라인, 그리고 디지털 에너지 인프라로 진화하는 글로벌 안보 게임의 미래를 전망한다.

Pipeline

PART
05

파이프라인과
전쟁, 외교, 안보

041
파이프라인은 왜 전쟁을 부르는가?

강철관 위의 전쟁터

파이프라인은 단순한 강철관이 아니다. 땅속에 묻혀 있지만 그것이 품은 의미는 군사 기지나 핵무기 못지않다. 석유와 가스가 흘러가는 이 관은 한 나라의 생명줄이자 재정의 원천이며, 산업의 심장을 뛰게 하는 혈관이다. 그렇기 때문에 파이프라인은 언제나 전쟁의 불씨가 되어 왔다. 총탄과 포성이 울리는 전장 한가운데서도 가장 먼저 파괴되는 것은 종종 파이프라인이었고, 그것을 두고 싸우는 전쟁은 끊임없이 반복되었다.

제1차 걸프전, 석유와 파이프라인의 본질

1990년 이라크가 쿠웨이트를 침공했을 때의 명분은 국경 분쟁과 채무 갈등이었지만, 본질은 석유와 수송로였다. 쿠웨이트의 유전과 파이프라인이 사담 후세인의 손에 넘어가는 순간 중동의 에너지 균형은 무너질 수밖에 없었다. 이라크군은 쿠웨이트 유전을 불태우고 파이프라인을 파괴해 세계를 협박했고, 미국과 연합군은 이를 막기 위해 참전했다. 걸프전은 군사 작전이자 에너지 안보 전쟁이었고, 그 한가운데 파이프라인이 있었다.

이란 – 이라크 전쟁의 파이프라인 공격전

1980년부터 8년간 이어진 이란 – 이라크 전쟁은 '파이프라인 전쟁'의 전형이었다. 이라크는 튀르키예를 거쳐 지중해로 이어지는 키르쿠크 – 제이한 파이프라인을 전략적 수출로로 삼았지만, 이란의 공격으로 자주 끊겼다. 이란 역시 호르무즈 해협을 봉쇄하며 이라크와 걸프 국가들의 수출을 마비시키려 했다. 전쟁터에서 총알만 오간 것이 아니었다. 파이프라인이 폭파되면 하루 수십억 달러의 손실이 발생했고, 재정 고갈은 군사 작전의 지속 능력을 직접적으로 타격했다. 파이프라인을 두고 벌어진 이 공방은 전쟁을 지연시키고 더 잔혹하게 만들었다.

우크라이나, 밸브가 무기화된 전장

21세기 들어 가장 극적인 사례는 우크라이나였다. 러시아와 유럽을 잇는 가스관의 80% 이상이 우크라이나를 통과했기 때문에, 이 나라는 지정학적 전장의 중심에 설 수밖에 없었다. 2006년과 2009년, 러시아는 우크라이나와의 갈등 속에서 실제로 밸브를 잠갔다. 그 순간 유럽 전역이 얼어붙었고, 가스 가격은 폭등했다. 총 한 발 쏘지 않고도 러시아는 유럽을 굴복시킬 힘을 보여주었다. 2022년 러시아가 우크라이나를 침공했을 때도 파이프라인은 핵심 무기였다. 러시아는 점령지 파이프라인을 장악하려 했고, 유럽은 대체 수송로를 찾기 위해 안간힘을 썼다.

파이프라인은 왜 전쟁 목표가 되는가?

첫째, 파이프라인은 경제적 가치가 크다. 하루 수백만 배럴의 석유와 수십억 m^3의 가스가 흐르는 관을 파괴하면 적국의 재정을 곧바로 마비시킬 수 있다. 둘째, 파이프라인은 전략적 지렛대다. 밸브를 잠그거나 여는 행위만으로도 상대국의 정치적 결정을 흔들 수 있다. 셋째, 파이프라인은 취약하다. 수천 킬로미터를 뻗은 관을 완벽히 보호하는 것은 불가능하다. 한 구간만 공격해도 전체 흐름이 멈출 수 있기 때문에 테러와 전쟁에서 언제나 매혹적인 목표가 된다.

파이프라인을 둘러싼 테러와 반군의 무기화

이라크 전쟁 이후 미군이 가장 골치 아파했던 것은 반군의 파이프라인 폭파였다. 미군이 점령한 유전을 가동해도, 원유가 흐르는 관이 날마다 폭발하면 수출은 불가능했다. 반군들은 소형 폭발물로 관을 끊어버렸고, 사막에는 검은 연기가 끝없이 피어올랐다. 나이지리아에서도 마찬가지였다. 무장단체들은 파이프라인을 폭파하거나 불법으로 기름을 빼내며 정부와 외국 기업을 압박했다. 파이프라인은 단순한 강철관이 아니라 약소국과 반군이 강대국을 협박하는 무기였다.

보이지 않는 전쟁, 사이버 공격의 시대

21세기의 파이프라인 전쟁은 더 이상 폭탄만으로 벌어지지 않는다. 2021년 미국 콜로니얼 파이프라인이 해킹당했을 때, 미국 동부는 며칠 만에 연료 부족에 빠졌다. 주유소마다 차량이 길게 줄을 섰고, 휘발유를 사재기하는 사람들로 혼란이 벌어졌다. 디지털 공간에서 벌어진 공격이 현실 세계의 위기를 불러온 것이다. 앞으로 파이프라인 전쟁은 사이버 공간에서도 계속될 것이고, 이는 국가 안보의 또 다른 전장을 예고한다.

전쟁을 부르는 강철 혈관

파이프라인은 에너지의 길이자 권력의 통로다. 그래서 그것은 언제나 전쟁을 불러왔다. 총과 미사일로 이루어지는 전쟁의 이면에는 언제나 강철관을 차지하려는 싸움이 숨어 있다. 파이프라인을 끊으면 적의 심장을 멎게 할 수 있고, 장악하면 자신의 협상력을 배가시킬 수 있다. 그 단순한 사실 때문에 파이프라인은 늘 전쟁의 목표가 되고 전쟁의 이유가 된다.

한 줄 정리

파이프라인은 자원과 권력을 실은 강철 혈관이기에 언제나 전쟁의 불씨이자 목표가 되어 왔다.

042
에너지 무기화의 진짜 사례들
− 총도 칼도 필요 없다. 밸브만 잠그면 되는 전쟁

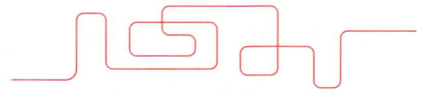

에너지가 총이 되는 순간

에너지는 단순한 자원이 아니다. 그것은 무기가 된다. 총알이나 미사일처럼 폭발하지 않아도 파이프라인을 잠그거나 유조선을 멈추는 순간, 상대국의 경제와 사회가 무너질 수 있다. 20세기와 21세기를 통틀어 에너지가 정치와 전쟁에서 무기로 사용된 사례는 수없이 많았고, 그중 일부는 세계사의 방향을 바꾸기도 했다. 에너지 무기화란 말은 추상적인 구호가 아니라, 실제로 사람들을 굶주리게 하고 도시를 얼어붙게 만든 무자비한 현실이었다.

1973년 오일쇼크, 아랍의 역습

에너지 무기화의 대표적 사례는 1973년 제4차 중동전쟁이다. 이집트와 시리아가 이스라엘을 기습하자 미국과 서방은 이스라엘을 지원했다. 그러자 OAPEC, 즉 아랍 산유국들은 원유 수출을 무기화했다. 미국과 네덜란드 등 이스라엘을 지지한 나라들에 대해 원유 공급을 중단하고 가격을 폭등시킨 것이다. 유가는 불과 몇 달 만에 네 배나 치솟았고, 서방 국가들은 마비 상태에 빠졌다. 주유소마다 길게 줄이 늘어서고 자동차 없는 날이 시행되었다. 일본과 한국 같은 에너지 수입국은 산업 생산이 절반 가까이 줄어들었다. 오일쇼크는 아랍 산유국이 처음으로 에너지를 무기처럼 휘둘러 세계 질서를 뒤흔든 사건이었다.

러시아의 가스 외교, 밸브를 무기로

21세기 들어 에너지 무기화의 주인공은 러시아였다. 러시아는 유럽 전체 천연가스 소비의 30% 이상을 공급하며 밸브 하나로 유럽을 흔들 수 있는 위치에 섰다. 2006년, 2009년 두 차례 우크라이나와의 가스 분쟁이 터졌다. 러시아는 우크라이나가 대금을 연체했다는 이유로 공급을 중단했지만, 그 결과 유럽 전역이 한겨울에 난방이 끊겼다. 가정집의 보일러가 멎고 공장이 멈추자 유럽 시민들은 러시아의 힘을 실감할 수밖에 없었다. 이 사건은 단순한 상업적 갈등이 아니라 러시아가 가스를 무기처럼 사용하는 전형적인 사례로 기록되었다.

우크라이나 전쟁과 노르드스트림의 그림자

2022년 러시아가 우크라이나를 침공하면서 에너지 무기화는 절정에 달했다. 러시아는 유럽에 대한 가스 공급을 줄이며 경제적 압박을 가했고, 유럽의 에너지 가격은 폭등했다. 독일은 난방 위기에 내몰렸고, 가정과 산업계는 모두 비용 부담에 신음했다. 같은 해 9월 발트해 해저의 노르드스트림 파이프라인이 폭발로 파괴되었을 때, 그것은 단순한 인프라 손실이 아니라 '에너지 전쟁'의 상징적 사건이었다. 누가 저질렀는지는 여전히 미궁이지만, 사건은 한 가지 사실을 확인시켜주었다. 파이프라인 자체가 전쟁터이자 무기라는 것이다.

베네수엘라의 석유 외교

에너지 무기화는 러시아나 중동만의 이야기가 아니다. 베네수엘라는 차베스 집권 뒤에 석유를 정치 무기로 삼았다. 그는 석유 수출을 통해 중남미 좌파 국가들을 지원했고, 미국에는 위협의 도구로 사용했다. 차베스는 워싱턴의 제재에 맞서 "석유를 끊어 버리겠다"는 협박을 서슴지 않았다. 석유라는 무기를 휘둘러 외교적 목소리를 키우려 했지만, 정작 국내 산업과 경제 기반은 붕괴했다. 에너지 무기화가 항상 성공을 보장하는 것은 아니라는 교훈을 남겼다.

나이지리아, 반군의 무기화된 파이프라인

아프리카에서도 에너지는 무기가 되었다. 나이지리아의 반군 조직 MEND는 석유 파이프라인을 폭파하거나 불법 채유를 통해 정부와 다국적 기업을 압박했다. 석유 수익이 특정 권력층에만 집중되자, 반군은 파이프라인을 파괴하는 방식으로 자신들의 분노를 드러냈다. 국제 유가는 반군의 행동 하나에 따라 요동쳤고, 나이지리아 정부는 통제력을 잃었다. 이처럼 파이프라인은 전쟁이 없어도 전쟁처럼 취급되는 무대가 된다.

미국의 셰일혁명과 제재라는 역무기화

에너지를 무기화하는 방법은 공급국의 특권만이 아니다. 소비국도 제재를 통해 에너지를 무기화한다. 미국은 이란과 러시아를 상대로 에너지 제재를 무기로 사용해왔다. 이란의 석유 수출을 막아 경제를 질식시키거나, 러시아산 에너지 기업을 금융 제재로 고립시킨 것이다. 미국의 셰일혁명은 이러한 제재 정책을 더욱 강력하게 만들었다. 자국 내에서 풍부한 에너지를 확보했기에, 상대국의 에너지를 차단하더라도 충격을 버틸 수 있었던 것이다. 제재라는 형태의 에너지 무기화는 총성이 없는 전쟁이었다.

에너지 무기화가 남긴 교훈

에너지를 무기화하는 전략은 단기적으로는 효과적일 수 있다. 아랍 산유국은 오일쇼크로 서방을 굴복시켰고, 러시아는 가스 밸브로 유럽을 압박했다. 그러나 장기적으로는 역효과가 따랐다. 서방은 오일쇼크 이후 에너지 효율과 대체 에너지 개발에 박차를 가했고, 러시아의 가스 무기화는 결국 유럽이 러시아를 버리고 다른 공급처를 찾게 만들었다. 무기로 쓰인 에너지는 신뢰도 새로운 시장도 잃게 된다.

총성 없는 전쟁터

오늘날 에너지 무기화는 더 이상 예외적 사건이 아니다. LNG, 석유, 가스 파이프라인은 언제든 정치적 협상 카드로 쓰인다. 에너지가 총알보다 강력한 무기라는 사실은 이미 입증되었고, 세계는 그 교훈 위에서 여전히 줄타기를 이어가고 있다.

한 줄 정리

에너지 무기화는 오일쇼크에서 러시아의 가스 외교까지 세계 질서를 흔든 실제 사례들로 증명되었고, 이는 에너지가 총보다 강력한 무기임을 보여준다.

043
파이프라인을 둘러싼
러시아 – 우크라이나 전쟁의 경제학
– 우크라이나는 왜 '파이프라인 왕국'이 되었을까?

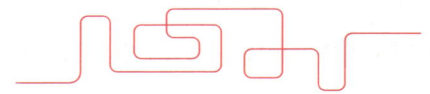

가스관 위에 세워진 나라

우크라이나는 농업 강국이자 산업 기반을 갖춘 나라로 알려져 있지만, 세계가 이 나라를 바라보는 눈길에는 언제나 보이지 않는 강철관이 있었다. 소비에트 연방 시절부터 우크라이나는 러시아 가스를 유럽으로 실어 나르는 핵심 경유지였다. 수천 킬로미터에 이르는 가스관이 국토를 관통하며 서쪽으로 뻗어 있었고, 유럽의 절반 가까운 가스 소비량이 이 경로에 의존했다. 이는 우크라이나에 막대한 통행료 수입을 안겨주는 금맥이었지만, 동시에 러시아와 유럽 사이에서 끊임없는 갈등의 뇌관이 되었다. 우크라이나의 경제학은 곧 파이프라인의 경제학이었다.

가스 대국 러시아, 관문을 쥔 우크라이나

소련 붕괴 이후 러시아는 에너지 제국으로 재탄생했지만, 유럽으로 가스를 보내기 위해서는 우크라이나를 거치지 않고는 불가능했다. 우크라이나는 이를 지렛대로 삼아 통행료를 챙겼고, 자국 내 가스 가격도 상대적으로 낮게 유지할 수 있었다. 그러나 이 구조는 모스크바에게 굴욕이었다. 러시아는 에너지 무기를 흔들면서도, 정작 밸브의 일부 권한은 우크라이나가 쥐고 있다는 사실을 견딜 수 없었다. 따라서 러시아의 전략은 일관되었다. 우크라이나를 압박해 더 많은 이익을 취하거나 우크라이나를 우회하는 새로운 수송로를 건설하는 것. 바로 이 지점에서 두 나라의 갈등은 시작되었다.

2006년, 첫 번째 가스 전쟁

2006년 러시아와 우크라이나 사이에서 첫 번째 '가스 전쟁'이 터졌다. 러시아는 우크라이나가 가스 요금을 연체했다는 이유로 공급을 줄였고, 그 결과 유럽까지 가스 흐름이 끊겼다. 한겨울에 난방이 멎은 슬로바키아와 헝가리의 시민들은 러시아의 위협을 실감했고, 유럽 전체가 충격에 빠졌다. 우크라이나는 러시아의 무리한 가격 인상 요구를 거부했지만, 결국 합의는 러시아에 유리하게 끝났다. 이 사건은 가스관이 단순한 경제 문제가 아니라 지정학적 무기라는 사실을 세계에 알린 신호탄이었다.

2009년, 두 번째 가스 전쟁

3년 뒤 2009년, 상황은 더 심각하게 반복되었다. 러시아는 다시 한 번 공급을 중단했고, 이번에는 유럽 가스의 20%가 완전히 끊겼다. 동유럽의 공장은 멈춰 섰고, 시민들은 난방이 끊긴 채 겨울을 견뎌야 했다. EU는 강력히 항의했지만, 결국 우크라이나는 러시아의 조건을 받아들여야 했다. 이 전쟁은 우크라이나가 러시아와의 불평등한 관계에서 벗어나지 못하고 있음을 드러냈고, 동시에 유럽이 얼마나 러시아 가스에 취약한지를 보여주었다.

노르드스트림과 사우스스트림, 우회 전략의 등장

러시아는 우크라이나를 거치지 않기 위한 우회 전략을 본격화했다. 독일과 직접 연결되는 노르드스트림 파이프라인은 그 상징이었다. 발트해 해저를 따라 독일로 곧장 연결된 이 관은 러시아에게는 '우크라이나를 건너뛰는 길'이자, 유럽에는 값싼 가스를 안정적으로 확보할 수 있는 수단이었다. 하지만 이 프로젝트는 우크라이나를 경제적으로 고립시키는 결과를 낳았다. 통행료 수입이 줄어드는 것은 물론 지정학적 위상도 떨어졌다. 러시아가 꿈꾼 것은 유럽 시장은 그대로 장악하면서 우크라이나를 협상 테이블 밖으로 밀어내는 것이었다.

파이프라인 경제학의 덫

우크라이나는 가스관 통행료로 매년 수십억 달러를 벌어들였고, 이는 국가 재정에서 중요한 부분을 차지했다. 그러나 역설적으로 이 구조는 우크라이나를 러시아에 더 취약하게 만들었다. 러시아가 밸브를 잠그면 우크라이나는 수입과 공급을 동시에 잃었고, 경제는 곧장 흔들렸다. 우크라이나 내부에서도 부패한 정치인들과 재벌들이 이 가스 경제를 사적으로 활용하며 국가 체제를 약화시켰다. 파이프라인은 우크라이나의 금맥이자 족쇄였다.

2014년, 크림반도와 가스의 그림자

2014년 러시아가 크림반도를 병합했을 때도 파이프라인은 중요한 배경이었다. 러시아는 군사적 목적뿐 아니라 에너지 수송로를 안정적으로 장악하려 했다. 크림반도 인근의 흑해 해역에는 잠재적 가스 자원이 있었고, 러시아는 이를 자국의 것으로 만들고자 했다. 동시에 우크라이나를 압박해 나토와 EU 진영으로의 이동을 저지하려는 전략도 깔려 있었다. 군사적 점령 뒤에는 언제나 에너지와 파이프라인의 계산이 숨어 있었다.

2022년, 전면 침공과 에너지 전쟁

2022년 러시아가 우크라이나를 전면 침공하자 파이프라인 전쟁은 절정에 달했다. 유럽은 러시아 가스 의존을 줄이겠다 선언했지만, 현실은 녹록지 않았다. 러시아는 가스 공급을 무기화하며 유럽을 압박했고, 유럽은 대체 수입원을 찾느라 분주했다. 이 과정에서 우크라이나는 여전히 일부 가스관을 통해 러시아 가스를 유럽으로 전달하며 통행료를 챙겼다. 아이러니하게도 러시아는 전쟁 중에도 우크라이나를 거쳐 가스를 팔았고, 우크라이나는 그 대가를 받아 재정을 유지했다. 총알이 날아다니는 가운데서도 강철관은 여전히 돈을 만들어내고 있었다.

경제학으로 읽는 전쟁의 본질

우크라이나 전쟁은 군사적 충돌이지만, 그 속살은 에너지 경제학이다. 러시아는 가스를 무기로 사용하며 유럽과 우크라이나를 동시에 압박했고, 유럽은 LNG와 남부 가스 회랑 같은 대안을 모색했다. 우크라이나는 통행료 수입으로 버티면서도, 러시아의 우회 전략으로 점점 입지가 약화되는 이중적 상황에 놓였다. 파이프라인은 단순한 자원이 아니라 전쟁과 경제를 동시에 움직이는 혈관이었다.

파이프라인의 아이러니

우크라이나의 역사는 파이프라인의 아이러니다. 그것은 나라를 부유하게 만들었고, 동시에 나라를 전쟁터로 만들었다. 가스관이 땅속에서 쉼 없이 흘러가는 한, 이 땅은 지정학의 중심에서 벗어날 수 없다. 우크라이나 전쟁의 경제학을 이해한다는 것은 곧 파이프라인의 경제학을 이해하는 것이다.

한 줄 정리

우크라이나 전쟁의 본질은 총성이 아니라 파이프라인 위에서 벌어지는 경제학이다. 가스관은 이 나라를 부유하게도 전쟁터로도 만들었다.

044
러시아는 왜 전쟁 중에도 우크라이나에 통행료를 줬을까?

— 전장의 한복판, 가스는 멈추지 않았다.

총알이 날아다니는 와중에도 흐르던 가스

2022년 2월 러시아가 우크라이나를 전면 침공했을 때, 세계는 곧장 가스관이 끊길 것이라 예상했다. 탱크가 국경을 넘어오고 미사일이 도시를 폭격하는데, 우크라이나 땅속을 가로지르는 러시아산 가스가 그대로 흘러간다는 건 상상하기 어려운 일이었다. 그러나 아이러니하게도 전쟁이 한창이던 그해 여름에도 우크라이나를 거쳐 유럽으로 향하는 가스는 계속 흐르고 있었고, 그 대가로 러시아는 우크라이나에 통행료를 지급하고 있었다. 피 튀기는 전쟁 한가운데서조차 강철관은 멈추지 않았고, 돈은 적국의 금고로 들어갔다.

통행료의 구조, 땅이 곧 돈이 되다.

우크라이나는 소비에트 시절부터 유럽으로 가는 가스의 관문이었다. 러시아의 가스 대부분은 우크라이나 영토를 거쳐야 했고, 이 경로를 통해 우크라이나는 매년 수십억 달러의 통행료를 챙겼다. 이는 국가 재정에서 결코 무시할 수 없는 부분이었다. 전쟁이 터졌을 때도 계약은 여전히 살아 있었다. 러시아 국영기업 가스프롬은 유럽과의 공급 계약을 유지하기 위해서라도 파이프라인을 멈출 수 없었고, 따라서 우크라이나에 통행료를 계속 지급해야 했다. 적국의 정부 금고로 흘러가는 돈이지만, 국제 계약과 에너지 시장의 논리는 냉정하게 작동했다.

유럽이라는 제3의 변수

러시아가 전쟁 중에도 우크라이나에 돈을 지급한 가장 큰 이유는 유럽이었다. 러시아 가스의 최대 고객은 독일과 이탈리아, 오스트리아 같은 유럽 국가들이었고, 이들 나라와의 장기 공급 계약은 러시아 경제의 핵심이었다. 만약 러시아가 우크라이나 경유 가스를 끊는다면 유럽은 대체 공급처를 찾을 명분을 얻게 되고, 동시에 러시아의 신뢰는 바닥으로 떨어질 수 있다. 러시아는 유럽 시장을 완전히 잃을 준비가 되지 않았기 때문에, 불편해도 우크라이나를 거쳐 가스를 계속 보낼 수밖에 없었다. 돈이 전쟁의 탄약을 만들기도 했지만, 동시에 러시아 경제를 살리기도 했던 것이다.

러시아의 계산된 모순

러시아가 우크라이나에 통행료를 지급하는 행위는 모순처럼 보였지만, 사실상 계산된 선택이었다. 러시아는 한편으로는 우크라이나를 폭격하면서도 다른 한편으로는 가스관을 유지했다. 이는 유럽을 흔드는 심리전이었다. "우리가 밸브를 잠그면 유럽의 겨울은 얼어붙을 것"이라는 메시지를 끊임없이 던지면서도, 동시에 공급을 완전히 차단하지 않음으로써 유럽 내부를 갈라쳤다. 독일과 헝가리 같은 나라는 러시아 가스를 포기하기 어려워했고, 이는 유럽연합의 대러 제재 공조를 흔드는 요인이 되었다. 가스관은 단순한 돈벌이가 아니라 전쟁을 벌이는 새로운 전선이었다.

우크라이나의 생존 전략

우크라이나 입장에서도 상황은 복잡했다. 러시아와의 전쟁에서 돈을 받는다는 건 치욕이지만, 통행료 수입은 국가 재정의 중요한 숨통이었다. 전쟁으로 산업 기반이 무너지고 세수입이 줄어든 상황에서, 파이프라인 통행료는 군인들의 급여와 무기 구매를 가능하게 하는 실질적 자금줄이었다. 우크라이나는 이 역설을 외면하지 않고 받아들였다. 가스가 적국의 땅을 지나면서 생긴 돈으로 다시 전쟁을 이어가는 역사의 아이러니가 매일 반복되었다.

노르드스트림의 파괴와 새로운 국면

2022년 9월 발트해 해저의 노르드스트림 파이프라인이 폭발로 파괴되었을 때, 러시아와 유럽의 에너지 관계는 급격히 흔들렸다. 서방은 대체 수입처로 LNG를 늘렸고, 러시아는 동쪽 중국으로 눈을 돌렸다. 그러나 그 사이에서도 우크라이나 경유 파이프라인은 여전히 돌아가고 있었다. 노르드스트림이 사라진 뒤, 유럽은 오히려 우크라이나 경유 파이프라인의 중요성을 다시 확인해야 했다. 러시아와 전쟁 중인 나라가 동시에 유럽의 에너지 공급망의 필수 고리라는 사실은 국제 정치의 모순을 적나라하게 드러냈다.

파이프라인 경제학의 냉정한 법칙

전쟁 중에도 파이프라인이 유지된 이유는 결국 경제학이었다. 에너지는 한 나라의 심장을 뛰게 하는 혈관이고, 이를 멈추는 순간 국가 경제는 무너진다. 러시아는 유럽에서 벌어들이는 외화를 포기할 수 없었고, 우크라이나는 통행료를 포기할 수 없었다. 유럽은 러시아 가스에 여전히 기대고 있었기 때문에, 이 삼각 구조는 총성이 울리는 와중에도 유지될 수밖에 없었다. 파이프라인은 무기이면서도 동시에 생명줄이었다.

전쟁과 거래의 공존

러시아가 전쟁 중에도 우크라이나에 통행료를 지급한 사건은 현대 전쟁의 아이러니를 극명하게 보여준다. 전쟁과 거래가 동시에 이루어지고 총과 강철관이 같은 하늘 아래에서 공존한다. 전쟁은 모든 걸 끊어내는 파괴 행위이지만, 파이프라인은 그 와중에도 살아남아 경제와 외교를 묶는 고리가 되었다. 불합리해 보이지만 이 모순은 국제 정치의 현실이었다.

한 줄 정리

러시아가 전쟁 중에도 우크라이나에 통행료를 지급한 이유는 경제와 정치가 얽힌 냉정한 계산 때문이었다. 파이프라인은 전쟁의 무기이자 동시에 생존의 혈관이었다.

045
사우디 – 이란 경쟁과 수송 경로 전쟁
– 걸프의 바다와 사막 위에서 벌어진 강철 혈관 전쟁의 기록

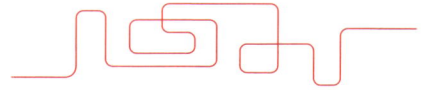

두 제국의 대립, 석유가 만든 전장

중동에서 사우디아라비아와 이란의 대립은 종교와 정치의 싸움으로만 설명되지 않는다. 수니파와 시아파라는 이념의 갈등 뒤에는 언제나 석유와 가스를 실어 나르는 수송 경로라는 현실적 문제가 있었다. 두 나라는 모두 막대한 자원을 가지고 있지만, 그것을 어떻게 세계로 내보내느냐가 생존과 패권을 결정한다. 강철관이 뻗은 방향, 유조선이 떠나는 항구, 그리고 해협의 병목을 누가 쥐고 있는지가 곧 전쟁의 명분이자 무기가 되었다. 사우디와 이란의 경쟁은 곧 수송 경로를 둘러싼 전쟁이었다.

호르무즈 해협, 숨통을 쥔 병목

사우디와 이란의 대립에서 가장 중요한 무대는 호르무즈 해협이었다. 세계 원유 수송량의 30% 이상이 이 좁은 바다를 통과했고, 한 번에 20척 이상의 초대형 유조선이 줄지어 지나갔다. 이란은 오래전부터 이 해협을 '잠글 수 있는 밸브'로 여겼다. 전쟁이 벌어지거나 서방이 제재를 강화하면, 이란은 호르무즈를 봉쇄하겠다고 협박했다. 실제로 1980년대 이란-이라크 전쟁 중에도 이란은 유조선을 공격하며 해협을 흔들었고, 국제 유가는 순식간에 치솟았다. 사우디에게 호르무즈는 생존의 목줄이었고, 이란에게는 상대를 옭아맬 족쇄였다.

사우디의 동서 파이프라인, 육상 우회로의 힘

사우디는 이란의 위협에 정면으로 맞서지 않았다. 대신 우회로를 만들었다. 1980년대 건설된 동서 파이프라인(Petroline)은 페르시아만에서 홍해까지 사막을 가로지르며 하루 500만 배럴 이상의 원유를 수송할 수 있었다. 이 파이프라인 덕분에 사우디는 호르무즈가 봉쇄되더라도 석유를 홍해 얀부 항구로 내보낼 수 있었다. 육상으로 만든 '두 번째 수에즈 운하'였다. 이 관이야말로 사우디가 이란의 협박에도 흔들리지 않고 세계 시장에 석유를 공급할 수 있던 이유였다. 송유관은 전쟁의 위기 속에서 사우디를 지탱한 비밀 병기였다.

이란의 해상 전략, 봉쇄와 협박의 무기화

이란은 파이프라인 같은 대안이 부족했기 때문에 해상 전략에 더욱 매달렸다. 유조선을 공격하거나 기뢰를 설치해 페르시아만을 불안정하게 만드는 방식이었다. 1980년대 후반 '유조선 전쟁'에서 이란은 쿠웨이트와 사우디 유조선을 집중적으로 공격했고, 미국과 소련이 직접 호위에 나설 정도로 사태는 심각해졌다. 이란은 군사적으로 열세였지만, 해상 경로를 흔드는 것만으로도 세계 에너지 시장을 공포에 몰아넣을 수 있었다. 사우디는 이란의 봉쇄 위협을 실제 전쟁 못지않게 심각한 도전으로 여겼다.

예멘 내전과 송유관의 그림자

21세기에 들어 이란과 사우디의 경쟁은 예멘 내전에서 다시 불붙었다. 이란이 지원하는 후티 반군은 사우디의 송유관과 유전 시설을 드론과 미사일로 공격했다. 2019년 후티 반군의 드론이 사우디 동서 파이프라인을 타격했을 때, 세계는 다시 한 번 송유관의 취약성을 실감했다. 사우디의 석유 생산이 잠시 멈췄고, 국제 유가는 곧장 요동쳤다. 이란은 직접적인 공격 대신 대리전을 통해 사우디의 혈관을 겨누었고, 사우디는 막대한 비용을 들여 방어망을 강화해야 했다. 송유관은 사우디의 무기이자 동시에 약점이었다.

UAE와 푸자이라의 부상

이 경쟁에서 사우디의 동맹인 아랍에미리트도 중요한 역할을 맡았다. UAE는 아부다비에서 생산한 원유를 호르무즈 해협을 거치지 않고 인도양으로 곧장 내보낼 수 있는 아부다비–푸자이라 송유관을 2012년에 완공했다. 이 파이프라인은 하루 150만 배럴을 수송할 수 있었고, 푸자이라는 단숨에 글로벌 원유 허브로 성장했다. 이는 사우디와 UAE가 함께 이란의 해상 봉쇄 전략을 무력화하는 카드였다. 이란이 호르무즈를 막아도 사우디와 UAE는 여전히 세계에 석유를 공급할 수 있었다.

종교 전쟁이 아닌 수송 경로 전쟁

사우디와 이란의 대립은 종종 수니파와 시아파의 종교 전쟁으로 포장되지만, 실상은 석유와 수송 경로를 두고 벌어진 패권 싸움이었다. 이란은 호르무즈 해협이라는 해상 병목을 무기화했고, 사우디와 UAE는 육상 송유관으로 대응했다. 서로 다른 전략은 같은 목적을 향했다. 상대의 에너지 무기를 무력화시키고 동시에 자신들의 패권을 강화하는 것. 파이프라인은 이 전쟁의 보이지 않는 최전선이었다.

끝나지 않는 경쟁, 불확실한 미래

지금도 사우디와 이란의 대립은 계속되고 있다. 양국이 외교적으로 접근하는 듯 보이는 순간에도, 호르무즈와 송유관을 둘러싼 경쟁은 사라지지 않는다. 세계 에너지 시장이 여전히 중동에 의존하는 한, 두 나라는 계속해서 서로의 숨통을 조이는 경로 전쟁을 벌일 수밖에 없다. 강철관과 해협은 단순한 인프라가 아니라 중동 권력의 무대 그 자체다.

한 줄 정리

사우디와 이란의 경쟁은 종교 갈등의 외피를 쓴 에너지 수송 경로 전쟁이며, 파이프라인과 해협을 무기로 서로의 숨통을 겨누는 패권 다툼이다.

046

이스라엘과 이란의
EAPC 파이프라인 전쟁사

―숨겨진 동맹에서 적대적 인질극으로 변한 에너지 혈관의 역사

비밀 동맹의 산물

이스라엘과 이란의 이름을 나란히 두면 오늘날에는 적대와 증오가 먼저 떠오르지만, 1960년대와 1970년대 초반에는 정반대의 관계가 있었다. 팔레비 왕조 시절 이란은 친서방 국가였고, 이스라엘은 중동에서 고립된 작은 국가였다. 미국이라는 공통된 후견인을 둔 두 나라는 서로 협력할 수밖에 없었고, 그 협력의 결정체가 바로 엘랏-아슈켈론 파이프라인, EAPC였다. 홍해와 지중해를 곧장 연결하는 이 강철관은 수에즈 운하를 우회할 수 있는 육상 루트였고, 이란산 원유를 유럽으로 실어 나르며 양국의 이익을 동시에 채워주었다.

육상의 수에즈 운하

수에즈 운하는 1956년 전쟁과 1967년 6일 전쟁으로 몇 차례 봉쇄

되었고, 이로 인해 원유 수송은 큰 타격을 받았다. 이란과 이스라엘은 이에 대한 대안으로 홍해 항구 엘랏에서 지중해 항구 아슈켈론까지 약 254km의 파이프라인을 건설했다. 하루 150만 배럴 이상을 수송할 수 있는 이 관은 사실상 '육상의 수에즈 운하'였다. 이란은 안정적인 유럽 수출로를 확보했고, 이스라엘은 중동 봉쇄망 속에서도 안정적인 에너지 공급을 받았다. 이 파이프라인은 그 자체로 두 나라의 비밀 동맹을 상징했다.

혁명, 그리고 돌변한 관계

1979년 이란 혁명이 모든 것을 뒤집었다. 팔레비 왕조가 무너지고 호메이니가 집권하자, 이란은 즉시 이스라엘과의 관계를 끊었다. 한때 전략적 동맹이었던 이스라엘은 하루아침에 철천지원수로 바뀌었고, EAPC는 곧바로 논란의 대상이 되었다. 이란은 자신이 투자하고 원유를 공급하던 파이프라인에 대한 권리를 주장했지만, 이스라엘은 이를 인정하지 않았다. 법적 소송이 이어졌고, 국제 중재 기구에서 두 나라는 수십 년 동안 대립했다. 2015년 스위스 중재재판소는 이스라엘이 이란에 약 12억 달러를 배상하라는 판결을 내렸다. 하지만 이스라엘은 적국에 돈을 줄 수 없다며 이를 거부했고, 분쟁은 지금까지도 해결되지 않았다.

EAPC의 비밀스러운 운명

이스라엘은 EAPC를 국가 기밀에 준하는 인프라로 취급했다. 이

관의 운영과 관련한 정보는 오랫동안 비밀에 부쳐졌고, 법적으로 보도 제한까지 두어졌다. 이는 단순히 안보 때문만이 아니라, 이란과의 소송에서 불리해질 수 있다는 계산도 작용했다. 아이러니하게도 이란이 빠져나간 뒤에도 EAPC는 여전히 전략적 가치를 지녔다. 수에즈 운하의 병목이 문제가 될 때마다, 이스라엘은 이 파이프라인을 활용해 원유를 홍해와 지중해 사이로 옮길 수 있었다.

새로운 파트너, 새로운 갈등

21세기 들어 EAPC는 다시 한 번 주목받았다. 이스라엘이 아랍에미리트와 국교를 정상화하면서, 아부다비 원유를 유럽으로 보내는 통로로 EAPC가 활용될 수 있다는 계획이 발표된 것이다. 그러나 이는 곧바로 환경 단체와 국제사회의 반발을 불러왔다. 이란이 여전히 자신들의 권리를 주장하는 미해결 문제와 홍해 연안의 생태계가 위협받는다는 우려가 얽혀 있었다. 이란은 즉시 이를 비난했고, 과거의 유령이 다시 모습을 드러냈다.

그림자 속의 전쟁사

이스라엘과 이란의 EAPC 파이프라인은 물리적으로는 강철관이지만, 정치적으로는 끝나지 않는 전쟁의 상징이었다. 한때는 협력의 증거였고, 지금은 적대의 뿌리가 되었다. 국제 소송과 배상 판결, 기밀 유지와 은폐, 새로운 동맹과 구태의연한 갈등까지, 이 파이프라인의 역사는 두 나라 관계의 파노라마였다. 강철관 하나가

동맹을 만들고, 혁명이 그것을 무너뜨렸으며, 지금은 분쟁의 불씨로 남아 있다.

끝나지 않는 갈등의 관

오늘날에도 이스라엘과 이란은 서로를 향해 위협을 주고받는다. 군사적으로는 시리아와 레바논에서 대리전을 치르고, 외교적으로는 끝없는 적대를 이어간다. 그러나 두 나라의 갈등 속에 EAPC라는 이름은 여전히 남아 있다. 이 파이프라인은 단순한 과거의 흔적이 아니라 지금도 법정과 정치 무대에서 되살아나는 현실이다. 석유의 흐름은 멈췄을지 몰라도 그것을 둘러싼 분쟁은 멈추지 않았다.

한 줄 정리

EAPC 파이프라인은 한때 이스라엘과 이란의 동맹을 상징했지만, 혁명 이후 적대의 불씨가 되었고, 지금도 법적·정치적 갈등의 중심에서 끝나지 않는 전쟁사를 이어가고 있다.

047
파이프라인 사이버 해킹 사례와 교훈
– 밸브를 잠그는 손은 더 이상 인간이 아니다.

보이지 않는 전쟁터, 파이프라인을 노린 키보드의 총성

과거 파이프라인을 위협하는 건 폭탄과 미사일이었다. 그러나 21세기에 들어 전쟁터는 땅속이 아니라 네트워크로 옮겨갔다. 강철관에 폭발물을 설치하지 않아도, 몇 줄의 코드와 악성 프로그램으로 밸브를 잠그고 공급을 중단시킬 수 있는 시대가 온 것이다. 사이버 해킹은 파이프라인을 무너뜨리는 새로운 무기였고, 이 보이지 않는 전쟁터에서 한 번의 공격은 총탄 수천 발보다 강력한 충격을 불러왔다.

콜로니얼 파이프라인 사건, 미국을 멈추다

2021년 5월 미국을 강타한 콜로니얼 파이프라인 해킹 사건은 세계에 충격을 던졌다. 동부 전역에 연료를 공급하는 이 파이프라인이 랜섬웨어 공격으로 멈추자, 주유소는 곧장 연료 부족 사태에 빠졌다. 차량이 길게 줄을 서고, 휘발유를 사재기하는 시민들이 플라스틱 통에 기름을 담아가는 장면이 전 세계 뉴스를 장식했다. 공격자는 러시아 기반의 다크사이드라는 해커 집단으로 알려졌다. 콜로니얼은 결국 수백만 달러의 비트코인을 몸값으로 지불했다. 총 한 발 쏘지 않았지만, 미국의 경제와 시민 생활은 순식간에 마비됐다. 사이버 해킹이 파이프라인을 무너뜨릴 수 있다는 사실을 전 세계가 실감한 순간이었다.

이란의 사이버 그림자

중동에서도 파이프라인 해킹은 현실이었다. 2010년대 이후 이란은 사이버 공격의 주역이자 피해자로 떠올랐다. 이란은 자국 송유관 관리 시스템이 공격받아 일시적으로 마비되는 사건을 경험했다. 주유소에서 결제가 멈추고 공급 체계가 혼란에 빠지자, 정부는 "외부 세력의 해킹"이라며 이스라엘과 미국을 의심했다. 동시에 이란 역시 사우디 아람코의 시설을 향한 사이버 공격에 연루되었다는 의혹을 받았다. 물리적 드론 폭격과 함께 해킹이 병행되면서, 사우디의 송유관과 정유시설은 두 번 무릎 꿇어야 했다. 중동의 그림자는 이제 탱크뿐 아니라 코드로도 드리워졌다.

유럽을 겨냥한 보이지 않는 침투

유럽 역시 안전지대가 아니었다. 러시아 – 우크라이나 갈등이 본격화되면서 유럽의 가스관을 향한 사이버 공격 시도가 잇따랐다. 독일, 폴란드, 체코 등에서 가스 공급 회사들이 해킹을 당해 일시적으로 관리 시스템이 마비되었고, 비상대응 매뉴얼에 따라 간신히 복구되었다. 아직까지 콜로니얼 사태처럼 대규모 혼란을 불러오진 않았지만, 전력망과 마찬가지로 파이프라인이 해킹에 취약하다는 사실이 드러났다. 유럽 각국은 사이버 방어망 강화를 국가 안보 차원으로 끌어올렸다.

해킹이 매혹적인 이유

사이버 해킹이 파이프라인 공격 수단으로 매혹적인 이유는 명확하다. 첫째, 물리적 공격보다 훨씬 저렴하다. 전투기나 미사일 한 발 대신 노트북과 인터넷만 있으면 된다. 둘째, 추적이 어렵다. 공격자가 어느 나라에 속했는지, 국가 차원의 작전인지 민간 범죄 집단인지 확인하기 힘들다. 셋째, 효과는 즉각적이다. 밸브가 닫히고 압력 시스템이 멈추면 공급이 끊기고, 시장은 공포에 휩싸인다. 이러한 특성 때문에 파이프라인은 사이버 전쟁의 최전선이 되었다.

교훈 : 보안은 기술이 아니라 생존

콜로니얼 사건 이후 미국은 사이버 보안을 국가 인프라의 최우선 과제로 삼았다. 유럽 역시 각국의 가스관 운영사에 보안 강화 규정을 의무화했다. 그러나 진짜 교훈은 단순히 방화벽을 높이자는 게 아니었다. 파이프라인은 이제 단순한 에너지 수송관이 아니라 국가 안보의 심장이라는 사실을 깨달은 것이다. 해킹으로 심장이 멎는다면, 군대가 아무리 강해도 소용없다.

파이프라인 보안의 미래

앞으로 파이프라인은 디지털 트윈과 인공지능을 통해 관리될 것이다. 센서와 알고리즘이 실시간으로 압력과 흐름을 감시하고 이상 징후를 즉시 차단하는 체계가 만들어진다. 동시에 사이버 보안 전문가와 물리적 방어 인력이 함께 움직인다. 파이프라인은 더 이상 강철만으로 지켜지지 않는다. 강철과 코드가 동시에 지켜야 할 혈관이다.

강철관 위의 새로운 전쟁

사이버 해킹은 총성과 폭발 없이 조용히 다가와 국가의 심장을 겨눈다. 파이프라인은 이미 이 전쟁의 최전선에 놓였다. 한 줄의 코드가 수백만 가정의 보일러를 멎게 만들고, 한 번의 해킹이 국제 유가를 요동치게 만든다. 강철관을 지키는 일은 곧 보이지 않는 전쟁을 이겨내는 일이다.

한 줄 정리

파이프라인 사이버 해킹은 현대전의 새로운 전장으로, 총보다 강력한 코드가 국가의 심장을 멎게 만들 수 있다는 교훈을 남겼다.

048
콜로니얼 해킹 사건이 보여준
에너지 안보 위기
– 전쟁도, 테러도 없었다. 단지 암호 하나로 미국이 멈췄다.

파이프라인을 멈춘 단 몇 줄의 코드

2021년 5월, 미국 동부를 마비시킨 사건은 탱크나 미사일이 아니라 키보드에서 시작되었다. 콜로니얼 파이프라인이 러시아 기반 해커 조직의 랜섬웨어 공격을 받으면서 가동을 전면 중단한 것이다. 이 파이프라인은 텍사스에서 뉴욕까지 8,800km를 달리며 미국 동부 연료의 45%를 공급하는 핵심 혈관이었다. 총성도 폭발도 없었지만, 단 몇 줄의 악성 코드가 미국 경제의 심장을 멈춰 세웠다.

연료가 사라진 도시의 풍경

가동 중단은 순식간에 혼란을 불러왔다. 주유소마다 차량이 끝없이 줄을 섰고, 시민들은 휘발유를 플라스틱 통과 비닐봉지에 담아 가는 기이한 장면을 연출했다. 일부 지역은 하루 만에 연료가 동났다. 항공사들은 동부 공항에서 항공편을 줄여야 했고, 트럭 운송은 차질을 빚었다. 미국이라는 초강대국이 사이버 공격 하나에 무릎 꿇는 듯한 풍경은 전 세계를 충격에 빠뜨렸다.

범인은 누구였나

해킹의 배후로 지목된 것은 러시아 기반의 다크사이드라는 조직이었다. 그들은 단순한 해커가 아니라 범죄 집단처럼 운영되며, 공격한 시스템의 데이터를 암호화한 뒤 몸값을 요구하는 방식을 썼다. 콜로니얼은 결국 약 440만 달러 상당의 비트코인을 지불했다. FBI는 그 뒤에 일부 자금을 회수했다고 발표했지만, 이미 피해는 현실이 되었다. 총 한 발 쏘지 않고도 미국의 전략적 인프라를 흔들 수 있다는 사실이 입증된 순간이었다.

미국 정부의 긴급 대응

사태가 확산되자 바이든 행정부는 국가 비상사태를 선포했다. 트럭 운송 규제를 완화해 연료 공급을 유지하려 했고, FBI와 국토안보부는 즉시 사이버 보안 조사에 착수했다. 그러나 국민이 본 것은 정부의 대응 속도보다 혼란이었다. 그동안 방대한 군사력과 핵무기를 자랑하던 미국이 파이프라인 하나를 사이버 공격에 당하고 휘청거리는 장면은 현대 안보의 취약성을 적나라하게 보여주었다.

보이지 않는 전쟁의 시대

콜로니얼 사건은 전쟁의 형태가 변했음을 알리는 신호탄이었다.

과거에는 파이프라인을 폭파하려면 전투기나 테러범이 필요했지만, 근래에는 노트북 하나로 충분하다. 게다가 해커는 국경을 넘나들며 익명으로 움직일 수 있었고, 공격자는 국가일 수도, 민간 범죄 조직일 수도 있었다. 이 모호한 전쟁터에서 피해자는 즉각 발생했지만, 책임자는 흐릿하게 남았다.

미국 사회가 받은 충격

콜로니얼 사건이 남긴 충격은 단순한 연료 부족 차원을 넘어섰다. 미국인들은 일상적으로 사용하던 에너지가 얼마나 취약한 기반 위에 놓여 있는지를 깨달았다. 주유소에서 줄을 서며 불안에 떨던 시민들의 모습은, 에너지 안보가 군사 안보 못지않게 중요하다는 사실을 체감하게 했다. 총과 미사일이 아니라 코드와 데이터가 국가를 위협할 수 있는 시대가 열린 것이다.

국제사회의 반향

사건은 미국만의 문제가 아니었다. 유럽과 아시아 국가들도 곧장 자국의 파이프라인과 전력망 보안 상태를 점검했다. 러시아, 중국, 이란 같은 국가가 사이버 전력을 전략적 무기로 활용할 수 있다는 우려가 현실이 된 것이다. 파이프라인뿐 아니라 발전소, 항만, 심지어 금융 시스템까지 사이버 공격에 무방비라는 인식은 전 세계를 긴장시켰다.

교훈 : 보안은 곧 생존

콜로니얼 사건이 남긴 가장 큰 교훈은 단순하다. 에너지 인프라는 군사 기지 못지않은 보안 체계가 필요하다는 것이다. 소프트웨어 업데이트 하나, 비밀번호 관리 하나가 국가 안보를 가르는 차이가 될 수 있다. 미국은 이후 민간 에너지 기업에도 사이버 보안 의무를 강화했다. 전 세계는 '디지털 방어'라는 새로운 전쟁 준비에 돌입했다.

파이프라인은 더 이상 강철만으로 지켜지지 않는다.

콜로니얼 사건은 파이프라인이 물리적 강철로만 지켜질 수 없음을 보여주었다. 강철관은 여전히 땅속을 달리지만, 그것을 멈추게 하는 건 더 이상 폭탄이 아니라 해킹 코드다. 보안은 단순한 기술이 아니라 생존의 문제다. 에너지를 무기로 삼는 시대는 오래전부터 존재했지만, 이제 그 무기는 사이버 공간에서도 휘둘려지고 있다.

한 줄 정리

콜로니얼 해킹 사건은 사이버 공격이 국가 에너지 안보를 무너뜨릴 수 있다는 현실을 드러낸 사건이었고, 파이프라인은 더 이상 강철이 아니라 코드로도 지켜져야 한다는 교훈을 남겼다.

049
NATO와 파이프라인 보호 전략은 어떻게 되어 있나?

- 가스관이 전선이 된 시대, NATO가 움직인다.

보이지 않는 혈관을 지키는 동맹

NATO의 안보 전략은 오랫동안 탱크와 전투기, 핵 억지력에 집중돼 있었다. 그러나 21세기에 들어 동맹이 직면한 새로운 전장은 강철관이었다. 석유와 가스가 흐르는 파이프라인은 이제 군사적 목표가 되었고, 이를 지키는 일은 단순한 경제 문제가 아니라 동맹의 존립과 직결된 안보 과제가 되었다. 러시아의 압박, 중동의 불안, 사이버 해킹의 위협 속에서 NATO는 파이프라인을 지키기 위한 전략을 새롭게 짜야 했다.

러시아와 파이프라인 전쟁

NATO가 파이프라인 보호를 심각하게 고려하게 된 계기는 러시아였다. 냉전 이후 유럽의 에너지 의존은 러시아 가스에 집중되었고, 이는 모스크바의 강력한 지렛대가 되었다. 2006년과 2009년 러시아가 우크라이나를 압박하며 가스 공급을 중단했을 때, 유럽 동부는 순식간에 난방이 끊겼다. NATO 회원국들이 직격탄을 맞았고, "밸브 하나로 동맹이 흔들린다"는 현실을 체감했다. 이후 노르드스트림 파이프라인 건설과 폭파 사건은 NATO가 에너지 인프라 보호를 안보 차원에서 다뤄야 한다는 압박으로 이어졌다.

바다 밑에서 벌어진 충격, 노르드스트림 사건

2022년 9월 발트해 해저에서 노르드스트림 파이프라인이 폭발로 끊어진 사건은 NATO의 인식을 완전히 바꿨다. 파이프라인이 직접 공격받는 순간, 그것은 더 이상 경제적 문제가 아니라 군사적 문제로 격상되었다. 덴마크와 스웨덴이 즉각 해군을 투입했고, NATO는 회원국 인프라가 공격받을 경우 집단 방위를 검토할 수 있다는 강경한 성명을 발표했다. 이 사건은 NATO가 파이프라인 보호를 전통적인 군사 작전의 일부로 편입시켜야 한다는 결론을 내리게 만든 결정적 계기였다.

NATO의 보호 전략: 하늘과 바다, 사이버 공간

NATO의 파이프라인 보호 전략은 세 갈래로 나뉜다. 첫째는 물리적 보호다. 동맹국 해군과 공군은 주요 파이프라인 인근에서 순찰을 강화하고, 잠수함 탐지 장비와 드론을 활용해 해저 시설을 감시한다. 둘째는 정보 공유다. 각국의 정보기관과 NATO 사이버 방위 센터가 실시간으로 위협 정보를 교환해, 사이버 공격이나 테러 시도를 조기에 차단한다. 셋째는 집단 대응이다. 회원국의 인프라가 공격받으면 NATO 전체가 이를 안보 위협으로 간주하고 공동 대응할 수 있다는 원칙이 명확해졌다.

사이버 전쟁의 최전선

콜로니얼 파이프라인 해킹 사건 이후 NATO는 사이버 공간을 파이프라인 보호 전략의 핵심으로 끌어올렸다. NATO는 에스토니아 탈린에 사이버 방위센터를 설치하고, 회원국 간 사이버 보안 훈련을 정례화했다. 이는 단순한 모의 해킹 수준이 아니었다. 실제로 파이프라인 운영 시스템을 겨냥한 시뮬레이션을 통해 대응 능력을 강화하는 훈련이었다. NATO는 사이버 공격이 물리적 공격과 동일한 안보 위협으로 간주될 수 있음을 공식화했고, 이는 집단 방위 조항인 5조의 적용 가능성을 확장하는 결과를 낳았다.

튀르키예와 남부 가스 회랑의 중요성

NATO 내부에서 튀르키예는 파이프라인 보호의 핵심 요충지였다. TANAP과 TAP으로 이어지는 남부 가스 회랑은 러시아 의존을 줄이려는 유럽의 전략적 혈관이었다. 튀르키예가 NATO 회원국으로서 이 경로를 보호하는 것은 에너지 공급만이 아니라 유럽의 전략적 독립성을 의미했다. 튀르키예 해군과 NATO 해군은 동지중해와 흑해에서 합동 훈련을 벌이며 파이프라인과 해저 케이블 보호 시나리오를 연습했다. 에너지 수송로가 곧 NATO의 방위선으로 편입된 것이다.

발칸반도와 동유럽, 취약지대의 방어

발칸반도와 동유럽은 파이프라인 안보의 취약지대였다. 세르비아, 헝가리 같은 나라들은 러시아 가스 의존도가 높았고, 이들 지역을 지나는 파이프라인은 언제든 정치적 협박의 도구가 될 수 있었다. NATO는 이 지역에서 군사 훈련뿐 아니라 에너지 인프라 공동 투자까지 확대하며 방어력을 끌어올리려 했다. 파이프라인을 지키는 일이 곧 민주주의와 동맹 체제를 지키는 일이 되었다.

에너지와 안보의 융합

NATO의 전략 변화는 분명했다. 과거에는 군사동맹이었지만, 이제는 에너지 안보 동맹으로까지 확대된 것이다. 파이프라인은 더 이상 경제부처의 관리 대상이 아니라, NATO 사령부가 지켜야 할 전장 인프라였다. 총성과 미사일이 날아다니는 전쟁터뿐 아니라, 땅속과 바다 밑에서 흘러가는 강철관이 새로운 전선이 된 것이다. NATO는 이 사실을 받아들였고, 파이프라인 보호 전략을 집단 안보의 일부로 끌어올렸다.

끝나지 않을 싸움

앞으로도 파이프라인은 테러와 해킹, 국가 간 갈등의 표적이 될 것이다. NATO의 전략은 단순한 방어가 아니라, 억지력이다. 누군가 파이프라인을 공격하려 할 때, 그것이 곧 NATO 전체를 적으로 돌리는 일이라는 사실을 알게 만드는 것이다. 강철관을 지키는 일은 단순한 경제 문제가 아니라 동맹의 존망을 가르는 문제이기에, NATO는 이제 탱크와 전투기만큼이나 파이프라인을 전쟁의 무기로 인식하고 있다.

한 줄 정리

NATO의 파이프라인 보호 전략은 해상·육상·사이버를 아우르는 집단 안보 체계로 진화했으며, 강철관은 이제 동맹이 지켜야 할 새로운 전선이 되었다.

050
미국, 러시아, 중국의 에너지 외교《삼국지》
– 파이프라인과 LNG선, 그리고 권력을 움직이는 에너지 전쟁의 서사시

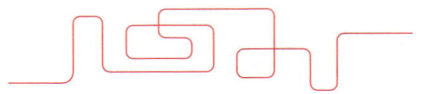

세 개의 제국, 한 무대 위의 자원 전쟁

21세기 세계 정치의 이면에는 군사동맹이나 무역 협정보다 더 은밀하고 강력한 전쟁터가 있다. 바로 에너지 외교라는 이름의 무대다. 여기서 미국, 러시아, 중국 세 나라는《삼국지》의 영웅들처럼 서로 다른 전략을 펼치며 세계를 재편하려 한다. 총 대신 밸브를 돌리고, 전차 대신 강철관을 깔며, 조약 대신 장기 계약서를 내미는 싸움. 그 전장은 걸프만의 사막이기도 하고, 카스피해의 심연이기도 하며, 심지어 LNG 터미널이 늘어선 태평양 연안의 항구이기도 하다.

러시아, 가스를 무기화한 제국

러시아는 자원을 무기화하는 법을 가장 오래, 가장 집요하게 구사해 온 나라다. 소비에트 연방이 무너진 이후에도 러시아는 유럽으로 가는 가스관을 쥐고 있었다. 드루즈바, 노르드스트림, 야말 프로젝트는 모두 단순한 수송관이 아니라 러시아의 외교 무기였

다. 2006년과 2009년 러시아가 우크라이나를 상대로 밸브를 잠그자 유럽 전역이 난방을 잃고 산업이 멈췄다. 2022년 우크라이나 전쟁이 벌어지자 러시아는 가스를 정치적 협박 도구로 사용했고, 유럽은 LNG와 남부 가스 회랑으로 탈출구를 찾느라 분주했다. 러시아의 에너지 외교는 한마디로 말해 "공급을 지배하면 상대의 운명을 지배한다"는 논리였다.

미국, 셰일혁명과 LNG 제국

미국은 오랫동안 석유 수입국이었고, 그 때문에 중동 안보에 막대한 군사력을 투입해야 했다. 그러나 2010년대 셰일혁명은 모든 것을 바꿨다. 미국은 석유와 가스의 최대 생산국으로 부상했고, LNG 수출국으로 세계 시장을 뒤흔들기 시작했다. 키스톤 파이프라인 같은 논쟁적 인프라가 미국 내부의 갈등을 보여줬다면, LNG 수출은 대외 전략의 핵심이었다. 러시아 가스에 의존하던 유럽은 우크라이나 전쟁 이후 미국산 LNG를 긴급히 들여왔고, 미국은 이를 통해 단순한 공급국을 넘어 에너지 패권국으로 변신했다. 워싱턴의 논리는 단순했다.

"자유의 가스를 수출하겠다."

그러나 그 자유는 정치적 선택을 강요하는 힘으로 작동했다. 미국은 LNG 선박을 외교의 첨병으로 삼았다.

중국, 에너지에 굶주린 제국의 장기전

중국은 세계 최대의 에너지 수입국이다. 석탄은 여전히 자국에서 나지만, 석유와 가스는 바다와 육지에서 끌어와야 한다. 중국은 '말라카 딜레마'라는 약점을 안고 있었다. 대부분의 해상 수송이 미국 해군이 장악한 말라카 해협을 거쳐야 했기 때문이다. 그래서 중국은 육상 혈관을 건설하는 데 집중했다. 중앙아시아 – 중국 파이프라인, 미얀마 가스관, 파워 오브 시베리아 파이프라인 같은 프로젝트는 모두 이 전략의 산물이었다. 동시에 중국은 일대일로 구상을 통해 에너지 수송로와 항만, 인프라를 전 세계에 심었다. 베네수엘라부터 아프리카까지, 중국은 돈과 기술로 새로운 에너지 지도 위에 이름을 새겼다.

삼국의 충돌, 중동과 카스피해에서

세 나라의 에너지 외교가 가장 치열하게 부딪친 곳은 중동과 카스피해였다. 미국은 걸프 지역의 안보를 장악하며 원유 공급을 보장했고, 러시아는 시리아와 이란을 끌어안으며 영향력을 확대했다. 중국은 사우디와 UAE에 대규모 장기계약을 맺으며 경제적 끈을 조였다. 카스피해에서는 러시아가 전통적 지배권을 주장했지만, 중국은 중앙아시아 파이프라인으로 그 질서를 흔들었고, 미국은 BTC와 TANAP 프로젝트를 지원하며 러시아와 이란을 배제했다. 이곳은 마치 《삼국지》의 촉·위·오가 천하를 나누듯, 미국·러시아·중국이 자원을 놓고 패권을 다투는 현대판 전장이었다.

에너지 안보와 군사력의 결합

세 나라의 에너지 외교가 단순한 경제적 협상에 그치지 않는 이유는 군사력과 직결되기 때문이다. 러시아는 군사적으로 우크라이나를 침공하면서 동시에 가스를 무기화했고, 미국은 항공모함을 걸프 해역에 배치하며 석유 수송로를 지켰다. 중국은 해군 현대화를 통해 남중국해와 인도양에서 에너지 수송로를 지키려 한다. 파이프라인과 LNG선, 항구는 단순한 인프라가 아니라 전쟁의 새로운 전장이다. 이곳을 장악한 자가 국제 질서를 흔든다.

삼국의 다른 미래

미국은 에너지 수출국으로서 새로운 패권을 누리고 있지만, 기후 위기와 탄소중립 압력이 커지면서 언제까지 이 흐름을 유지할 수 있을지는 불확실하다. 러시아는 유럽 시장을 잃고 중국에 의존하는 구조로 바뀌며 제국적 야망에 제동이 걸렸다. 중국은 여전히 성장하는 수요를 충족하기 위해 더 많은 자원을 끌어와야 하고, 이는 곧 미국과의 갈등을 더욱 심화시킬 것이다. 삼국의 에너지 외교는 끝나지 않은 장기전이며, 한 시대의《삼국지》가 다시 쓰이고 있는 셈이다.

미국, 러시아, 중국은 각자의 방식으로 에너지를 무기화하며 세계를 재편하고 있다. 밸브를 잠그는 순간 전쟁이 되고, LNG선을 띄우는 순간 외교가 된다. 강철관 위에서 벌어지는 이《삼국지》는 아직 결말이 나지 않았다. 누가 최종적으로 패권을 쥘지는 알 수 없지만, 분명한 것은 에너지 흐름을 지배하는 자가 세계 질서를 쥐게 된다는 사실이다.

한 줄 정리

미국, 러시아, 중국의 에너지 외교는 현대판 《삼국지》로, 강철관과 LNG선을 무기로 세계 패권을 다투는 끝나지 않은 전쟁이다.

1. 파이프라인은 단순한 인프라가 아니라 안정적이고 거대한 현금 흐름을 창출하는 비즈니스 모델이다. 하루에 수백만 배럴이 움직이는 관을 소유하고 운영하는 자는 사실상 '과금 시스템'을 통제하는 셈이다. 파이프라인은 시간이 지날수록 자산가치를 더하는 고정 수익원이 된다.

2. 파이프라인 건설과 운영은 고위험 – 고비용 구조지만, 완공 이후에는 '저위험 – 고수익' 구조로 전환되는 특징이 있다. 초기 투자금과 정치적 리스크를 넘기면, 오랫동안 안정적인 통과료와 수수료를 챙길 수 있다.

3. 파이프라인 프로젝트는 민간기업, 국영기업, 그리고 투자 펀드가 모두 뛰어드는 거대한 금융 게임이다. 블랙록과 같은 글로벌 자산운용사들이 파이프라인에 투자하고 있으며, ESG와 탄소세 흐름 속에서도 인프라 펀드가 파이프라인을 매력적인 자산으로 간주하고 있다.

4. 에너지 무기화와 지정학 리스크 속에서 파이프라인은 단순히 돈을 버는 도구가 아니라 경제적 종속과 통제의 메커니즘으로 작동한다. 파이프라인을 통해 시장을 장악한 자가 에너지 가격과 경제안보까지 좌우하게 된다.

5. 앞으로의 파이프라인 비즈니스는 수소와 암모니아 인프라로 확장되며, 탄소 포집·저장(CCS) 파이프라인이라는 신사업 모델이 부상하고 있다. 미래 에너지 패권을 잡기 위해 기존의 강철관을 넘어 새로운 경제 전쟁이 이미 시작되었다.

PART
06

파이프라인의 경제와 비즈니스

051
파이프라인 프로젝트의
자금 조달 방식은?

- 강철관 하나에 들어가는 천문학적 비용

파이프라인은 땅속에 묻힌 강철관에 불과해 보이지만, 실제로는 가장 거대한 금융 프로젝트 중 하나다. 몇천 킬로미터를 가로지르는 송유관과 가스관은 자재비와 시공비, 노동력은 물론이고 정치적 리스크와 외교적 허가까지 감안해야 한다. 노르드스트림 같은 초대형 프로젝트의 경우 건설비가 1,000억 달러에 달했다. 이런 금액을 한 나라나 한 기업이 단독으로 감당하기란 불가능하다. 따라서 파이프라인의 자금 조달 방식은 언제나 금융 공학과 외교 협상이 결합된 복잡한 퍼즐이 된다.

프로젝트 파이낸스의 세계

가장 일반적인 방식은 프로젝트 파이낸스다. 이는 특정 파이프라인 프로젝트를 위한 별도의 법인을 세우고, 그 법인이 금융기관으로부터 자금을 조달한 뒤 향후 운송료 수익으로 원리금을 갚아나

가는 구조다. 이 방식의 장점은 투자 위험을 분리할 수 있다는 점이다. 참여 기업이나 국가는 자기 자본을 일정 부분만 투입하고, 나머지는 은행 대출과 채권 발행을 통해 충당한다. 성공하면 안정적인 수익을 나눠 갖고, 실패하면 프로젝트 자체가 파산하는 구조다. BTC(바쿠 – 트빌리시 – 제이한) 파이프라인이 대표적인 사례였다. BP를 비롯한 서방 에너지 기업들이 컨소시엄을 만들어 프로젝트 회사를 설립하고, 세계은행과 유럽개발은행에서 대규모 차관을 끌어왔다.

국가 보증과 국제 금융기관

그러나 파이프라인은 단순한 민간 프로젝트가 아니다. 국가의 전략 자산인 만큼, 종종 정부 보증이 필요하다. 특히 정치적 리스크가 큰 중동이나 중앙아시아에서는 국제 금융기관이 개입해 위험을 분산한다. 세계은행, 아시아개발은행, 유럽부흥개발은행 같은 기관들은 파이프라인 프로젝트에 장기 차관을 제공하고, 투자자들이 안심할 수 있도록 정치적 보증을 선다. 이는 단순히 돈을 빌려주는 게 아니라, 프로젝트가 특정 국가의 정권 교체나 전쟁으로 무너지는 것을 막기 위한 안전장치였다. TANAP 프로젝트 역시 튀르키예와 아제르바이잔 정부가 적극적으로 개입해 자금 조달을 성공시킨 사례다.

에너지 기업의 자본과 합작 투자

엑손모빌, BP, 토탈, 가스프롬, CNPC 같은 글로벌 에너지 기업들은 파이프라인 건설에 직접 자본을 투입한다. 이들은 보통 합작 투자 형태로 프로젝트에 참여하며, 지분율에 따라 수익을 나눠 갖는다. 단순히 운송료 수익을 넘어, 원유와 가스 생산지 확보, 정치적 영향력 확대까지 노린다. 예를 들어 노르드스트림 프로젝트에서는 가스프롬이 지분 51%를 쥐고, 독일과 네덜란드, 프랑스 기업들이 나머지를 나눠 가졌다. 이 구조는 금융적 리스크를 분산하면서도, 정치적으로 유럽과 러시아를 긴밀히 묶는 효과를 냈다.

채권 발행과 투자자 모집

초대형 파이프라인의 경우 국제 채권 발행이 흔히 사용된다. 프로젝트 회사가 장기 채권을 발행하면, 연기금이나 투자펀드 같은 기관 투자자들이 매입한다. 파이프라인은 장기간 안정적인 현금 흐름을 보장하기 때문에 인프라 투자자들에게 매력적인 자산으로 여겨진다. 유럽 남부 가스 회랑 프로젝트에서도 국제 채권이 중요한 자금줄이었다. 수십 년 동안 꾸준히 운송료가 들어온다는 점에서, 파이프라인은 도로와 항만처럼 '안정적 수익 인프라'로 분류된다.

자원 담보와 선급 계약

특정 국가들은 자원 자체를 담보로 삼아 파이프라인 자금을 조달하기도 한다. 중앙아시아와 아프리카 국가들이 자주 사용하는 방식으로, 앞으로 생산할 원유나 가스를 선급 계약으로 판매해 현금을 확보하고, 그 자금으로 파이프라인을 건설한다. 중국의 CNPC는 이 방식을 즐겨 사용했다. 투르크메니스탄이나 카자흐스탄의 가스를 장기 구매 계약으로 묶어두고, 그 돈으로 파이프라인을 건설해 버리는 것이다. 이렇게 되면 해당 국가는 안정적인 구매자를 확보하는 동시에 자금 문제를 해결할 수 있다. 하지만 동시에 자원 주권을 일정 부분 양도하는 결과도 초래한다.

정치적 거래와 숨겨진 비용

파이프라인 자금 조달은 단순히 금융 기술만의 문제가 아니다. 종종 정치적 거래가 자금을 대신한다. 사우디아라비아가 특정 동맹국과 원유 수송 계약을 맺으면서 사실상 파이프라인 건설비를 지원하거나, 러시아가 가스를 헐값에 공급해주는 대신 상대국에게 건설비 일부를 떠넘기는 방식이 그랬다. 또한 자금 조달 과정에는 공식적으로 드러나지 않는 로비 비용과 정치적 뇌물이 오가는 경우도 적지 않았다. 파이프라인은 경제와 안보를 동시에 건드리는 사업인 만큼, 그 이면에는 언제나 거대한 정치적 계산이 숨어 있다.

교훈 : 강철관은 돈의 강물 위에 세워진다

파이프라인 프로젝트의 자금 조달은 금융, 정치, 외교가 얽힌 종합 예술이다. 은행과 채권, 국제기구와 정부 보증, 기업의 합작 투자와 자원 담보 계약이 모두 동원된다. 강철관 하나가 땅속을 달리기까지, 눈에 보이지 않는 금융의 강물이 먼저 흘러야 한다.

한 줄 정리

파이프라인 프로젝트의 자금 조달은 금융·정치·외교가 결합된 거대한 퍼즐이다. 강철관 하나가 땅속에 묻히기 전 돈의 강물이 먼저 흘러야 한다.

052
가스와 석유의 거래 방식은 어떻게 다른가?

두 자원의 본질적 차이

석유와 가스는 같은 땅속에서 뽑히지만, 시장에서 거래되는 방식은 근본적으로 다르다. 석유는 액체라는 특성 덕분에 유조선에 실어 전 세계 어디로든 운송할 수 있고, 상대적으로 유연한 글로벌 시장을 형성한다. 반면 천연가스는 기체이기 때문에 파이프라인이나 LNG 액화·재기화 설비 같은 특별한 인프라가 필요하다. 이 차이 때문에 석유는 전 세계가 하나의 통합 시장처럼 움직이는 반면, 가스는 여전히 지역별로 쪼개진 시장에서 거래되는 경향이 강하다.

석유, 글로벌 현물 시장의 지배자

석유 거래의 기본은 현물 시장이다. 뉴욕상업거래소(NYMEX), 런던 ICE 선물거래소 같은 곳에서 하루에도 수백만 배럴의 석유가 실시간으로 사고 팔린다. 브렌트유, WTI 같은 벤치마크 가격이 정해지고, 이 가격을 기준으로 전 세계 석유 거래가 이뤄진다. 사우디아라비아가 아시아 고객에게 공급하는 가격도, 나이지리아가 유럽에 파는 가격도 결국 브렌트유를 기준으로 조정된다. 석유는 유조선으로 옮길 수 있기에 특정 국가에 지나치게 묶이지 않고, 가격은 시장의 수급과 국제 정세에 따라 빠르게 반영된다. 그래서 석유는 '글로벌 상품'이라 불린다.

가스, 파이프라인과 장기계약의 세계

천연가스는 사정이 다르다. 액화하지 않은 상태의 가스는 파이프라인으로만 운송할 수 있고, 이는 특정 생산국과 소비국을 긴밀하게 묶어버린다. 러시아와 유럽의 관계가 대표적이다. 드루즈바, 노르드스트림 같은 파이프라인을 통해 수십 년간 가스가 공급되었고, 이 과정에서 거래는 현물보다는 장기계약 중심으로 이뤄졌다. 계약 기간은 보통 20~30년에 달했고, 가격도 석유 가격에 연동해 정해지는 경우가 많았다. 이는 가스가 자유롭게 거래될 수 있는 글로벌 시장을 형성하기 어렵게 만들었고, 대신 지역별 독점 구조와 정치적 종속성을 낳았다.

LNG 혁명, 가스 거래의 변화를 열다.

1980년대 이후 LNG 기술의 발전은 가스 거래 방식을 크게 바꿔놓았다. 가스를 영하 162℃로 냉각해 액화시키면 부피가 600분의 1로 줄어들고, 유조선처럼 해상 운송이 가능해진다. 일본과 한국은 LNG를 대규모로 도입하며 에너지 안보를 강화했고, 카타르와 호주는 세계적인 수출국으로 부상했다. 그러나 LNG 거래는 여전히 장기계약 중심이었다. 대규모 액화 플랜트와 재기화 터미널 건설에 수십억 달러가 들어가기 때문에, 투자자들은 수요를 장기간 보장받아야 했다. 그래서 계약은 종종 20년 이상 묶여 있었고, '테이크 오어 페이(Take-or-Pay)' 조건이 붙어 있었다.

석유와 가스 가격의 괴리

석유와 가스의 거래 방식 차이는 가격 결정에서도 드러난다. 석유는 글로벌 벤치마크 가격이 분명하지만, 가스는 지역별로 가격이 다르다. 예를 들어 2020년대 초반 유럽의 가스 가격은 러시아와의 갈등으로 폭등했지만, 미국은 셰일가스 덕분에 저렴한 가격을 유지했다. 같은 자원이라도 지역별 인프라와 수급 상황에 따라 가격이 전혀 다르게 형성되는 것이다. 반면 석유는 중동에서 전쟁이 터지면 전 세계가 동시에 가격 충격을 받는다. 이 차이가 바로 석유는 세계적 상품이고, 가스는 지역적 상품이라는 평가로 이어진다.

정치적 무기로서의 차이

거래 방식의 차이는 정치적 무기화에서도 큰 차이를 낳았다. 석유는 누구에게든 팔 수 있기 때문에 특정 국가를 겨냥한 압박 수단으로 사용하기 어렵다. 대신 아랍 산유국들이 1973년 오일쇼크 때처럼 집단적으로 금수 조치를 취했을 때 큰 효과를 낸다. 반면 가스는 파이프라인을 통해 특정 국가에 직결되므로 개별 국가를 겨냥해 무기로 삼기 쉽다. 러시아가 우크라이나와 유럽을 상대로 밸브를 잠그며 영향력을 행사할 수 있었던 것도 이 때문이다.

사례로 보는 거래 방식의 현실

사우디아라비아는 석유 시장에서 하루아침에 공급량을 늘리거나 줄이며 국제 유가를 흔드는 '스윙 프로듀서'로 군림해왔다. 이는 석유가 어디로든 운송 가능하다는 특성 덕분이었다. 반대로 러시아는 파이프라인으로 유럽을 묶어두고, 가격 협상에서 정치적 메시지를 실어 나르며 자국의 이익을 극대화했다. 또 다른 예로 카타르는 LNG를 장기계약 형태로 한국과 일본에 공급하며 안정적 수익을 확보했고, 최근에는 단기 현물 시장에도 적극 참여하며 가스 거래의 유연성을 높였다. 이처럼 석유와 가스의 거래 방식은 자원의 물리적 성격에서 비롯되지만, 정치와 외교, 경제 전반에 전혀 다른 결과를 낳았다.

미래, 가스가 석유를 닮아갈까?

재생에너지 확산과 탄소중립 압력이 강해지는 가운데, 가스는 '과도기적 연료'로 주목받고 있다. LNG 거래 비중이 늘어나면서 점차 석유처럼 글로벌 현물 시장의 성격을 띠고 있지만, 여전히 인프라 투자와 장기계약의 무게에서 완전히 벗어나진 못했다. 가스가 석유처럼 완전한 글로벌 상품이 될지, 아니면 지역적 의존성을 유지할지는 앞으로의 인프라 투자와 국제 협상에 달려 있다.

> **한 줄 정리**
>
> 석유는 유연한 글로벌 현물 시장을 지배하는 상품인 반면, 가스는 파이프라인과 장기계약에 묶인 지역적 상품이어서, 거래 방식부터 정치적 무기화까지 전혀 다른 풍경을 만들어왔다.

053
장기계약과 현물시장의 경제학

파이프라인 경제의 두 얼굴

에너지 시장을 움직이는 기본 원리는 단순하다. 누군가는 석유와 가스를 팔고, 누군가는 그것을 사야 한다. 그러나 거래의 형식은 크게 두 가지로 갈린다. 하나는 수십 년을 내다보고 맺는 장기계약, 다른 하나는 시시각각 가격이 변하는 현물시장이다. 두 방식은 서로 다른 철학을 담고 있다. 장기계약은 안정성과 예측 가능성을 강조하는 반면, 현물시장은 유연성과 기회 포착을 중시한다. 그리고 이 두 얼굴은 세계 에너지 질서를 좌우해왔다.

장기계약, 안정성을 사는 거래

장기계약은 흔히 20년, 길게는 30년까지 이어지는 계약이다. 파이프라인 건설이나 LNG 플랜트 같은 초대형 인프라에는 수십억 달러가 들어가기 때문에, 투자자와 생산국은 안정적인 수요처를 보장받아야 한다. 그래서 구매국은 일정 물량을 '테이크 오어 페이'

조건으로 약속한다. 즉, 실제로 필요하지 않아도 계약된 물량에 대해 대금을 지불해야 한다. 이는 생산국에게는 안정적인 현금 흐름을 보장하고, 구매국에게는 공급 차질에 대한 불안을 줄여준다. 러시아 가스프롬과 독일의 계약, 카타르 LNG와 한국·일본의 계약이 대표적인 사례다.

현물시장, 기회의 창

반면 현물시장은 훨씬 더 역동적이다. 필요할 때마다 즉시 구매하거나 판매할 수 있고, 가격은 시장 상황에 따라 실시간으로 요동친다. 현물시장은 단기적으로는 가격이 싸면 이득을 보게 되어, 공급 과잉 상황에서는 구매국이 우위를 점한다. 하지만 반대로 공급이 부족할 때는 가격 폭등으로 큰 피해를 본다. 2021년 유럽의 가스 가격 폭등은 현물시장의 위험을 극명하게 보여줬다. 러시아와의 갈등 속에서 파이프라인 가스 공급이 줄자 현물 가격은 10배 가까이 뛰었고, 유럽 각국은 어쩔 수 없이 비싼 값을 치르며 가스를 사야 했다.

일본과 한국의 LNG 계약, 장기의 힘

동북아시아의 사례는 장기계약의 안정성을 잘 보여준다. 일본과 한국은 세계 최대 LNG 수입국으로, 대부분의 물량을 카타르, 호주, 말레이시아와 장기계약으로 확보해왔다. 덕분에 2021~22년 에너지 위기 속에서도 상대적으로 안정적인 공급을 유지할 수 있었다.

물론 가격은 장기계약 특성상 시장 가격보다 다소 비쌀 수 있었지만, 극단적인 폭등을 피할 수 있다는 점에서 보험 역할을 했다. 이는 장기계약이 단순한 상업 거래가 아니라 국가 에너지 안보의 핵심 장치임을 보여준다.

유럽의 현물시장 의존, 위기의 씨앗

유럽은 오랫동안 러시아와의 장기계약에 묶여 있었지만, 2010년대 이후 시장 자유화를 추진하며 점점 현물시장의 비중을 키웠다. 가스 허브 거래소가 활성화되고, 단기 계약이 늘어났다. 이는 평시에는 유럽이 더 싼 가격에 가스를 조달할 수 있게 했지만, 위기 상황에서는 치명적인 약점이 되었다. 러시아가 우크라이나 전쟁을 일으키고 가스 공급을 무기화하자, 유럽은 현물시장 가격 폭등에 그대로 노출됐다. 독일과 이탈리아 같은 나라들이 갑자기 수백억 유로의 에너지 비용을 떠안은 것은 자유화의 그림자였다.

카타르의 전략, 장기로 묶어두기

생산국 입장에서 장기계약은 무기를 쥔 것과 같다. 카타르는 세계 최대 LNG 수출국으로, 장기계약을 통해 아시아 국가들을 단단히 묶어두었다. 계약 조건에는 종종 '목적지 제한'이 붙어 있어, 구매국이 다른 곳에 재판매하지 못하게 만들었다. 이는 카타르가 시장 가격 변동과 상관없이 안정적 수익을 확보하게 했다. 최근 유럽이 카타르 LNG를 확보하기 위해 협상했을 때, 카타르는 장기계약을 요구하며 협상력을 발휘했다. 이는 현물시장에서 급등락에 시달리는 유럽을 더욱 곤란하게 만들었다.

장기계약과 현물의 균형

실제 시장에서는 장기계약과 현물시장이 서로 보완한다. 구매국은 장기계약으로 기본 수요를 확보하고, 현물시장을 통해 부족분을 채운다. 이는 마치 가게가 월세 계약을 맺은 뒤 단기 숙소를 필요할 때 빌리는 것과 비슷하다. 중요한 건 균형이다. 지나치게 장기계약에만 의존하면 가격이 떨어졌을 때 손해를 보고, 현물시장에만 의존하면 위기 때 치명적 타격을 입는다. 각국은 경제 상황, 외교적 위치, 기술 수준에 따라 자신만의 조합을 찾아야 한다.

미래, 재생에너지 시대의 계약 구조

탄소중립과 재생에너지 확대가 본격화되면, 석유와 가스 시장도 새로운 계약 구조를 요구받을 것이다. 수소, 암모니아, 이산화탄소 포집·저장 같은 신에너지 자원 역시 파이프라인과 장기계약, 그리고 현물시장의 혼합 구조를 형성할 가능성이 크다. 이미 일본과 유럽은 수소 장기계약을 논의하고 있고, 호주와 중동 국가들은 이를 미래 시장으로 겨냥하고 있다.

장기계약과 현물시장은 단순한 거래 방식의 차이가 아니다. 그것은 에너지 안보와 시장 자유화, 국가 전략과 기업 이익이 얽힌 경제학의 문제다. 석유와 가스가 흐르는 강철관 위에서 장기계약은 안정성을, 현물시장은 유연성을 상징한다. 두 방식의 긴장은 앞으로도 계속 세계 에너지 질서를 흔들 것이다.

한 줄 정리

장기계약은 안정성과 예측 가능성을, 현물시장은 유연성과 기회 포착을 제공하며, 두 방식의 균형이 곧 파이프라인 경제학의 핵심이다.

054
파이프라인 수송료와 경제적 효과

강철관을 지나는 돈의 흐름

파이프라인은 석유와 가스를 흘려보내는 단순한 강철관 같지만, 사실은 돈을 흘려보내는 경제적 혈관이다. 생산국에서 소비국으로 이어지는 관이 길어질수록, 거기에 붙는 수송료는 단순한 비용을 넘어 국가 재정과 기업 수익, 국제 외교의 지렛대가 된다. 파이프라인 수송료는 유조선 운임이나 LNG 선박 요금과 다르게 일정한 계약 구조 속에서 정해지고, 이 작은 숫자의 차이가 수십억 달러의 경제 효과를 만들어 낸다.

수송료의 구조, 킬로미터당 몇 달러의 계산법

파이프라인 수송료는 보통 단위 거리와 물량에 따라 산정된다. 예를 들어 1,000km 구간을 통해 하루 100만 배럴을 수송한다면, km당 1달러의 수송료만 붙어도 연간 수십억 달러의 수익이 발생한다. 이는 단순한 회계 수치가 아니다. 통과국은 이 수송료 덕분에 별도의 생산 활동 없이도 안정적인 외화를 확보할 수 있고, 생산국과 소비국은 계약 조건에 따라 가격 협상에서 유리하거나 불리한 위치에 놓인다.

우크라이나, 밸브 하나로 얻은 수익

가장 극적인 사례는 우크라이나이다. 소비에트 시절부터 이어진 가스관 덕분에 우크라이나는 러시아 가스를 유럽으로 수송하며 막대한 통행료를 챙겼다. 연간 수익은 많을 때 20억 달러에 달했고, 이는 우크라이나 국가 재정에서 중요한 비중을 차지했다. 우크라이나는 가스를 생산하지도 않았지만, 단순히 지리적 위치 덕분에 수송료라는 경제적 혜택을 누릴 수 있었다. 그러나 동시에 이 구조는 러시아와의 끊임없는 갈등의 원인이 되었다. 밸브를 잠글 지 열지, 수송료를 얼마나 올릴 지에 따라 두 나라는 끝없는 협상을 벌였고, 그 과정에서 유럽 전체가 인질이 되었다.

튀르키예, 에너지 허브로의 변신

튀르키예 역시 수송료를 통해 경제적 지위를 높인 대표적 나라다. TANAP, 블루스트림, 튀르크스트림 같은 파이프라인이 튀르키예를 지나면서, 이 나라는 단순한 소비국에서 '에너지 허브'로 변신했다. 튀르키예는 가스 수송료를 통해 매년 수억 달러의 직접 수익을 얻었을 뿐 아니라, 에너지 협상에서 정치적 우위를 점했다. 에르도안 정부가 에너지 관문 전략을 내세우는 이유도 여기에 있었다. 밸브와 관을 쥔 국가는 수송료 이상으로 지정학적 영향력을 얻게 된다.

수송료와 유조선 운임의 비교

파이프라인 수송료는 해상 운송 비용과 자주 비교된다. 유조선은 원유 가격 변동이나 국제 정세에 따라 운임이 크게 요동치지만, 파이프라인 수송료는 장기계약으로 묶여 있는 경우가 많아 안정적이다. 예를 들어 카타르 LNG를 아시아로 수송하는 선박 비용은 국제 유가와 운임 시장에 따라 크게 달라졌지만, 러시아에서 유럽으로 들어가는 파이프라인 가스 수송료는 일정하게 유지되었다. 이 차이 덕분에 파이프라인은 국가와 기업에게 예측 가능한 수익과 비용 구조를 제공한다.

경제적 파급 효과, 단순한 숫자를 넘어서다.

수송료의 경제적 효과는 단순히 돈을 버는 것에서 그치지 않는다. 수송국은 파이프라인 유지를 위해 인프라와 고용을 창출하고, 관련 산업이 성장한다. 아제르바이잔의 BTC 파이프라인은 단순한 통행료 이상의 효과를 냈다. 건설과 운영 과정에서 수만 명의 일자리가 생겼고, 주변 지역은 도로와 항만 같은 인프라가 확충되었다. 파이프라인은 단순한 경제 수치가 아니라 지역 개발의 동력이 되었다.

갈등과 리스크, 수송료의 역설

그러나 수송료는 갈등의 불씨가 되기도 한다. 러시아와 우크라이나, 러시아와 벨라루스의 사례에서 보듯, 수송료를 둘러싼 협상은 종종 정치적 충돌로 이어졌다. 수송국이 지나치게 높은 수수료를 요구하거나 생산국이 통행료를 무기로 압박할 때 갈등은 심화한다. 파이프라인을 지나는 국가는 경제적 혜택을 얻지만, 동시에 강대국 사이에서 끊임없이 압박을 받는 리스크를 감수해야 한다.

미래, 수소와 탄소 파이프라인의 수송료

앞으로는 수소와 탄소 포집·저장(CCS) 파이프라인이 등장하면서 수송료 경제학도 변할 것이다. 수소는 에너지 전환 시대의 핵심 자원으로 꼽히지만, 압축과 운송 비용이 매우 높다. 따라서 수송료는 기존 천연가스보다 훨씬 비쌀 수밖에 없다. CCS 파이프라인 역시 탄소를 포집해 저장소까지 보내는 과정에서 새로운 비용 구조를 만들어낼 것이다. 미래의 에너지 시장에서도 수송료는 여전히 핵심 변수가 될 것이며, 이는 국가와 기업의 경제 전략에 중대한 영향을 끼칠 것이다.

강철관을 흐르는 돈의 힘

눈에 보이지는 않지만, 파이프라인 수송료는 세계 경제를 움직이는 강력한 힘이다. 킬로미터당 몇 달러의 차이가 수십억 달러의 경제 효과를 만들고, 그것이 국가 재정과 기업 수익, 국제 외교의 판도를 흔든다. 파이프라인은 석유와 가스뿐 아니라 돈과 권력을 함께 흐르게 한다.

한 줄 정리

파이프라인 수송료는 단순한 비용이 아니라 국가 재정, 지역 개발, 외교력까지 좌우하는 돈의 혈관이자 경제적 무기다.

055
파이프라인과 LNG선, 어느 쪽이 더 경제적인가?

두 개의 혈관, 파이프라인과 LNG선

에너지 시장에서 석유와 가스를 세계 곳곳으로 실어 나르는 방법은 크게 두 가지다. 하나는 땅속을 가르는 강철관인 파이프라인이고, 다른 하나는 바다 위를 누비는 거대한 유조선과 LNG선이다. 두 방식은 단순한 기술 차이가 아니라 경제성과 정치적 안정성, 그리고 전략적 무게까지 갈라놓는다. 그래서 어느 쪽이 더 경제적인가라는 질문은 단순한 비용 계산을 넘어 세계 질서를 움직이는 힘의 비교가 된다.

파이프라인, 초기 투자와 장기 효율

파이프라인은 건설 비용이 천문학적으로 든다. 노르드스트림이나 파워 오브 시베리아 같은 초대형 프로젝트는 수백억 달러가 투입되었다. 해저를 가로지르는 경우에는 기술적 난제와 정치적 리스크까지 얹힌다. 그러나 일단 완공되면 운영 비용은 비교적 낮다.

압축소와 밸브 관리만 유지하면 안정적으로 수십 년간 가스를 흘려보낼 수 있다. 그래서 파이프라인은 '초기 투자 – 장기 효율' 모델이라 불린다. 생산국과 소비국을 직접 연결하기 때문에 단가도 낮고, 물류 지연이나 날씨 변수에 흔들리지 않는다. 안정성과 예측 가능성이 경제적 장점이다.

LNG선, 유연성과 글로벌 시장성

반대로 LNG선은 초기 투자 부담이 덜하다. 물론 액화·재기화 시설을 짓는 데 수십억 달러가 들지만, 파이프라인에 비하면 훨씬 적은 비용으로 시작할 수 있다. 무엇보다 LNG선의 강점은 유연성이다. 가스가 액화되어 선박에 실리면 어디든 팔 수 있다. 유럽의 겨울이 갑자기 추워지면 카타르에서 출발한 LNG선은 목적지를 바꿔 곧장 로테르담 항구로 향한다. 파이프라인처럼 특정 국가에 묶이지 않고, 글로벌 현물 시장에서 더 높은 가격을 주는 곳으로 흘러간다. 이 점은 생산국에게 막강한 협상력을 부여한다.

사례 비교, 유럽과 아시아의 길

유럽은 오랫동안 러시아 파이프라인에 의존했다. 이는 값싸고 안정적이었지만, 정치적 무기가 되는 순간 치명적 약점이 되었다. 우크라이나 전쟁 이후 유럽은 LNG 수입을 급격히 늘렸고, 미국과 카타르 LNG선이 유럽 항구로 몰려들었다. 비용은 파이프라인보다 비쌌지만, 러시아의 밸브에 묶이지 않는 자유를 얻었다. 반면 한국과 일본은 파이프라인이 아예 없는 구조라서 LNG에 절대적으로 의존해왔다. 덕분에 시장 변동에 취약했지만, 다양한 공급국을 선택할 수 있다는 장점도 있었다. 이처럼 지역마다 파이프라인과 LNG선의 경제성은 환경과 정치 상황에 따라 달라진다.

비용의 이면, 경제성의 정치학

순수한 비용만 따지면 파이프라인이 더 싸다. 파이프라인 가스는 LNG보다 20~30% 저렴한 경우가 많다. 그러나 경제성은 숫자만으로 결정되지 않는다. 러시아가 밸브를 잠그는 순간, 아무리 값싸도 그 가스는 쓸 수 없다. 반대로 LNG는 운송비와 액화 비용이 더 들어도, 글로벌 시장에서 자유롭게 사고팔 수 있는 유연성을 준다. 그래서 경제성의 진짜 기준은 가격 자체가 아니라 '공급 안정성'과 '정치적 리스크 회피'다. 파이프라인과 LNG선은 단순한 수송 수단이 아니라 지정학의 무기다.

미래의 선택, 혼합 구조로

앞으로의 세계는 파이프라인과 LNG가 공존하는 혼합 구조로 갈 가능성이 크다. 유럽은 파이프라인 의존도를 줄이고 LNG 비중을 높이는 중이고, 중국은 여전히 중앙아시아와 러시아 파이프라인을 확장하면서도 LNG 터미널을 늘리고 있다. 한국과 일본은 LNG 인프라를 더 키우되, 장기적으로 수소 파이프라인 연결을 꿈꾸고 있다. 어느 한쪽이 완전히 경제적 우위를 차지하기보다는, 두 방식의 장단점을 조합해 리스크를 분산하는 전략이 지배적일 것이다.

한 줄 정리

파이프라인은 값싸고 안정적이지만 정치적 리스크에 취약하고, LNG선은 비싸지만 유연성과 시장성을 보장하며, 결국 경제성은 두 방식을 혼합해 균형을 찾는 데 있다.

056
파이프라인과 전력망, 어느 쪽이 더 안정적인가?

두 혈관의 대결, 파이프라인과 전력망

에너지를 흘려보내는 길은 크게 두 가지다. 땅속에 묻힌 강철관을 따라 석유와 가스가 흘러가는 파이프라인, 그리고 송전탑과 케이블을 타고 전기가 흘러가는 전력망이다. 두 인프라는 모두 현대 사회의 생명줄이지만, 안정성이라는 잣대를 들이대면 전혀 다른 이야기가 나온다. 어느 쪽이 더 튼튼하고 어느 쪽이 더 취약한가를 따져보는 것은 곧 에너지 안보와 경제의 뿌리를 들여다보는 일이 된다.

파이프라인, 강철관의 장점과 약점

파이프라인은 한 번 건설되면 수십 년간 꾸준히 자원을 흘려보낼 수 있다. 압축소와 밸브를 유지 관리하면, 기후나 계절의 영향을 거의 받지 않고 일정한 속도로 석유와 가스를 공급한다. 특히 장거리 수송에서 비용 효율이 뛰어나다는 장점이 있다. 그러나 물리적 공격과 정치적 위협에 취약하다. 우크라이나 전쟁에서 드러난 것처럼, 파이프라인은 폭격이나 폭발에 노출되면 단번에 공급이 끊긴다. 또한 경유국이 밸브를 잠그면 공급국과 소비국 모두 피해를 본다. 안정적이지만 동시에 지정학적 리스크를 안고 있는 구조다.

전력망, 즉각성의 무기와 취약성

전력망의 가장 큰 장점은 즉각성이다. 발전소에서 생산된 전기는 송전망을 타고 몇 초 안에 소비자에게 도달한다. 저장이 어려운 특성 때문에 공급과 수요가 동시에 맞물려야 하지만, 그만큼 신속하다. 그러나 이 즉각성은 안정성의 약점이 되기도 한다. 전력망은 기후 재난, 자연재해, 사이버 공격에 극도로 취약하다. 미국 캘리포니아의 산불, 일본 후쿠시마 원전 사고, 유럽의 대규모 정전 사태는 모두 전력망의 불안정을 드러냈다. 전력망은 단절되면 즉시 도시 전체가 암흑에 빠지는 반면, 파이프라인은 어느 정도의 비축과 지연을 허용한다.

사이버 전쟁의 새로운 균열

21세기의 안정성 비교에서 빠질 수 없는 요소는 사이버 공격이다. 파이프라인은 SCADA 같은 제어 시스템이 해킹되면 운영이 마비된다. 실제로 콜로니얼 파이프라인 사건이 그 위험을 증명했다. 전력망 역시 마찬가지다. 2015년 우크라이나에서는 러시아 해커 공격으로 전력망이 마비되며 수십만 가구가 정전 피해를 입었다.

사이버 위협이라는 측면에서 보면 두 인프라 모두 취약하다. 다만 전력망은 즉각적으로 국민 생활에 타격을 주기 때문에 사회적 충격은 더 크다.

유럽과 아시아의 사례 비교

유럽은 러시아 가스 의존을 줄이기 위해 LNG와 재생에너지를 확대하며 전력망 투자를 늘렸다. 그러나 에너지 위기 속에서 오히려 전력망의 불안정이 커졌다. 가스 발전소를 줄이고 풍력에 의존하자, 바람이 불지 않는 날엔 전력 부족이 발생했다. 아시아는 사정이 다르다. 한국과 일본은 LNG 의존도가 높아 파이프라인이 없지만, 송전망을 안정적으로 유지하기 위해 막대한 투자를 이어왔다. 반면 중국은 파워 오브 시베리아 같은 파이프라인과 초고압 송전망을 동시에 구축해 안정성을 확보하려 한다. 각 지역은 자신들의 리스크에 따라 다른 선택을 하고 있는 셈이다.

미래의 안정성, 혼합 모델로

미래의 안정성을 논할 때 파이프라인과 전력망은 경쟁이 아니라 보완의 관계로 이해해야 한다. 가스와 석유는 여전히 파이프라인을 통해 흘러야 하지만, 재생에너지와 전력 거래는 송전망을 통해 실시간으로 조정된다. 또한 수소나 암모니아 같은 신에너지도 파이프라인과 전력망을 동시에 필요로 한다. 안정성의 해답은 어느 한쪽의 우위가 아니라, 두 인프라를 어떻게 결합해 복원력을 높이느냐에 달려 있다.

한 줄 정리

장기적 안정성과 비용 효율을 가진 파이프라인, 즉각성과 유연성을 제공하는 전력망은 모두 취약성을 안고 있으며, 진정한 안정성은 두 혈관을 결합해 복원력을 키우는 데 있다.

057
파이프라인 수익과 국가 재정의 관계

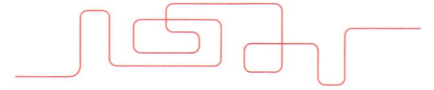

강철관이 만든 돈의 강물

파이프라인은 눈에 잘 보이지 않는다. 땅속 깊이 묻혀 있어 존재조차 의식하지 못하는 경우가 많다. 하지만 그 관 안을 흐르는 것은 단순한 석유와 가스가 아니라 세금과 외화, 그리고 국가 재정을 떠받치는 생명수다. 파이프라인이 단 몇 시간만 멈춰도 국가 예산이 흔들리고, 몇 달간 중단되면 정권의 존립까지 위협받는다. 그래서 파이프라인 수익은 단순한 기업의 회계 장부를 넘어, 국가 재정과 직결되는 거대한 변수로 기능한다.

통행료, 보이지 않는 황금 광맥

가장 단순하면서도 강력한 수익 모델은 통행료다. 생산국과 소비국 사이에 놓인 통과국은 파이프라인을 세금 없는 금맥처럼 활용한다. 우크라이나는 그 대표적 사례였다. 러시아 가스의 80%가 유럽으로 향하는 길목에 위치한 우크라이나는 매년 최대 20억 달러의 통행료를 챙겼다. 이는 GDP의 2~3%에 달하는 금액으로, 단순히 파이프라인이 지나간다는 사실 하나만으로 국가 재정이 보강된 셈이었다. 튀르키예 역시 TANAP과 튀르크스트림 같은 대형 파이프라인 덕분에 매년 수억 달러의 통행료를 확보하고, 동시에 에너지 허브로서의 정치적 지위까지 얻었다. 파이프라인은 땅을 가로지르는 강철관이자 금맥처럼 흘러드는 현금줄이었다.

자원 부국의 재정 엔진

자원을 가진 나라에서 파이프라인은 세수와 직결된다. 러시아의 경우 가스프롬과 로스네프티 같은 국영기업이 운영하는 파이프라인에서 발생하는 수익은 국가 재정의 중추였다. 러시아 연방 예산의 절반 가까이가 석유와 가스에서 비롯되는데, 이 중 상당 부분이 파이프라인 수출에서 들어온 외화였다. 아제르바이잔 역시 BTC와 TANAP 파이프라인에서 얻은 수익을 바탕으로 국가 재정을 튼튼히 하고 대규모 사회 인프라 프로젝트를 진행했다. 도로, 병원, 경기장 같은 국가 사업은 강철관을 흐르는 달러 없이는 불가능했다. 파이프라인은 그 자체로 국가 재정의 엔진이었다.

위기와 리스크, 수익의 양날의 검

그러나 파이프라인 수익은 언제나 안정적이지 않다. 2014년 러시아가 크림반도를 병합하고 서방 제재를 받자, 러시아의 가스 수출 수익은 급감했다. 우크라이나도 마찬가지였다. 노르드스트림이 완공되면서 러시아는 우크라이나를 우회하기 시작했고, 그 결과 우크라이나의 통행료 수익은 반토막이 났다. 국가 재정은 흔들렸고, 이는 곧 사회 불안과 정치적 위기로 이어졌다. 나이지리아에서는 파이프라인에서 나오는 수익이 정부 엘리트와 무장단체의 손에 들어가면서 부패와 갈등을 키웠다. 즉, 파이프라인 수익은 국가를 부유하게 만들기도 하지만, 동시에 취약성과 불평등을 증폭시키는 양날의 검이 되었다.

파이프라인과 재정 독립의 환상

많은 나라가 파이프라인 수익을 '재정 독립'의 원천으로 여겨왔다. 그러나 현실은 다르다. 특정 자원과 특정 경로에 지나치게 의존하면, 재정은 외부 변수에 종속된다. 유럽이 러시아 가스 의존에서 벗어나자 러시아의 재정은 곧바로 타격을 입었다. 또 카타르와 같은 LNG 수출국이 장기계약을 무기로 재정을 지탱하는 동안, 파이프라인 중심 국가들은 가격 변동과 정치적 충돌에 더 취약해졌다. 파이프라인 수익이 재정을 떠받치는 동안이라 해도, 그것은 독립이 아니라 종속일 수 있다.

미래, 수소와 새로운 혈관의 등장

탄소중립 시대가 다가오면서 파이프라인 수익과 국가 재정의 관계도 변할 수밖에 없다. 수소 파이프라인, 탄소 포집·저장(CCS) 파이프라인은 새로운 수익 모델을 만들 가능성이 크다. 특히 유럽은 이미 수소 전용 파이프라인 네트워크 구상을 내놓았고, 여기에 참여하는 국가들은 미래의 통행료와 수출 수익을 예상하고 있다. 그러나 과거 석유와 가스에서 보았듯, 이는 안정성과 위험을 동시에 가져올 것이다.

한 줄 정리

파이프라인 수익은 국가 재정을 떠받치는 금맥이자 동시에 취약성과 종속을 낳는 양날의 검이다. 미래에도 새로운 자원과 함께 이 긴장 관계는 이어질 것이다.

058
OPEC과 파이프라인 정책의 연결고리

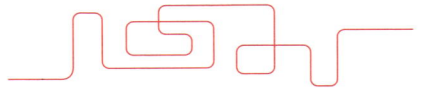

　OPEC은 단순히 원유 생산량을 조절해 가격을 올리고 내리는 카르텔이 아니다. 그들의 결정은 파이프라인의 방향과 용량, 심지어 건설 여부까지 좌우한다. 파이프라인은 산유국의 전략적 수출로이고, 동시에 정치적 무기다. 따라서 OPEC이 생산량을 줄이거나 늘릴 때마다 어떤 파이프라인이 이익을 보고, 어떤 파이프라인이 고사할 지가 결정된다. 강철관의 미래는 빈이나 리야드에서 열린 장관 회의 테이블 위에서 그려진다.

　파이프라인은 OPEC의 그림자 속에서 움직였다.
　1973년 오일쇼크 당시, OPEC이 원유 수출을 무기화하면서 가장 크게 타격을 입은 것은 바다 위 유조선망이었다. 그러나 곧이어 산유국들은 육상 파이프라인을 강화했다. 사우디는 동서 파이프라인을 확장해 호르무즈 해협 봉쇄 위험에 대비했고, 이라크는 튀르키예를 거쳐 지중해로 향하는 키르쿠크 – 제이한 파이프라인을 최대한 가동했다. OPEC의 가격 정책이 공급을 죄는 순간, 파이프라인은 '안정적 수송의 보증'으로 부각되었고, 이는 곧 OPEC의 결정과 파이프라인 전략이 분리될 수 없음을 보여주었다.

사우디와 UAE, OPEC 정책을 관철하는 강철의 무기

OPEC 내부에서 사우디와 UAE는 파이프라인 전략을 적극적으로 활용해왔다. 사우디는 OPEC 감산 합의가 이뤄질 때마다 파이프라인 가동률을 조절해 실제 시장 공급량을 맞췄다. 특히 홍해 얀부 항구로 이어지는 동서 파이프라인은 감산기에는 물량을 줄이고, 증산기에는 풀가동하는 밸브 역할을 했다. UAE 역시 아부다비 – 푸자이라 파이프라인을 통해 OPEC 결정이 시장에 즉각 반영되도록 했다. 파이프라인은 단순한 운송로가 아니라 OPEC 정책의 실행 수단이었다.

이라크와 이란, OPEC 정책 속의 갈등

이라크와 이란은 OPEC의 감산 합의와 파이프라인 운영 사이에서 늘 충돌했다. 이라크는 전쟁과 제재로 인해 파이프라인 가동률을 높이고 싶었지만, OPEC 합의는 이를 제약했다. 반대로 이란은 제재로 수출이 막히는 와중에도 파이프라인을 확장하려 했고, 이는 OPEC 내부에서 사우디와 갈등을 키웠다. 실제로 이란은 파이프라인 수송량을 늘리기 위해 비밀리에 물량을 우회 공급했고, 이는 OPEC의 단결을 흔드는 요인이 되었다. 파이프라인은 단순한 철관이 아니라 OPEC 내부 권력 투쟁의 무대였다.

OPEC+와 러시아, 파이프라인 지정학의 확대

최근 들어 OPEC+가 출범하면서 파이프라인 정책은 더 복잡해졌다. 러시아가 합류하면서 유럽으로 향하는 드루즈바와 노르드스트림 같은 파이프라인이 OPEC의 감산 전략과 얽히게 되었다. 러시아는 파이프라인 수송을 통해 유럽을 압박했고, OPEC의 감산 정책은 이런 러시아의 움직임과 맞물려 세계 에너지 시장에 영향을 주었다. 이제 파이프라인은 단순히 중동 국가의 전략적 자산이 아니라, OPEC+라는 확대된 무대에서 새로운 지정학적 도구로 변신했다.

가격과 수송, 두 가지 무기를 동시에

OPEC의 힘은 단순히 원유 가격을 조정하는 능력이 아니라 그것을 실제 시장에 반영하는 수송망과 연결할 때 비로소 완성된다. 감산을 선언해도 파이프라인에서 실제 유량이 줄지 않으면 시장은 신뢰하지 않는다. 반대로 증산을 발표했을 때도 파이프라인이 받쳐주지 못하면 공급 확대는 공허한 선언에 불과하다. 결국 OPEC과 파이프라인은 떼려야 뗄 수 없는 관계이며, 가격과 수송이라는 두 무기를 동시에 쥐고 있어야 세계 시장을 장악할 수 있다.

한 줄 정리

OPEC의 정책은 파이프라인 운영과 직결되며, 가격 결정과 수송 전략이 맞물릴 때 비로소 세계 에너지 시장을 지배하는 힘이 완성된다.

059
파이프라인을 둘러싼 투자 리스크는 무엇인가?

파이프라인은 눈에 보이는 강철관만큼이나 눈에 보이지 않는 리스크로 가득 차 있다. 길게는 수천 킬로미터를 달리는 관은 막대한 자본을 빨아들이지만, 그만큼 다양한 위험 요소가 얽힌다. 단순히 자재와 시공의 문제를 넘어, 정치적 충돌, 지정학적 변수, 환경 규제, 기술적 한계가 모두 투자 리스크로 변한다. 그래서 파이프라인 투자는 늘 '고위험 – 고수익'이라는 꼬리표를 달고 다닌다.

정치와 지정학의 덫

가장 큰 리스크는 정치와 지정학이다. 파이프라인은 국경을 넘는 순간 정치의 심장부에 들어선다. 우크라이나를 지나는 러시아 가스관이 대표적이다. 2006년과 2009년 두 차례에 걸쳐 러시아가 밸브를 잠그자 유럽 전체가 난방 위기를 겪었고, 우크라이나의 통행료 수익도 순식간에 흔들렸다. 투자자는 안정적인 현금 흐름을 기대했지만, 정치적 갈등 하나가 수익 구조를 무너뜨렸다. 노르드스트림 파이프라인도 마찬가지였다. 독일과 러시아가 막대한 자본을 들여 완공했지만, 우크라이나 전쟁 이후 폭발 사건으로 파괴되면서 사실상 휴짓조각이 되었다. 지정학적 리스크는 그 어떤 재무 모델도 완벽히 감당할 수 없는 영역이다.

경제성과 수익성의 불확실성

파이프라인은 초기에 막대한 비용이 들어가고, 회수는 수십 년에 걸쳐 이루어진다. 그런데 에너지 시장은 수십 년 동안 같은 모습을 유지하지 않는다. 가스 가격은 국제 정세와 수급 불균형에 따라 급등락하고, 석유 수요는 탄소중립 정책과 재생에너지 확대에 따라 줄어들 수도 있다. 예컨대 키스톤 파이프라인 프로젝트는 미국 내 정치 논란과 환경 규제로 여러 차례 취소와 재개를 반복했고, 결국 시장 환경 변화로 경제성이 흔들렸다. 투자자 입장에서는 완공 시점에는 이미 수익성이 떨어져 있을 위험이 늘 존재한다.

기술적 한계와 운영 리스크

기술적 문제도 투자 리스크의 중요한 부분이다. 해저 파이프라인은 수심 2,000m가 넘는 심해를 뚫어야 하는데, 건설 과정에서 예상치 못한 비용이 폭발적으로 늘어난다. 사우스스트림과 튀르크스트림 같은 프로젝트는 기술적 난제와 비용 초과로 수차례 지연되었다. 완공 뒤에도 유지보수와 사고 위험은 상존한다. 가스 누출이나 폭발 사고는 단순한 운영 차질이 아니라 막대한 보상금과 이미지 손실로 이어진다. 멕시코만과 나이지리아에서 발생한 파이프라인 폭발 사고는 투자자들에게 치명적인 악몽이었다.

환경 규제와 사회적 반발

최근 들어 환경 규제는 파이프라인 투자 리스크의 핵심 요소로 떠올랐다. 미국과 캐나다의 키스톤 XL 파이프라인은 기후변화 논쟁의 상징이 되어, 투자자들이 정치적·사회적 압력 속에서 돈을 묶어둔 채 손실을 감수해야 했다. 독일과 EU 역시 탄소중립 목표에 맞춰 새로운 파이프라인 프로젝트를 승인하기를 꺼리고 있다. 단순히 경제성만으로 설명할 수 없는 사회적 반발은 파이프라인 투자의 불확실성을 극대화한다. 주민 보상 문제, 토지 수용 갈등도 프로젝트 지연과 비용 상승을 불러오는 주요 원인이다.

사이버 공격과 보안의 그림자

21세기 들어서는 사이버 공격이 새로운 리스크로 부상했다. 2021년 미국 콜로니얼 파이프라인 해킹 사건은 단 몇 줄의 코드가 거대한 인프라를 무너뜨릴 수 있음을 증명했다. 공격 한 번에 수일간 가동이 멈췄고, 미국 동부 전체가 연료 부족 사태에 빠졌다. 물리적 보안뿐 아니라 디지털 보안까지 투자자가 감당해야 하는 리스크 항목이 된 것이다. 사이버 보안 투자는 필수적이지만, 완벽한 방어는 존재하지 않는다.

교훈, 리스크는 피할 수 없지만 관리해야 한다

파이프라인 투자의 본질은 리스크 관리다. 지정학적 갈등, 경제성 변화, 기술적 한계, 환경 규제, 사이버 공격은 피할 수 없는 그림자다. 하지만 국제 금융기관의 보증, 다자간 합작 투자, 정치적 리스크 분산 같은 방법으로 이를 최소화할 수 있다. 파이프라인은 거대한 돈의 강물 위에 세워지는 만큼 투자 리스크를 감수하지 않으면 결코 건설될 수 없다.

한 줄 정리

파이프라인 투자는 정치·경제·기술·환경·보안 리스크가 얽힌 고위험 구조다. 그 리스크를 관리하는 자만이 강철관을 돈의 혈관으로 바꿀 수 있다.

060
ESG와 파이프라인 : 지속가능한가?

한때 파이프라인은 경제성만 따지면 최고의 인프라로 불렸다. 값싼 건설비에 장기간 안정적인 수익을 보장했고, 생산국과 소비국을 강철로 묶어주었다. 그러나 21세기 들어 ESG라는 새로운 잣대가 등장하면서 파이프라인은 갑자기 구시대의 유물처럼 취급되기 시작했다. 환경(Environment), 사회(Social), 지배구조(Governance)를 따지는 흐름 속에서, 파이프라인은 과연 지속가능한가라는 질문을 피할 수 없게 되었다.

환경, 메탄 누출의 그림자

환경 문제는 파이프라인의 가장 큰 약점이다. 석유와 가스를 운송하는 과정에서 메탄이 새어나오면, 이는 이산화탄소보다 수십 배 강력한 온실가스 효과를 낸다. 미국 알래스카와 시베리아에서는 오래된 가스관에서 새어 나온 메탄이 위성사진으로 포착되며 국제적 논란이 됐다. 키스톤 XL 파이프라인은 이산화탄소 배출을 늘린다는 이유로 결국 미국 정부가 취소 결정을 내렸다. ESG 평가에서 'E'의 점수가 낮게 나오면 투자자들은 등을 돌린다. 파이프라인은 단순한 경제적 논리만으로는 정당화되기 힘들어졌다.

사회, 토지와 공동체의 갈등

파이프라인은 수천 킬로미터를 가로지르며 땅을 점유한다. 이는 곧 토지 수용 문제와 지역 주민의 저항으로 이어진다. 캐나다와 미국의 원주민 공동체는 파이프라인 건설에 반대하며 오랜 투쟁을 벌여왔다. 그들에게 파이프라인은 단순한 관이 아니라 삶의 터전을 파괴하는 상징이었다. 나이지리아에서는 석유 파이프라인이 폭발해 수백 명의 민간인이 사망했고, 정부와 기업은 주민 보상 문제로 국제적 비난을 받았다. ESG의 'S'는 파이프라인이 단순한 경제 인프라가 아니라 사회적 갈등을 불러오는 구조물임을 드러냈다.

지배구조, 투명성과 부패의 문제

ESG의 'G'는 지배구조다. 파이프라인 프로젝트는 막대한 자본과 국가 권력이 얽히면서 투명성이 떨어지고 부패의 온상이 되기 쉽다. 러시아 가스프롬의 노르드스트림 프로젝트는 유럽 정치인들이 퇴임 후 이사회에 합류하며 'revolving door' 논란을 불러왔다. 마치 회전문처럼 사람들이 들어왔다가 곧 떠나버린다는 것이다. 중앙아시아와 아프리카에서는 파이프라인 건설 계약 과정에서 뇌물과 정치적 특혜가 오갔다는 의혹이 끊이지 않았다. 이런 불투명한 구조는 ESG 평가에서 마이너스로 작용하고, 글로벌 자본시장에서 파이프라인 프로젝트를 외면하게 만드는 요인이 되었다.

지속가능성을 위한 변신, 그린 파이프라인의 가능성

그렇다고 파이프라인이 완전히 사라질 운명은 아니다. 수소, 암모니아, 이산화탄소 포집·저장(CCS) 같은 새로운 자원은 여전히 파이프라인을 필요로 한다. 유럽은 이미 기존 가스관을 개조해 수소를 수송하려는 프로젝트를 시작했고, 일본과 한국도 그린수소 파이프라인 구축 계획을 검토 중이다. 또한 최신 기술은 메탄 누출을 최소화하고, 디지털 트윈과 드론 감시로 환경 피해를 줄이는 방향으로 발전하고 있다. ESG 기준에 맞추기 위해 파이프라인이 친환경 기술과 접목되는 순간, 그것은 다시 '지속가능한 인프라'로 재탄생할 수 있다.

금융시장의 냉정한 심판

궁극적으로 파이프라인의 지속가능성은 금융시장이 결정한다. 블랙록 같은 글로벌 투자 기관은 ESG 평가에서 낮은 점수를 받은 프로젝트에는 투자를 꺼리고, 은행들도 탄소집약적 자산에 대한 대출을 제한하고 있다. 반대로 탄소중립이나 수소 운송과 연관된 파이프라인은 '그린 본드' 같은 새로운 금융 수단으로 자금을 끌어모은다. 파이프라인이 미래에도 살아남으려면 단순히 강철관을 묻는 것이 아니라, ESG라는 새로운 게임의 규칙에 맞춰 설계되고 운영되어야 한다.

한 줄 정리

파이프라인은 환경·사회·지배구조라는 ESG의 기준에서 비판받지만, 수소·CCS 같은 새로운 역할과 친환경 기술을 결합한다면 여전히 지속가능한 인프라로 살아남을 수 있다.

Pipeline

스마트 파이프라인의 부상 센서, IoT, 빅데이터를 활용한 실시간 모니터링 시스템으로 파이프라인은 이제 단순한 강철관이 아닌 '생각하는 관'으로 진화 중이다.
사이버 보안의 전면 부상 기술이 정교해질수록 사이버 위협도 커진다. 파이프라인 해킹은 더 이상 영화 속 장면이 아니라 실제로 국가 안보를 흔드는 전략 무기다.
로봇과 자율점검 시스템 드론과 내시경 로봇이 외부와 내부를 실시간 점검하며, 인력 없이도 유지보수가 가능한 무인화 시대가 도래하고 있다.
탄소중립 시대의 에너지 운송 수소, 암모니아, 이산화탄소 운송용 차세대 파이프라인 기술이 기존의 석유·가스 중심 인프라를 재구성하고 있다.
파이프라인의 지구적 재설계 북극항로, 해저파이프, 초장거리 송수 인프라까지, 기후변화와 지정학 변화 속에 파이프라인은 새로운 패권지도 위에서 다시 설계되고 있다.

PART 07

파이프라인과 기술의 미래

061
수소 파이프라인은 왜 난이도가 높은가?
– 가장 가벼운 원소가 만든 가장 무거운 과제

수소는 우주에서 가장 흔한 원소로, 인류가 꿈꾸는 탈탄소 시대의 핵심 에너지원으로 떠올랐다. 그러나 그것을 땅속 파이프라인으로 안전하게 흘려보내는 일은 결코 단순하지 않다. 석유와 가스가 지난 세기 동안 강철관을 통해 세계를 연결했던 것과 달리, 수소는 그 작은 원자 크기 때문에 강철을 파고들고 금속을 약화시키며, 마치 보이지 않는 침투자처럼 변한다. 그래서 수소 파이프라인은 기술적으로 난이도가 높고, 경제적으로도 도전 과제가 된다.

수소 취성, 강철을 부러뜨리는 보이지 않는 균열

가장 큰 문제는 '수소 취성(hydrogen embrittlement)'이다. 수소 원자는 강철의 결정 구조 속으로 파고들어 미세한 균열을 만든다. 시간이 지날수록 이 균열은 확산되고, 결국 강철관은 예상치 못한 순간에 파열될 수 있다. 천연가스나 석유에서는 거의 발생하지 않는 현상이다. 독일과 네덜란드에서 수소 파일럿 프로젝트를 진행하던 중

실제로 파이프라인 일부가 예상보다 빨리 손상된 사례가 보고되었다. 이 문제 때문에 수소 파이프라인을 새로 건설하거나 기존 가스관을 개조하는 작업은 철저한 소재 혁신 없이는 불가능하다.

누출과 폭발, 안전성의 난제

수소는 분자가 작아 누출 가능성이 높다. 가스관의 용접부, 밸브, 조인트 같은 연결 지점은 모두 취약점으로 작동한다. 문제는 누출된 수소가 눈에 보이지 않고, 냄새도 거의 없다는 점이다. 따라서 탐지와 제어가 훨씬 더 어렵다. 또한 공기 중에서 일정 농도로 섞이면 폭발 위험이 커진다. 미국 캘리포니아에서 2020년대 초반 수소 충전소 폭발 사고가 발생했을 때, 원인은 작은 누출이었다. 파이프라인은 충전소보다 훨씬 긴 거리와 복잡한 노드를 갖고 있기에, 이 문제는 훨씬 더 심각한 리스크로 다가온다.

기존 가스관의 전환, 과연 가능한가

많은 나라가 기존 천연가스 파이프라인을 수소 수송용으로 개조하려는 계획을 내세운다. 유럽연합은 탄소중립 전략의 일환으로 2030년까지 수천 킬로미터의 가스관을 수소관으로 전환하겠다고 발표했다. 그러나 현실은 녹록지 않다. 기존 가스관으로 수소 혼합 비율 10~20%까지는 수송이 가능하지만, 100% 수소로 가기 위해서는 소재 교체와 압력 조정, 밸브 교체가 필수다. 이는 단순한 개조가 아니라 사실상 신설에 가까운 비용을 요구한다.

압력과 에너지 밀도의 역설

수소는 에너지당 부피가 낮기 때문에, 동일한 에너지를 운송하려면 더 높은 압력과 더 많은 부피가 필요하다. 천연가스를 1만m^3 운송할 때와 동일한 에너지를 얻으려면 수소는 약 세 배의 부피가 필요하다. 이를 압축하려면 고도의 기술과 막대한 전력이 소모된다. 즉, 수소 파이프라인은 단순히 관을 깔아 연결하는 것이 아니라 압력 제어소와 압축 장비를 대규모로 구축해야 한다. 이로 인한 비용 상승은 투자자들에게 큰 부담으로 다가온다.

미래의 해결책, 신소재와 디지털 기술

난제를 극복하기 위한 연구는 이미 시작되었다. 복합소재나 특수 합금이 기존 강철을 대체할 후보로 주목받고 있고, 내부 코팅 기술도 빠르게 발전하고 있다. 또한 디지털 트윈과 드론, 센서를 활용한 실시간 모니터링이 수소 파이프라인의 안전성을 높일 수 있다는 기대도 있다. 일본, 독일, 한국은 공동 연구를 통해 파일럿 프로젝트를 진행하며 경험을 쌓고 있다. 그러나 본격적인 상용화까지는 아직 수십 년의 시간이 필요하다는 평가가 많다.

강철관의 다음 장

수소 파이프라인은 단순히 기술적 문제를 넘어, 에너지 전환의 시험대가 된다. 탄소중립 시대에 석유와 가스를 대신할 새로운 혈관이 될 수 있을지, 아니면 연구실과 계획서 속에 머무를 지는 아직 알 수 없다. 그러나 분명한 것은, 수소 파이프라인을 완성하는 순간 인류는 탈탄소 사회로 가는 가장 중요한 퍼즐을 맞추게 된다는 사실이다.

한 줄 정리

수소 파이프라인은 강철을 약화시키는 수소 취성과 높은 압력, 누출 위험 때문에 난이도가 높지만, 신소재와 디지털 기술의 결합은 이 난제를 풀 열쇠가 될 것이다.

062
암모니아·이산화탄소 파이프라인이 뜨는 이유는?

— 탄소 시대 이후 새로운 혈관이 필요한 이유

새로운 혈관의 등장

석유와 가스가 20세기 에너지 패권을 지배했다면, 21세기의 무대에는 전혀 다른 자원이 주인공으로 떠오르고 있다. 바로 암모니아와 이산화탄소다. 암모니아는 수소 에너지의 저장·운송 대안으로, 이산화탄소는 배출을 줄이고 저장하기 위한 CCS(Carbon Capture and Storage) 산업의 핵심 물질로 주목받고 있다. 이 두 자원은 단순한 화학물질이 아니라 탈탄소 시대의 생존 전략을 좌우하는 자원으로 격상되었다. 따라서 암모니아와 이산화탄소를 대규모로 흘려보낼 새로운 파이프라인은 각국의 미래 계획에서 빠질 수 없는 항목이 되었다.

암모니아, 수소 경제의 운반선

수소는 청정에너지로 각광 받지만, 작은 분자 구조 때문에 운송과 저장이 어렵다. 그래서 대안으로 떠오른 것이 암모니아다. 암모니아는 수소를 질소와 결합시켜 안정적으로 저장할 수 있고, 기존 인프라를 활용해 운송도 가능하다. 일본은 이미 중동에서 생산한 그린 암모니아를 발전 연료로 들여오기 시작했고, 한국 역시 암모니아 혼소 발전 계획을 세우고 있다. 이런 흐름에서 암모니아 파이프라인은 단순히 화학 산업의 수송망이 아니라 수소 경제로 가는 지름길이 된다. 장기적으로는 기존 가스관 일부를 암모니아 수송용으로 개조하는 방안도 검토되고 있다.

이산화탄소, 버려야 할 것을 흘려보내다.

이산화탄소 파이프라인은 암모니아와 달리 생산이 아니라 배출의 문제를 다룬다. 세계 각국이 탄소중립을 선언하면서, 이산화탄소를 잡아내어 땅속 깊이 저장하는 CCS 기술이 필수로 떠올랐다. 그러나 발전소와 공장에서 포집된 이산화탄소를 저장소까지 운반하려면 결국 대규모 수송망이 필요하다. 미국은 이미 수천 킬로미터의 CO_2 파이프라인을 운영하고 있고, 유럽 역시 북해 유전을 활용한 저장 프로젝트를 추진하면서 파이프라인 건설에 속도를 내고 있다. 이산화탄소 파이프라인은 말 그대로 버려야 할 탄소를 흘려보내는 강철관이다.

경제성과 인프라의 연결고리

암모니아와 이산화탄소 파이프라인이 뜨는 또 다른 이유는 경제성이다. 수소를 액화하거나 트럭으로 옮기는 비용은 천문학적이다. 반면 암모니아는 액체 상태로 다루기 쉬워 대량 수송에 유리하다. 이산화탄소 역시 파이프라인으로 운송하는 것이 트럭이나 선박보다 훨씬 저렴하다. 이미 미국 텍사스의 석유 산업 지역에서는 수백 킬로미터에 걸친 CO_2 파이프라인이 운영되며 원유 회수 증진(EOR)에 활용되고 있다. 인프라 측면에서도 암모니아와 CO_2는 기존 가스관을 개조해 활용할 수 있는 여지가 크다. 새로 전부 건설하지 않아도 되는 점이 투자자들에게 매력적이다.

안전성과 사회적 논란

물론 새로운 파이프라인은 새로운 위험을 동반한다. 암모니아는 독성이 강하고, 누출되면 인체와 생태계에 치명적이다. 이산화탄소 역시 대규모로 누출되면 질식 사고를 일으킬 수 있다. 실제로 미국 미시시피주에서는 CO_2 파이프라인 누출로 주민 수십 명이 의식을 잃는 사고가 발생했다. 이런 사건은 사회적 반발을 불러일으키고, 환경 단체의 거센 반대를 초래한다. 결국 암모니아와 CO_2 파이프라인의 미래는 기술적 안전성 확보와 사회적 신뢰 구축에 달려 있다.

미래 에너지 지도의 중심

암모니아와 이산화탄소 파이프라인은 이제 실험적 구상을 넘어, 미래 에너지 지도의 중심으로 떠오르고 있다. 일본, 한국, 유럽은 암모니아 수입과 수송망을 구체화하고 있고, 미국과 중동은 CO_2 파이프라인을 확대하며 CCS 허브를 구축 중이다. 과거 석유와 가스 파이프라인이 20세기 산업 문명을 지탱했다면, 암모니아와 이산화탄소 파이프라인은 21세기 탈탄소 문명의 혈관이 될 것이다.

한 줄 정리

암모니아와 이산화탄소 파이프라인은 각각 수소 경제와 탄소중립을 가능하게 하는 핵심 인프라로, 경제성과 기술적 필요성 덕분에 새로운 에너지 혈관으로 급부상하고 있다.

063

탄소 포집·저장(CCS)과 파이프라인의 역할

21세기 에너지 산업의 새로운 화두는 단순히 자원을 캐내는 것이 아니라, 배출된 것을 어떻게 다시 집어넣느냐에 있다. 탄소 포집·저장(CCS, Carbon Capture and Storage)은 석탄 화력발전소나 시멘트 공장, 제철소에서 나온 이산화탄소를 포집해 압축한 뒤 지하 깊은 지층에 주입하는 기술이다. 지구 대기를 오염시키는 탄소를 다시 지하로 돌려보낸다는 발상은 기후 위기의 대응책이자, 탄소중립을 향한 인류의 궁여지책이다. 그러나 CCS가 가능하려면 대규모의 탄소를 한 번에 옮겨야 한다. 이를 가능하게 하는 혈관이 바로 파이프라인이다.

CCS와 파이프라인의 불가분 관계

포집된 탄소는 액체 상태에 가깝도록 압축되지만, 여전히 방대한 양이다. 이를 트럭이나 선박으로 옮기는 것은 비효율적이고 위험하다. 결국 대규모로 안정되게 운송할 수 있는 방법은 파이프라인뿐이다. 미국 텍사스와 루이지애나 지역에서는 이미 수천 킬로미터의 CO_2 파이프라인이 운영 중이다. 이 관들은 주로 원유 회수 증진(EOR, Enhanced Oil Recovery)에 활용되어, 땅속 유전에 압축된 이산화탄소를 주입해 원유를 더 짜내는 방식으로 사용되었다. CCS가 본격화되면 이러한 네트워크는 단순한 석유 생산 보조 장치에서 기후 위기 대응의 핵심 인프라로 변모한다.

미국, 세계 최대의 CCS 실험실

미국은 CCS와 파이프라인 결합에서 가장 앞서 있다. 이미 8,000km가 넘는 이산화탄소 파이프라인이 존재하는데, 이는 세계에서 가장 긴 네트워크다. 일리노이 주의 '일리노이 산업 CCS 프로젝트'에서는 연간 100만 톤 이상의 이산화탄소를 포집해 지하 2,000m 사암층에 주입한다. 이 과정에서 포집된 탄소는 파이프라인을 통해 수십 킬로미터 떨어진 저장소로 옮겨진다. CCS가 단순한 실험이 아니라 산업적 규모로 운영될 수 있음을 보여주는 대표적 사례다.

유럽과 북해, 바다 밑의 저장고

유럽은 북해를 CCS의 거대한 저장소로 삼으려 한다. 영국과 노르웨이는 고갈된 유전과 가스전을 활용해 이산화탄소를 주입하는 프로젝트를 추진 중이다. 노르웨이의 '슬레이프너 프로젝트'는 이미 1996년부터 이산화탄소를 북해 지하에 주입해왔다. 앞으로 유럽 전역에서 포집된 탄소는 파이프라인을 통해 북해 해저로 보내질 것이다. 이를 위해 새로운 CO_2 파이프라인 건설이 논의되고 있으며, 기존 가스관을 개조하는 방안도 검토 중이다. 유럽은 CCS를 통해 탄소중립 목표에 다가가려 하지만, 동시에 파이프라인 건설을 둘러싼 정치적·환경적 논란에 직면해 있다.

아시아의 도전, 한국과 일본의 실험

한국과 일본은 에너지 자급률이 낮아 CCS를 전략적 카드로 검토 중이다. 한국은 발전소와 산업단지에서 발생하는 이산화탄소를 포집해 서해나 동해의 해저 저장소로 옮기는 방안을 연구하고 있다. 일본 역시 수소 경제와 맞물려 이산화탄소를 대규모로 처리하기 위한 파이프라인 구축을 논의한다. 그러나 좁은 국토와 높은 인구 밀도, 환경 단체의 반발은 해결해야 할 숙제로 남아 있다. 아시아에서 CCS와 파이프라인 결합은 아직 걸음마 단계지만, 기후 위기를 고려하면 피할 수 없는 선택지다.

리스크와 논란, 그러나 불가피한 길

CCS와 파이프라인의 결합이 항상 환영받는 것은 아니다. 이산화탄소 누출 사고는 주민들에게 직접적인 위협이 된다. 2020년 미국 미시시피주에서는 CO_2 파이프라인이 파열되어 수십 명이 호흡 곤란으로 병원에 실려 갔다. 또한 비판론자들은 CCS가 석탄과 석유 산업의 연명을 돕는 '면죄부'가 될 수 있다고 지적한다. 그러나 재생에너지로의 전환이 아직 더딘 현실에서, 대규모 산업 배출물을 줄일 수 있는 가장 실용적 대안은 여전히 CCS다. 그리고 그 실용성을 현실화하는 유일한 수단이 바로 파이프라인이다.

강철관이 만든 새로운 시대의 혈관

탄소 포집·저장은 단순히 배출을 줄이는 기술이 아니라 산업 구조를 바꾸는 도구다. 그리고 그 중심에는 언제나 파이프라인이 있다. 과거 석유와 가스를 흘려보내던 관은 이제 버려야 할 탄소를 실어 나르며, 새로운 시대의 혈관으로 변신한다. 강철관은 여전히 땅속에 있지만, 그 안을 흐르는 것은 에너지가 아니라 인류가 줄여야 할 배출의 흔적이다.

한 줄 정리

CCS는 기후 위기 대응의 실질적 해법이다. 포집된 탄소를 대규모로 옮기기 위한 파이프라인은 과거의 에너지 혈관에서 미래의 환경 혈관으로 탈바꿈하고 있다.

064
디지털 트윈과 AI가
파이프라인을 바꾸고 있다

파이프라인은 땅속에 묻혀 있는 탓에 눈으로 확인하기 어렵다. 과거에는 센서를 붙이고 주기적으로 검사를 나가며 고장이나 누출을 뒤늦게 파악하는 경우가 많았다. 그러나 이제 현실의 파이프라인과 똑같은 디지털 복제본, 이른바 디지털 트윈이 등장하면서 상황이 달라졌다. 디지털 트윈은 실제 파이프라인의 길이, 압력, 온도, 부식 상태까지 그대로 재현한 가상의 쌍둥이다. 엔지니어는 사무실 컴퓨터 화면에서 수천 킬로미터 떨어진 심해 파이프라인의 상태를 실시간으로 확인할 수 있고, 미래에 발생할 위험까지 시뮬레이션할 수 있다.

예측이 아니라 예방으로

과거에는 사고가 나야 원인을 찾았지만, 디지털 트윈과 AI의 결합은 예방의 시대를 열었다. 인공지능은 파이프라인 곳곳의 센서에서 들어오는 데이터를 학습해 압력 변화나 미세한 진동, 온도의 이상을 감지한다. 이를 통해 단순한 고장 예측을 넘어 '몇 시간 뒤, 어느 구간에서 누출이 발생할 수 있다'는 시나리오를 제시한다. 실제로 노르웨이의 에퀴노르(Equinor)는 북해 해저 파이프라인에 디지털 트윈과 AI를 적용해 사고 발생 확률을 40% 이상 낮추는 성과를 거뒀다. 이제 파이프라인 관리자는 사고를 수습하는 소방수가 아니라, 사고를 미리 차단하는 예언자가 된 셈이다.

비용 절감과 운영 혁신

디지털 트윈과 AI는 단순히 안전을 보장하는 데 그치지 않는다. 운영 비용을 획기적으로 줄여준다. 전통적인 방식으로는 파이프라인을 검사하기 위해 인력을 수백 명 투입하고 드론이나 특수 장비를 동원해야 했다. 하지만 디지털 트윈은 이런 절차를 가상 공간에서 대체한다. 가스프롬이나 BP 같은 기업들은 디지털 트윈을 도입한 뒤 유지보수 비용을 20~30% 절감했다고 보고했다. 또한 AI는 가스 흐름을 최적화해 압축소의 전력 사용량을 줄이고, 결과적으로 운영 효율성을 끌어올렸다. 파이프라인이 단순한 수송관에서 '스마트 인프라'로 변신하고 있는 것이다.

위기 대응의 새로운 무기

사고가 발생했을 때도 디지털 트윈과 AI는 빛을 발한다. 미국 콜로니얼 파이프라인 해킹 사건 이후, 사이버 보안 위협이 파이프라인 운영의 핵심 변수로 떠올랐다. 디지털 트윈은 공격자가 시스템을 교란했을 때 실제 데이터와 가상의 데이터 간 불일치를 즉시 포착할 수 있다. 또한 AI는 수많은 데이터 중에서 공격 패턴을 인식하고, 대응 시나리오를 자동으로 실행한다. 이처럼 디지털 트윈은 단순한 유지보수 도구를 넘어 사이버·물리 융합 위협에 대응하는 새로운 무기로 자리 잡고 있다.

사람과 기술의 공존

디지털 트윈과 AI가 파이프라인 운영을 혁신하고 있지만, 사람의 역할이 사라지는 것은 아니다. 오히려 AI가 제시한 예측과 시뮬레이션을 해석하고 의사결정을 내리는 것은 여전히 인간의 몫이다. 다만 과거처럼 현장에서 땀 흘리며 관을 열어보는 것이 아니라, 데이터와 알고리즘을 읽어내는 능력이 더 중요해졌다. 기술과 사람이 공존하는 이 새로운 구조는 파이프라인 산업의 일자리와 전문성을 다시 정의하고 있다.

미래, 자율 운영 파이프라인의 가능성

장기적으로 디지털 트윈과 AI의 발전은 자율 운영 파이프라인으로 이어질 가능성이 크다. 드론과 로봇이 현장을 순찰하고, AI가 실시간으로 밸브를 조절하며, 디지털 트윈은 모든 과정을 가상에서 검증하는 시스템이 완성되면 인간의 개입은 최소화된다. 이런 자율 운영 모델은 극지방이나 심해 같은 위험 지역에서 특히 필요하다. 파이프라인은 더 이상 위험한 현장에서 노동력을 소모하지 않고도 안전하게 운영될 수 있는 미래로 나아가고 있다.

한 줄 정리

디지털 트윈과 AI는 파이프라인을 단순한 강철관에서 예측과 예방이 가능한 스마트 인프라로 바꾸며, 안전·비용·효율성의 패러다임을 뒤흔들고 있다.

065
사이버 보안이
파이프라인의 생존을 좌우한다
−파이프라인은 물리적 파괴보다 키보드 조작이 더 무섭다.

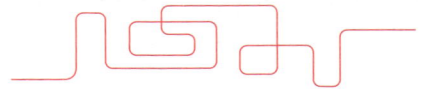

파이프라인은 땅속에 묻힌 강철관이다. 그 자체는 단단해 보이지만, 그것을 움직이는 두뇌는 점점 디지털 코드와 네트워크에 의존하게 되었다. 압력 조절, 밸브 개폐, 유량 관리, 심지어 누출 감지까지 모든 과정이 SCADA 시스템과 원격 제어 프로그램을 통해 운영된다. 강철은 폭탄에도 버틸 수 있지만, 몇 줄의 악성 코드에는 속수무책으로 무너질 수 있다. 그래서 오늘날 파이프라인의 생존을 좌우하는 것은 강철의 두께가 아니라 사이버 보안의 두께다.

콜로니얼 사건, 눈에 보이지 않는 총성이 울린 날

2021년 미국 콜로니얼 파이프라인이 해킹당했을 때, 세상은 그 파급력을 똑똑히 목격했다. 러시아 기반의 다크사이드라는 해커 집단은 랜섬웨어 공격으로 운영 시스템을 마비시켰고, 회사는 자구책으로 파이프라인 전체를 멈춰 세웠다. 그 결과 미국 동부 연료 공급의 45%가 끊겼다. 총 한 발 쏘지 않았지만, 주유소 앞에는 끝없는 줄이 늘어섰고, 시민들은 연료를 사재기하며 혼란에 빠졌다. 정부는 비상사태를 선포했고, 콜로니얼은 결국 수백만 달러의 몸값을 지불했다. 이 사건은 파이프라인이 단순한 에너지 인프라로만 기능하는 게 아니라 사이버 전쟁의 최전선에 놓였음을 증명했다.

러시아와 우크라이나, 디지털 그림자 전쟁

러시아와 우크라이나의 갈등에서도 사이버 공격은 늘 파이프라인을 겨눴다. 2015년 우크라이나 전력망이 해킹으로 마비되었을 때, 동시에 가스 파이프라인 운영 시스템에도 공격 시도가 감지됐다. 러시아의 에너지 무기화 전략은 단순히 밸브를 잠그는 것을 넘어, 소프트웨어와 네트워크를 교란하는 방식으로 확장되었다. 이는 유럽 전체에 경고장을 날렸다. 유럽 가스관을 장악하는 것은 탱크와 미사일만이 아니라, 악성 코드와 해킹 집단의 키보드로도 가능하다는 사실이 드러난 것이다.

내부자 위협과 시스템의 불투명성

사이버 보안의 취약점은 외부 공격뿐만 아니라 내부자 위협에서도 나온다. 파이프라인 운영 시스템은 폐쇄망이라 해도, 운영자가 USB 하나를 통해 악성 프로그램을 들여올 수 있다. 또한 노후화된 SCADA 시스템은 보안 업데이트가 제대로 이루어지지 않아 암호화되지 않은 데이터 전송이 흔하다. 미국 국토안보부가 파이프라인 기업을 조사했을 때, 상당수가 여전히 구형 윈도우 기반 시스템을 사용하고 있었다는 사실이 밝혀졌다. 강철관은 첨단이지만, 그것을 움직이는 소프트웨어는 여전히 구식이라는 모순이 존재한다.

사이버 보안 투자와 국제 협력

콜로니얼 사건 이후 미국은 민간 기업에도 강력한 사이버 보안 규제를 도입했다. 연방 교통안전청(TSA)은 파이프라인 운영사들에게 보안 담당관 지정, 위협 보고 의무, 다중 인증 시스템 구축을 요구했다. 유럽연합 역시 가스관과 전력망을 '필수 인프라'로 지정하고, 사이버 보안 강화 예산을 크게 늘렸다. 국제 협력도 활발해졌다. NATO는 사이버 공격을 무력 공격과 동등하게 간주할 수 있다는 원칙을 세우고, 회원국의 에너지 인프라 방어를 집단 안보 체제에 포함시켰다.

미래의 전쟁터, 강철과 코드의 결합

앞으로 파이프라인의 생존은 물리적 보안과 사이버 보안이 동시에 작동할 때만 가능하다. 드론과 로봇이 현장을 감시하고, AI가 네트워크 이상 신호를 탐지하며, 디지털 트윈이 실제 데이터와 가상의 데이터를 비교해 위협을 조기에 찾아낸다. 강철관을 폭탄에서 지키는 것보다 운영 시스템을 해커의 키보드에서 지키는 것이 더 중요하게 된 시대다. 사이버 보안은 더 이상 선택이 아니라, 파이프라인 산업 전체의 생존 조건이다.

한 줄 정리

파이프라인의 생존은 강철보다 코드에 달려 있다. 사이버 보안은 이제 에너지 인프라의 심장을 지키는 최후의 방패다.

066
드론과 로봇이 파이프라인을 감시한다
― 이젠 사람보다 기계가 더 빠르고 더 정확하게, 그리고 더 조용하게 움직인다.

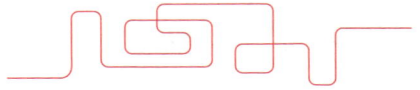

파이프라인은 수천 킬로미터에 이르는 거대한 구조물이지만, 땅속에 묻혀 있어 사람의 눈으로는 감시하기 어렵다. 과거에는 순찰 차량이나 헬리콥터를 동원해 육안으로 확인했지만, 이는 비용이 크고 효율성이 떨어졌다. 이제 시대가 바뀌었다. 드론과 로봇이 파이프라인의 새로운 감시자가 되어 하늘과 땅을 오가며, 인간이 볼 수 없는 영역을 대신 지켜내고 있다. 감시는 더 정밀해졌고, 비용은 줄었으며, 사고는 발생 전에 예방할 수 있는 체계로 진화했다.

드론, 하늘에서 내려다보는 감시자

드론은 파이프라인 산업의 게임체인저다. 고해상도 카메라와 적외선 센서를 장착한 드론은 수백 킬로미터를 날며 파이프라인의 온도 변화를 감지한다. 가스가 미세하게 새어나오면 주변 토양과 공기의 온도가 변하는데, 드론은 이를 즉시 포착한다. 캐나다의 엔브리지와 노르웨이의 에퀴노르는 드론을 정기적으로 띄워 육안으로는 확인할 수 없는 미세한 누출을 잡아냈다. 과거에는 한 달 걸리던 순찰을 이제는 하루 만에 끝낼 수 있게 되었고, 사고를 예방하는 속도는 비약적으로 빨라졌다.

로봇, 파이프라인 안으로 들어가다.

하늘에서 감시하는 드론이 있다면, 파이프라인 내부를 누비는 로봇도 있다. '피그(PIG)'라고 불리는 내부 점검 로봇은 파이프라인 안을 따라 흘러가며 두께, 부식 상태, 균열 여부를 정밀하게 스캔한다. 최신 피그 로봇은 초음파와 자기 센서를 활용해 밀리미터 단위의 균열까지 탐지한다. 미국 텍사스와 사우디아라비아의 국영 석유 기업 아람코는 이런 로봇을 활용해 파이프라인 수명을 연장하고, 대규모 사고 가능성을 줄였다. 로봇은 인간이 들어갈 수 없는 땅속 깊은 관 속에서 보이지 않는 위험을 드러낸다.

드론과 로봇, 데이터와 AI의 결합

드론과 로봇이 단순히 눈과 귀라면, 그들의 뇌는 AI다. 감시 장비가 쏟아내는 방대한 데이터를 사람이 직접 해석하는 것은 불가능하다. AI는 수십만 장의 드론 사진에서 변화를 찾아내고, 로봇이 기록한 압력 데이터에서 이상 신호를 감지한다. 미국의 콜로니얼 파이프라인 이후 기업들은 AI 기반 이상 감지 시스템을 도입했고, 이는 조기 대응의 핵심이 되었다. 드론과 로봇은 데이터를 모으고, AI는 그 데이터를 읽어내어 사람보다 빠르고 정확하게 결론을 내린다.

사고를 예방하는 새로운 무기

드론과 로봇의 가장 큰 가치는 예방이다. 멕시코만에서는 파이프라인 누출로 인한 폭발 사고가 반복되었지만, 최근에는 드론 열화상 탐지가 조기 경보 역할을 하면서 대형 사고를 막아냈다. 아프리카 나이지리아에서는 무장 반군의 불법 채유가 빈번했는데, 드론 감시망이 구축된 뒤에 불법 행위가 절반 가까이 줄었다. 강철관을 무기로 삼던 시대에서, 이제는 드론과 로봇이라는 새로운 무기가 파이프라인을 지켜내는 중이다.

미래, 자율적 감시 체계

앞으로 드론과 로봇은 더 자율적이고 지능적으로 진화할 것이다. 드론은 인공지능으로 스스로 경로를 설정해 순찰하고, 로봇은 파이프라인 내부에서 자율적으로 이상 지점을 수리할 수도 있다. 이미 연구 단계에서는 누출 지점을 발견한 로봇이 임시 패치를 붙이는 기능을 시험하고 있다. 파이프라인 관리자는 현장에서 땀 흘리는 사람이 아니라, 드론과 로봇이 전송한 데이터를 분석하는 감독자로 바뀔 것이다. 감시는 더 이상 인간의 노동이 아니라 기술의 네트워크가 맡는 미래가 다가오고 있다.

한 줄 정리

드론과 로봇은 파이프라인을 지키는 새로운 눈과 손이 되어, 보이지 않는 위험을 드러내고 사고를 예방하는 미래형 감시 체계로 자리 잡고 있다.

067
극지방, 심해 파이프라인은 어떻게 건설하는가?
- 얼음과 바다 밑으로 뻗어나가는 강철관

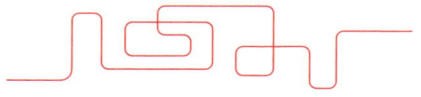

극지방과 심해 파이프라인은 에너지 산업에서 가장 극단적인 도전이다. 영하 수십 도의 기온과 수천 미터 수심의 압력, 얼음과 암반, 해류와 지진 같은 자연의 적들이 끊임없이 강철관을 시험한다. 그럼에도 인간은 에너지를 향한 욕망으로 이 불가능해 보이는 길을 뚫어냈다. 북극의 빙하와 대서양 해저를 가로지르는 파이프라인은 단순한 기술의 결과물이 아니라, 인간이 자원 확보를 위해 자연과 벌인 전쟁의 기록이다.

극지방, 얼음과 영하의 장벽

극지방에서의 파이프라인 건설은 먼저 땅이 아니라 '영구동토층(permafrost)'과 싸워야 한다. 땅속이 늘 얼어붙어 있어 계절 변화에 따라 지반이 들썩이므로, 파이프라인을 그대로 묻으면 변형과 파열이 일어난다. 이를 해결하기 위해 엔지니어들은 파이프라인을 지상으로 올려 설치하거나, 단열재와 특수 지지대를 사용한다. 러시아의 야말 LNG 프로젝트에서는 수천 킬로미터의 가스관이 북극을 가로질러 건설되었는데, 영구동토층 위에 기둥을 세워 파이프라인을 공중에 띄우는 방식이 활용되었다. 영하 50℃의 혹한에서도 강철관이 살아남도록 설계된 것이다.

심해, 수천 미터 수압의 도전

심해 파이프라인은 또 다른 전장이다. 수심 2,000m에서 가해지는 압력은 $1cm^2$당 약 200~250kg에 달하며, 이는 수면에 비해 약 200배 이상 높은 수치로, 인간이 잠수조차 불가능한 극한 환경을 형성한다. 이 압력은 물의 밀도(약 $1g/cm^3$)와 중력 가속도(약 $9.8m/s^2$)를 고려할 때, 수심 1m당 약 $0.1kg/cm^2$의 압력이 가해진다는 점을 기반으로 계산되며, 2,000m에서는 이 값이 축적되어 엄청난 부하를 초래한다. 이 환경에서는 잠수정과 원격조종 로봇(ROV)이 대신 파이프라인을 설치한다. 브라질과 서아프리카 심해 유전에서 이런 방식이 활용되어, 지름 수미터짜리 강철관을 해저에 정밀하게 깔아야 했다. 심해 시공의 핵심 기술은 S-lay와 J-lay 방식이다. S-lay는 파이프를 수평으로 연결해 바닷속으로 구부리며 내려보내는 방식이고, J-lay는 수직으로 떨어뜨려 해저에 세워 깔아가는 방식이다. 수심이 깊어질수록 J-lay가 선호된다.

파도와 해류, 보이지 않는 적

심해 건설에서는 단순히 수압만 문제되는 게 아니다. 파도와 해류, 지진 활동이 파이프라인의 적이다. 멕시코만에서는 허리케인이 휘몰아칠 때마다 해저 파이프라인이 손상되었고, 일본 근해에서는 지진으로 파이프라인이 흔들리며 균열이 생긴 사례가 보고되었다. 이를 막기 위해 파이프라인은 해저 바닥에 묻거나 콘크리트로 덮어 고정한다. 경우에 따라서는 해저 터널을 뚫어 파이프라인을 통과시키기도 한다. 이 모든 과정은 초정밀 시뮬레이션과 수많은 시험 끝에 가능하다.

극지방과 심해 건설의 비용과 리스크

이런 극한 환경의 파이프라인 건설은 비용이 천문학적이다. 노르웨이의 '스노비트(Snøhvit)' 프로젝트나 러시아의 '사할린-2' 프로젝트는 수십억 달러를 들였으나, 투자 회수에는 수십 년이 걸린다. 그럼에도 불구하고 기업과 국가는 도전한다. 자원이 점점 더 깊고 더 험한 곳에서만 발견되기 때문이다. 하지만 정치적 리스크와 환경 규제, 사고 위험은 언제나 그림자처럼 따라다닌다. 극지방의 빙하와 심해 생태계를 파괴한다는 비판은 국제사회의 강력한 반발을 불러온다.

인간의 집념이 만든 혈관

결국 극지방과 심해 파이프라인은 인간이 가진 집념과 기술의 상징이다. 빙하 위와 바다 밑이라는 불가능의 영역을 뚫어내며, 우리는 자원을 손에 넣었다. 그러나 이 길은 언제나 위태롭다. 기후변화가 빙하를 녹이고 심해 생태계에 대한 규제가 강화될수록, 이 파이프라인들은 더 큰 도전에 직면할 것이다. 강철관이 얼음과 바다를 가로지르는 것. 그것은 인간이 얼마나 멀리 욕망을 밀어붙일 수 있는지를 보여주는 거대한 증거다.

한 줄 정리

극지방과 심해 파이프라인은 혹한과 수압, 해류와 지진을 뚫어낸 인간 기술의 산물이지만, 막대한 비용과 환경 리스크 속에서 언제나 위태로운 도전의 상징으로 남아 있다.

068
북극 파이프라인이 가져올 변화
– 얼음이 열어준 새로운 길

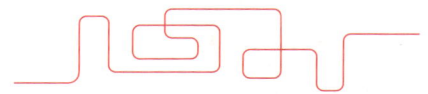

기후변화가 북극의 얼음을 녹이고 있다. 지구 온난화라는 재앙은 아이러니하게도 새로운 기회를 열어주었다. 북극항로가 열리면서 해상 운송이 가능해졌고, 동시에 매장된 석유와 가스 자원에 대한 접근도 쉬워졌다. 이 변화의 중심에 북극 파이프라인이 있다. 그동안 얼음과 영구동토층이 가로막아 불가능했던 대규모 파이프라인 건설이 현실로 다가오면서, 국제 정세와 에너지 시장은 새로운 균열을 맞이하고 있다.

러시아, 북극을 관통하는 야망

러시아는 북극 개발에 가장 적극적이다. 야말 LNG 프로젝트는 북극 가스를 대규모로 생산해 중국과 유럽으로 수출하는 사업으로, 이를 뒷받침하는 수천 킬로미터의 파이프라인이 건설되었다. 영구동토층 위에 기둥을 세워 관을 띄워 놓는 방식은 극한의 환경을 뚫어낸 러시아식 해법이었다. 러시아는 이를 통해 단순한 자원 수출국을 넘어 북극을 장악하는 강대국의 지위를 노린다. 북극 파이프라인은 러시아의 에너지 전략에서 단순한 인프라가 아니라 제국적 야망의 상징이다.

유럽과 아시아, 새로운 의존의 시작

북극 파이프라인은 유럽과 아시아에도 파급 효과를 미친다. 유럽은 러시아 가스 의존을 줄이려 했지만, 북극 자원 개발이 본격화되면 오히려 새로운 의존의 고리가 생길 수 있다. 아시아 역시 마찬가지다. 중국과 일본, 한국은 LNG 수입국으로서 북극 자원을 매력적으로 본다. 실제로 중국은 북극항로를 활용해 러시아산 LNG를 수입하기 시작했고, 북극 파이프라인과 연결된 새로운 에너지 루트 확보에 집중하고 있다. 이는 아시아 국가들이 에너지 안보를 다변화하려는 전략과 맞물려 있다.

환경과 원주민, 어두운 그림자

하지만 북극 파이프라인은 치명적인 그림자를 드리운다. 영구동토층을 파괴하면서 생태계가 교란되고, 이산화탄소와 메탄이 추가로 방출된다. 북극곰과 바다표범 같은 야생동물의 서식지는 급격히 줄어들고, 원주민 공동체는 삶의 터전을 잃는다. 알래스카와 시베리아 지역에서는 이미 파이프라인 건설로 인해 토지 수용과 환경 파괴를 둘러싼 갈등이 폭발하고 있다. 국제 환경 단체들은 북극 파이프라인을 "기후위기 시대의 자살행위"라 부르며 강력히 반대하고 있다.

지정학적 갈등의 새로운 전선

북극 파이프라인은 자원과 환경만의 문제가 아니라 지정학적 갈등의 새로운 전선이기도 하다. 러시아, 미국, 캐나다, 노르웨이 등 북극 연안국들은 자원 개발과 항로 지배권을 놓고 경쟁한다. 특히 러시아가 북극 파이프라인을 통해 중국과 협력할 경우, 미국과 유럽은 강력히 반발할 수밖에 없다. 북극은 새로운 냉전의 무대로 떠오르고 있으며, 파이프라인은 그 한가운데 놓여 있다. 에너지의 혈관이 곧 군사적 긴장의 혈관이 되는 셈이다.

미래, 희망과 위기의 이중주

북극 파이프라인이 가져올 변화는 희망과 위기가 동시에 존재한다. 에너지 공급을 다변화하고 국제 무역을 활성화할 기회가 있는 반면, 기후위기와 환경 파괴, 지정학적 갈등은 불가피하다. 인류가 북극 파이프라인을 어떻게 다루느냐에 따라 미래의 에너지 질서는 달라질 것이다. 얼음이 열어준 새로운 길이 인류를 구할 혈관이 될지 파멸로 이끄는 독이 될지는 아직 정해지지 않았다.

한 줄 정리

북극 파이프라인은 기후변화가 열어준 새로운 길이지만, 에너지 기회와 환경 위기, 지정학 갈등을 동시에 불러오는 양날의 검이다.

069
파이프라인 해양보호와 친환경 기술은?

해저 파이프라인은 석유와 가스를 대륙에서 대륙으로, 국가에서 국가로 실어 나르는 거대한 혈관이다. 그러나 이 강철관은 종종 바다 밑에서 보이지 않는 상처를 남긴다. 해저를 파내고 묻는 과정에서 산호초가 파괴되고, 해저 생태계가 단절된다. 설치가 끝난 뒤에도 밸브 누출이나 부식으로 인한 오염 위험은 계속된다. 바다거북과 고래가 지나던 길목에 강철관이 놓이면서 서식지 이동 패턴이 교란되기도 한다. 그래서 오늘날 파이프라인 산업은 단순한 건설 기술을 넘어, 해양을 보호하는 친환경 기술과의 결합을 요구받고 있다.

저소음·저충격 건설 기법

과거에는 단순히 바다 밑을 굴착해 파이프라인을 묻는 방식이 일반적이었다. 그러나 이 방식은 엄청난 소음을 발생시키고, 어류와 해양 포유류의 청각을 위협했다. 최근에는 수중 진동과 소음을 최소화하는 '저소음 굴착 기술'이 도입되고 있다. 예를 들어 북해에서 진행된 일부 프로젝트에서는 해저 드레저 대신 워터젯을 활용해 바닷속 모래를 부드럽게 분리해내고, 그 속에 파이프라인을 안착시켰다. 이 방식은 소음을 50% 이상 줄이고, 해양 생물의 교란을 최소화했다.

부식 방지와 이중 차단 기술

파이프라인의 최대 위협 중 하나는 부식이다. 특히 바닷속에서는 염분과 압력 때문에 강철이 빠르게 손상된다. 이를 막기 위해 최신 프로젝트에서는 내부 코팅과 외부 이중 차단층을 입히고, 전기 방식을 통한 '음극 보호 기술'을 적용한다. 또 누출 감지 시스템은 단순한 압력 차이를 감지하는 수준을 넘어, 수중 드론과 센서를 통해 미세한 가스 기포나 유막까지 포착한다. 멕시코만에서 도입된 이 기술은 과거 몇 주 걸리던 누출 탐지를 하루 만에 가능하게 했다.

인공 산호와 해저 생태계 복원

친환경 해양 기술은 단순히 피해를 줄이는 데서 끝나지 않는다. 일부 프로젝트는 파이프라인 주변에 인공 산호 구조물을 설치해 어류의 서식지를 복원한다. 카타르와 아랍에미리트는 해저 파이프라인을 건설한 뒤 인공 산호초를 배치해 어류 개체 수가 오히려 증가하는 결과를 얻었다. 파이프라인이 생태계를 단절하는 존재가 아니라, 오히려 새로운 서식지의 기반이 될 수 있다는 가능성을 보여준 사례.

재생에너지와의 융합

최근 해양 파이프라인은 단순히 화석연료를 운반하는 통로가 아니라, 재생에너지와 결합하는 방향으로 나아가고 있다. 해상 풍력 발전 단지에서 생산된 전기를 육상으로 보내는 해저 케이블과 파이프라인 보호 기술은 사실상 유사하다. 또한 수소나 암모니아 같은 친환경 연료를 운송하기 위한 해저 파이프라인 연구가 활발히 진행 중이다. 북해에서는 가스관을 개조해 수소를 보내는 실험이 시작되었고, 이는 해양 파이프라인 기술의 미래가 화석연료가 아니라 친환경 자원에 있음을 보여준다.

국제 협력과 규제의 강화

해양 환경을 지키기 위해서는 국가 간 협력이 필수다. 국제해사기구(IMO)와 유럽연합은 해저 파이프라인 건설 시 환경영향평가를 의무화하고, 해양 보호구역에서는 공사를 제한한다. 이러한 규제는 기업에 부담으로 작용하지만, 동시에 친환경 기술 개발을 촉진하는 원동력이 된다. 과거처럼 비용만 따지는 건설은 이제 불가능하다. 파이프라인 기업들은 국제사회의 눈을 피할 수 없고, 지속가능성을 증명해야 한다.

바다와 공존하는 혈관

해저 파이프라인은 필연적으로 바다와 충돌한다. 그러나 오늘날 기술과 사회적 요구는 단순히 충돌을 피하는 단계를 넘어 공존을 요구한다. 저소음 건설, 부식 방지, 인공 산호, 수소 운송 같은 새로운 접근법은 바다를 해치지 않으면서도 에너지를 공급하려는 인간의 시도다. 바다는 더 이상 무한히 이용 가능한 공간이 아니다. 파이프라인이 살아남기 위해서는 바다와의 공존이라는 조건을 충족해야 한다.

한 줄 정리

파이프라인 해양보호와 친환경 기술은 더 이상 선택이 아니라 생존 조건이며, 바다와 공존하는 강철관만이 미래에도 에너지 혈관으로 남을 수 있다.

070
파이프라인 기술의 한계와 극복 과제

파이프라인은 인류 문명을 움직여온 거대한 혈관이었다.

대륙을 가로지르고 바다 밑을 뚫고 지나며, 도시의 불빛과 공장의 굉음을 가능하게 했다. 그러나 그 화려한 기능 뒤에는 언제나 기술적 한계와 취약성이 존재했다. 아무리 튼튼한 강철이라도 시간과 환경, 그리고 인간의 무지 앞에서는 무너지기 마련이었다. 세계 곳곳에서 발생한 파이프라인 누출과 폭발사고는 이 산업이 가진 근본적인 불안정을 적나라하게 보여주었다. 보이지 않는 관 속을 흐르는 것은 에너지원이 아니라, 언제든 폭발할 수 있는 위기 그 자체였다.

부식과 노후, 피할 수 없는 적

파이프라인이 가장 먼저 맞닥뜨리는 한계는 부식이다.

지하에 매설된 관은 토양의 습도와 화학 성분에 따라 서서히 약해진다. 해저에 놓인 관은 염분과 조류, 심지어 해양 생물의 부착으로 취약해진다. 미국의 알래스카 송유관은 1970년대 건설 이후 부식 문제가 끊임없이 제기되었고, 2006년에는 대규모 원유 누출로 전 세계에 충격을 안겼다.

당시 사건은 노후화된 관로 점검을 소홀히 한 결과였고, 유지보수의 어려움이 얼마나 큰지를 상기시켰다. 부식은 단순한 기술적 문제가 아니라, 에너지 안보와 환경 재앙으로 직결되는 구조적 약점이었다.

지진과 전쟁, 외부 충격의 위협

파이프라인은 대륙판 위를 지나고, 전쟁터를 통과한다.

이란 – 이라크 전쟁 당시 수차례의 폭격으로 파이프라인은 끊임없이 파괴되었고, 그때마다 전 세계 원유 가격이 요동쳤다. 튀르키예 남동부에서는 쿠르드 분리주의 무장단체가 파이프라인을 겨냥한 폭파 공격을 수차례 감행해 튀르키예와 유럽의 가스 공급에 타격을 주었다.

일본과 같은 지진대에서는 땅의 흔들림이 파이프라인을 꺾고 터뜨린다. 외부 충격은 기술로 완벽히 방어할 수 없는 숙명적 약점이다. 파이프라인은 강철로 만들어졌지만, 지정학적·자연적 충격 앞에서는 종이처럼 쉽게 찢기는 운명을 안고 있다.

감시와 탐지, 기술의 도전

이러한 한계를 극복하기 위해 각국은 끊임없이 기술을 도입했다.

드론과 위성이 상공에서 파이프라인을 감시하고, 초음파와 자기 센서가 관 내부의 미세한 균열을 감지한다. 디지털 트윈 기술은 실제 파이프라인과 동일한 가상 모델을 만들어 실시간 데이터와 비교하며 이상을 조기에 발견한다. 그럼에도 불구하고 완벽한 예방은 불가능하다. 2021년 미국의 콜로니얼 파이프라인 해킹 사건은 물리적 문제가 아닌 사이버 보안 취약점이 새로운 위협임을 보여주었다. 기술이 진보할수록 새로운 공격과 새로운 한계가 등장하는 것이다. 파이프라인은 늘 감시의 사각지대를 남기고, 인간은 그 틈을 끝내 막지 못한다.

미래를 위한 과제

파이프라인의 한계를 극복하기 위해서는 단순한 기술 발전만으로는 부족하다.

첫째, 국제 협력이 필수적이다. 국경을 넘어선 파이프라인은 한 나라의 노력만으로는 지켜낼 수 없으며, 공동의 규제와 투자, 위기 대응 체계가 필요하다.

둘째, 신소재와 신기술의 개발이다. 부식을 막는 나노 코팅, 자가 치유 기능을 가진 신합금 파이프는 아직 실험 단계지만 미래의 대안으로 떠오르고 있다.

셋째, 사회적 합의와 투명성이다. 주민 보상과 환경 기준을 철저히 지키지 않으면 파이프라인은 사회적 저항에 부딪혀 무너진다.

파이프라인은 기술적 혈관인 동시에 정치적, 사회적 합의 위에 세워진 거대한 시스템이다. 이 조건을 충족하지 못한다면, 파이프라인의 미래는 더 이상 안전한 혈관이 아니라 위험한 흉선으로 남을 것이다.

한 줄 정리

파이프라인의 한계는 부식과 충격, 해킹과 사회적 갈등에서 드러나며, 이를 극복하려면 국제 협력과 신기술, 사회적 합의가 결합된 새로운 접근이 필요하다.

1. 파이프라인은 산업혁명 이후 석유와 가스의 대량 수송을 가능하게 했으며, 전 세계 에너지 시장의 흐름과 산업화를 촉진했다.
2. 냉전 시기 드루즈바 파이프라인과 야말 프로젝트를 통해 소련은 동유럽을 경제적으로 지배하고, 에너지를 외교 무기로 삼았다.
3. 중동과 북아프리카의 파이프라인 전쟁은 국경을 무의미하게 만들고, 오일쇼크 이후 에너지 패권을 둘러싼 국제 질서를 재편했다.
4. 노르드스트림과 파워 오브 시베리아 등 현대 파이프라인은 에너지 무기화와 지정학적 긴장을 강화하며, 동서 진영 간의 새로운 냉전 구도를 불러왔다.
5. 파이프라인은 단순한 에너지 수송관이 아닌, 세계사를 뒤흔든 '강철의 전쟁선'이자 자원과 패권의 경계선을 다시 그리는 도구가 되었다.

Pipeline

PART
08

파이프라인이
바꾼 세계사

071
20세기 에너지 패권과 파이프라인의 등장
- 석유가 피라면, 파이프라인은 혈관이었다.
그리고 혈관을 쥔 자가 세상을 움직였다.

20세기는 석유와 가스가 세계 질서를 지배한 세기였다. 석탄에서 석유로의 전환은 단순한 연료 변화가 아니라 전쟁, 산업, 외교의 흐름을 바꾸는 대전환이었다. 그러나 석유와 가스가 패권의 무기가 되려면 안정적으로 이동할 수 있는 수단이 필요했다. 여기서 등장한 것이 파이프라인이었다. 강철관은 유조선보다 빠르고, 철도보다 안전하며, 무엇보다 대륙을 가로지르며 직접 국가와 국가를 연결했다. 파이프라인은 단순한 운송 기술이 아니라 새로운 권력 구조의 기반이 되었다.

두 차례 세계대전과 석유 수송의 교훈

제1차 세계대전과 제2차 세계대전은 석유의 중요성을 각인시켰다. 특히 제2차 세계대전에서 독일이 연합군의 원유 공급선을 차단하려 했던 전략은 석유 수송망의 취약성을 드러냈다. 미군이 중동과 소련의 석유를 안정적으로 확보할 수 있었던 것은 파이프라인 덕분이었다. 전쟁 중 급히 건설된 '빅 인치(Big Inch)' 파이프라인은 멕시코만에서 미국 동부로 원유를 공급하며 독일 잠수함의 위협을 우회했다. 이 경험은 미국으로 하여금 전후에도 파이프라인을 국가 안보와 에너지 전략의 핵심으로 삼게 만들었다.

냉전과 파이프라인 외교

냉전 시대에 파이프라인은 동서 진영을 잇는 긴장과 협력의 이중 상징이었다. 소련은 드루즈바 파이프라인을 건설해 동유럽에 가스를 공급했다. 이는 단순한 에너지 거래를 넘어 정치적 종속을 강화하는 수단이 되었다. 서독은 미국의 반대에도 불구하고 소련과 가스 파이프라인 계약을 체결했고, 이 거래는 동서 긴장을 완화하는 한편 서방 내부의 갈등을 불러일으켰다. 파이프라인은 냉전의 새로운 전선이었으며, 동시에 갈등을 억제하는 안전장치로도 기능했다.

중동, 석유와 파이프라인의 교차로

중동은 20세기 에너지 패권의 핵심 무대였다. 사우디아라비아와 이란, 이라크의 원유는 파이프라인을 통해 지중해와 홍해, 튀르키예 항구로 실려 나갔다. 특히 1950년대에 건설된 트랜스아랍 파이프라인(TAPLINE)은 사우디에서 지중해까지 이어지며 미국 석유 메이저들의 영향력을 확대했다. 그러나 아랍-이스라엘 전쟁과 오일쇼크는 이 파이프라인의 운명을 뒤바꿨다. 정치적 충돌이 파이프라인

가동을 중단시켰고, 이는 곧 글로벌 석유 가격 폭등으로 이어졌다. 중동의 파이프라인은 언제나 전쟁과 협상의 한가운데 있었다.

에너지 패권의 결정적 무기

20세기에 파이프라인은 단순한 운송로를 넘어 패권의 상징이 되었다. 미국은 자국 내 대규모 파이프라인을 통해 에너지 자립을 강화했고, 소련은 유럽을 가스관으로 묶어 정치적 지렛대를 만들었다. 중동 산유국은 파이프라인을 통해 원유를 세계로 내보내며 부를 축적했지만, 동시에 전쟁과 갈등에 휘말렸다. 강철관 하나가 국가 재정을 떠받치고, 외교 정책을 규정하며, 심지어 전쟁의 승패를 갈랐다. 20세기 에너지 패권의 본질은 석유와 가스였지만, 그것을 가능하게 만든 것은 파이프라인이었다.

한 줄 정리

20세기 에너지 패권은 석유와 가스의 힘에서 비롯되었고, 그 힘을 실제로 움직이게 만든 결정적 무기가 바로 파이프라인이었다.

072
냉전과 가스 파이프라인이 만든 평화와 위기
― 총 대신 가스가 흘렀고, 전쟁 대신 밸브가 닫혔다.
그것이 냉전의 '평화'였다.

냉전은 군사적 대립의 시대였다. 미국과 소련은 핵무기를 쌓아 올리고 동맹을 만들며 세계를 양분했다. 그러나 아이러니하게도 이 치열한 대립 속에서 강철관 하나가 두 진영을 연결하는 다리가 되기도 했다. 가스 파이프라인은 단순한 에너지 수송로가 아니라, 냉전의 긴장 속에서 평화를 가능하게 하는 동시에 언제든 위기의 뇌관이 될 수 있는 모순적인 존재였다.

드루즈바와 동구권의 종속

1960년대 소련은 드루즈바(우정) 파이프라인을 건설해 동유럽 사회주의 국가들에 원유를 공급했다. 이 이름은 표면적으로는 '우정'을 상징했지만, 실제로는 정치적 종속의 상징이었다. 체코, 헝가리, 폴란드 같은 나라들은 에너지를 소련에 의존하게 되었고, 이는 모스크바의 외교적 지렛대가 되었다. 밸브 하나로 동맹국의 경제를 마비시킬 수 있는 구조가 만들어진 것이다. 드루즈바는 평화를 보장했지만, 동시에 에너지를 무기로 한 강압적 질서를 공고히 했다.

서독과 소련, 금기를 깬 협력

냉전의 한가운데서 가장 충격적인 사건은 서독과 소련의 가스 파이프라인 협력이었다. 1970년대 서독은 미국의 반대를 무릅쓰고 소련과 장기 가스 공급 계약을 체결했다. 이 거래는 서방 진영 내부에서 격렬한 논란을 불러일으켰다. 미국은 동맹국이 적국의 에너지에 종속될 것을 우려했지만, 서독은 값싼 가스 확보를 통해 경제 성장을 이어가고 싶어 했다. 결과적으로 파이프라인은 서독과 소련 사이의 긴장을 완화하는 역할을 했고, 이는 나중에 '동방정책(Ostpolitik)'의 토대를 마련했다. 아이러니하게도 가스관은 냉전의 얼음을 녹이는 통로가 되었다.

미국의 경고와 유럽의 선택

미국은 줄곧 유럽의 가스 파이프라인 의존을 경계했다. 레이건 행정부는 1980년대 초 노르드스트림의 전신이라 할 수 있는 소련-서유럽 가스관 프로젝트를 강하게 반대했다. 미국은 소련이 에너지 무기를 사용할 경우 유럽이 무력해질 것이라 경고했다. 그러나 유럽 국가들은 눈앞의 경제적 이익과 안정적 공급을 더 중시했다. 결국 가스 파이프라인은 건설되었고, 유럽과 소련은 얽혀 들어갔다. 이는 냉전의 군사적 대립과 경제적 협력이 공존하는 독특한 상황을 만들어냈다.

위기와 평화, 이중의 얼굴

가스 파이프라인은 냉전 시기 내내 이중의 얼굴을 가졌다. 한편으로는 동서 진영이 서로를 공격하지 못하게 하는 억제 장치였다. 만약 전쟁이 터지면 에너지 공급이 끊기고, 양쪽 모두 막대한 피해를 입을 수밖에 없었다. 그러나 다른 한편으로는 언제든 협박과 압박의 도구로 활용될 수 있는 불안정한 구조였다. 가스관은 평화를 가능하게 했지만, 동시에 불신과 긴장을 끊임없이 키워낸 모순적인 혈관이었다.

냉전의 유산, 지금까지 이어진 그림자

냉전이 끝난 뒤에도 이 구조는 사라지지 않았다. 러시아는 여전히 유럽으로 가는 가스관을 쥐고 있고, 유럽은 여전히 그 의존에서 벗어나려 애쓰고 있다. 러시아와 우크라이나 전쟁과 노르드스트림 폭파 사건은 냉전 시절 가스 파이프라인이 지녔던 모순이 지금까지 이어지고 있음을 보여준다. 평화를 보장하는 동시에 위기를 내포하는 이중성은 여전히 현재진행형이다.

한 줄 정리

냉전 시기 가스 파이프라인은 동서 진영을 연결하며 평화를 가능하게 했지만 동시에 종속과 위기를 낳은 모순적인 혈관이었고, 그 그림자는 지금까지 이어지고 있다.

073
오일쇼크와 파이프라인이 만든 신질서
– 기름값은 올랐고, 파이프라인은 전 세계 권력을 다시 짰다.

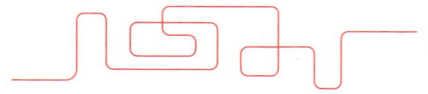

1973년 아랍–이스라엘 전쟁이 발발하자 아랍 산유국들은 전례 없는 카드를 꺼냈다. 미국과 서방이 이스라엘을 지원하자 OAPEC은 원유 생산을 줄이고, 이스라엘을 지지하는 나라들에 대한 석유 수출을 중단했다. 이른바 제1차 오일쇼크였다. 유가는 몇 배로 치솟았고, 세계 경제는 마비됐다. 여기서 세계는 처음으로 깨달았다. 석유는 단순한 자원이 아니라 전쟁을 좌우하는 무기이며, 국제 질서를 재편하는 힘이었다. 이 사건 이후 에너지 안보는 국가 생존의 문제로 격상되었고, 그 해법 중 하나로 파이프라인이 전면에 등장했다.

유조선 시대의 한계와 파이프라인의 필요성

오일쇼크는 해상 수송의 불안정성을 드러냈다. 호르무즈 해협과 수에즈 운하는 좁고 불안정한 병목 지점이었고, 중동 정세가 흔들릴 때마다 유조선은 좌초되거나 봉쇄에 갇혔다. 이때 대안으로 주목받은 것이 파이프라인이었다. 사우디아라비아는 동서 파이프라인을 확장해 홍해 얀부 항구로 원유를 직접 보낼 수 있게 했고, 이는 호르무즈 해협을 우회하는 안전망이 되었다. 이란, 이라크, 튀르키예도 파이프라인 확장에 나서며 새로운 수송망 구축에 열을 올렸다. 오일쇼크는 파이프라인을 단순한 보조 수단에서 전략적 인프라로 격상시킨 계기였다.

일본과 한국, 에너지 안보의 각성

아시아의 산업국가들은 오일쇼크의 직격탄을 맞았다. 일본은 에너지 수입의 99%를 중동에 의존했고, 한국 역시 마찬가지였다. 이 사건은 두 나라에 '에너지 안보'라는 개념을 새겨넣었다. 일본은 원전 확대와 함께 해외 파이프라인 투자에 뛰어들었고, 한국은 중동 건설 붐을 통해 파이프라인 건설에 참여하면서 경험과 자본을 축적했다. 오일쇼크는 아시아 국가들에게 단순한 경제 위기를 넘어 산업 구조와 외교 전략의 근본적 변화를 촉발했다.

유럽, 러시아와의 파이프라인 동맹

오일쇼크는 유럽에도 중대한 교훈을 남겼다. 중동 의존이 위험하다는 사실을 깨달은 유럽은 소련과의 가스 파이프라인 협력에 적극적으로 나섰다. 서독은 미국의 반대를 무릎쓰고 소련과 장기계약을 체결했고, 드루즈바와 우랄 가스관이 서유럽으로 이어졌다. 오일쇼크가 만든 공포는 아이러니하게도 서방과 소련을 연결하는 파이프라인 동맹을 낳았다. 유럽은 러시아 에너지 의존이라는 새로운 리스크를 안게 되었지만, 당시로서는 안정적 공급이 최우선이었다.

오일달러와 새로운 경제 질서

석유 가격 폭등은 또 다른 변화를 낳았다. 중동 산유국에 막대한 오일달러가 몰려들었고, 이 돈은 서방 은행과 무기 시장으로 흘러갔다. 사우디와 쿠웨이트 같은 국가는 파이프라인과 항만, 정유시설을 대대적으로 확충하며 '오일머니'를 경제 발전의 동력으로 삼았다. 반대로 에너지 수입국은 무역수지 적자와 인플레이션으로 고통받았다. 오일쇼크 이후 세계는 '오일달러 체제'라는 새로운 경제 질서 속에 들어섰고, 파이프라인은 이 거대한 돈의 흐름을 실어 나르는 혈관이 되었다.

위기 뒤의 교훈과 오늘의 그림자

오일쇼크는 단순한 일시적 위기가 아니라, 이후 수십 년간 국제 에너지 정책을 지배한 기억으로 남았다. 에너지 안보, 다변화, 파이프라인 확충, 대체 에너지 개발은 모두 이 사건 이후 전 세계가 내린 결론이었다. 그러나 동시에 파이프라인 의존은 또 다른 정치적 종속을 낳았다. 러시아-유럽 관계, 중동의 수송 경로 분쟁은 모두 오일쇼크의 연장선상에 있다. 위기를 해결하기 위해 만든 강철관이 또 다른 위기의 씨앗이 된 것이다.

한 줄 정리

오일쇼크는 석유를 무기로 만든 사건이었고, 그 충격은 파이프라인을 전략적 인프라로 격상시키며 새로운 에너지 질서와 의존 구조를 만들어냈다.

074
미국의 에너지 독립과 키스톤 프로젝트
― 키스톤은 관이 아니다. 미국의 권력과 욕망,
그리고 두려움이 흘렀던 강철의 혈관이다.

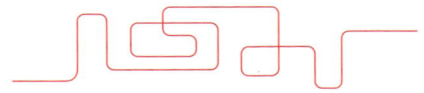

미국은 20세기 내내 세계 최대의 석유 소비국이었다. 자동차와 비행기, 공장과 군대가 돌아가는 모든 에너지의 심장은 석유였고, 미국은 이를 위해 중동과 베네수엘라, 아프리카까지 손을 뻗쳤다. 그러나 1970년대 오일쇼크가 남긴 충격은 지울 수 없었다. 세계 어느 곳에서 전쟁이나 봉쇄가 일어나면 미국의 경제가 휘청였고, 이는 초강대국의 자존심을 건드렸다. '에너지 독립'은 단순한 정책 구호가 아니라, 미국이 다시는 외부 충격에 휘둘리지 않겠다는 국가적 집념의 표현이었다.

셰일혁명과 파이프라인의 부활

2000년대 후반, 셰일혁명은 미국을 다시 일으켜 세웠다. 수압 파쇄와 수평 시추 기술이 발전하면서 텍사스, 노스다코타, 펜실베이니아에서 기름과 가스가 쏟아져 나왔다. 미국은 순식간에 세계 최대의 원유 생산국이 되었고, 수입국에서 수출국으로 변신했다. 그러나 생산지에서 정유소와 항구까지 자원을 옮기려면 혈관이 필요했다. 이때 주목받은 것이 바로 키스톤 파이프라인이었다. 캐나다의 오일샌드와 미국 내륙의 셰일오일을 멕시코만 연안 정유소까지 실어 나르는 초대형 프로젝트였다.

키스톤 XL, 논란의 상징

키스톤 파이프라인 확장판인 키스톤 XL은 미국 에너지 독립의 상징이자 동시에 환경 논쟁의 불씨였다. 하루 83만 배럴을 수송할 수 있는 이 강철관은 캐나다 앨버타의 오일샌드에서 시작해 네브래스카를 거쳐 멕시코만까지 이어질 예정이었다. 그러나 오일샌드 자체가 탄소 배출이 많은 자원이라는 점, 파이프라인이 지나는 경로가 원주민 보호구역과 대형 지하수원인 오갈라라 대수층을 침범한다는 점 때문에 반대가 거셌다. 환경 단체와 원주민 공동체는 끊임없이 시위를 벌였고, 워싱턴 정가의 정치 싸움으로 번졌다.

오바마와 트럼프, 바이든의 갈림길

정권이 바뀔 때마다 키스톤 XL의 운명도 바뀌었다. 오바마 행정부는 기후변화 대응을 이유로 프로젝트를 취소했다. 그러나 트럼프 행정부는 '에너지 우선주의'를 내세우며 재승인했고, 다시 건설이 시작되었다. 하지만 바이든 행정부가 들어서자 취임 첫날 서명으로 허가를 취소해버렸다. 키스톤 XL은 결국 미완성으로 남았고,

미국 사회는 에너지 독립과 환경보호라는 두 가치가 충돌할 때 어떤 선택을 해야 하는지를 두고 여전히 답을 찾지 못하고 있다.

에너지 독립의 경제학과 지정학

키스톤 프로젝트가 완성되었다면 미국은 캐나다와 함께 북미 에너지 블록을 구축할 수 있었을 것이다. 이는 중동 의존을 완전히 끊고, 세계 석유 시장에서 더욱 강력한 발언권을 행사하게 만들었을 것이다. 실제로 셰일혁명 이후 미국은 OPEC 감산에도 불구하고 원유 가격을 안정시키는 역할을 했다. 그러나 환경 규제와 사회적 반발은 그 길을 가로막았다. 미국은 다른 파이프라인 확장과 LNG 수출을 통해 여전히 에너지 독립을 추구하고 있지만, 키스톤 XL은 그 길에서 상징적 좌절로 남았다.

강철관이 남긴 유산

비록 키스톤 XL은 사라졌지만, 그 논쟁이 남긴 유산은 크다. 파이프라인은 단순한 경제적 인프라가 아니라, 기후 위기 시대에 국가가 어떤 길을 가야 하는지를 보여주는 거울이 되었다. 미국의 에너지 독립은 단순한 자급자족이 아니다. 기후와 경제, 정치와 외교를 아우르는 거대한 전략의 일부다. 키스톤 프로젝트는 실패했지만, 그것이 던진 질문은 여전히 살아 있다. 강철관 하나가 초강대국의 미래를 흔들 만큼, 파이프라인은 단순한 관이 아니다.

한 줄 정리

미국의 에너지 독립을 상징했던 키스톤 프로젝트는 결국 미완성으로 끝났지만, 그 논쟁은 에너지 자립과 기후 위기 사이에서 미국이 어떤 길을 택할지에 대한 치열한 질문을 남겼다.

075
EU의 에너지 위기와 파이프라인 대란
— 가스 밸브가 닫히는 순간, 유럽은 문명을 의심하기 시작했다.

유럽연합은 1990년대 이후 꾸준히 에너지 다변화를 말했지만, 현실은 달랐다. 값싸고 안정적으로 공급되는 러시아 가스에 의존하는 것이 훨씬 편리했기 때문이다. 독일은 노르드스트림을 통해 가스프롬과 손을 잡았고, 동유럽 국가들 역시 드루즈바 파이프라인에서 벗어나지 못했다. 결국 러시아산 가스는 유럽 전체 소비량의 40%를 차지하게 되었고, 파이프라인은 유럽 경제의 동맥이 되었다. 하지만 이 편안한 중독은 위기의 씨앗이 되어 서서히 자라고 있었다.

우크라이나 전쟁, 밸브가 무기가 된 순간

2022년 러시아의 우크라이나 침공은 그 씨앗이 터져 나온 사건이었다. 러시아는 군사적 무력뿐 아니라 파이프라인 밸브를 무기로 삼았다. 노르드스트림 1은 공급량을 줄였고, 노르드스트림 2는 개통조차 되지 못했다. 드루즈바 파이프라인도 불안정하게 가동되며 유럽은 순식간에 에너지 공황에 빠졌다. 가스 가격은 10배 이상 폭등했고, 유럽 각국은 공장 가동을 중단하거나 전력 사용을 제한해야 했다. 독일의 화학 기업 바스프는 생산을 줄였고, 체코와 슬로바키아는 겨울 난방을 걱정하는 지경에 이르렀다. 파이프라인은 더 이상 안정적 혈관이 아니라 전쟁터의 인질이 되어 있었다.

LNG 대란과 임시 처방

러시아 가스가 끊기자 유럽은 LNG로 눈을 돌렸다. 미국은 대서양을 가로질러 LNG를 실어 나르며 '구원투수'로 등장했고, 카타르와 노르웨이도 긴급 물량을 공급했다. 그러나 LNG는 파이프라인보다 훨씬 비쌌고, 터미널 부족 문제도 컸다. 독일은 브룬스뷔텔과 빌헬름스하펜에 임시 LNG 터미널을 건설하며 겨우 공급망을 메웠다. 그러나 이는 진통제일 뿐 근본 해법은 아니었다. 유럽 시민들은 치솟는 에너지 요금을 감당해야 했고, 일부 국가는 전력 보조금을 지급하며 재정을 쏟아부었다.

남부 가스 회랑과 새로운 길

위기는 유럽을 강제로 새로운 길로 몰아갔다. 아제르바이잔에서 출발해 튀르키예와 그리스를 거쳐 이탈리아로 이어지는 남부 가스 회랑은 러시아 의존을 줄이는 핵심 대안으로 주목받았다. TANAP과 TAP 파이프라인은 기존보다 더 많은 물량을 흘려보내기 시작했고, 유럽연합은 중앙아시아와 카스피해 국가들과의 협력을 강화했다. 동시에 북해와 지중해 가스전 개발에도 속도를 냈다. 그러나 이 모든 대체 경로가 러시아가 막아둔 수십 년 의존의 공백을 단숨에 채우기는 불가능했다.

정치와 경제의 충돌

에너지 위기는 단순한 경제 문제가 아니었다. 파이프라인을 둘러싼 갈등은 유럽 정치의 균열로 번졌다. 헝가리와 같은 국가는 여전히 러시아와의 가스 계약을 유지하며 제재에 미온적 태도를 보였고, 독일은 과거 노르드스트림을 밀어붙인 책임론에 시달렸다. 프랑스와 북유럽 국가들은 재생에너지 확대를 주장했지만, 단기간에 부족분을 메울 수 없었다. 유럽은 하나의 연합처럼 보였지만, 파이프라인 위기 앞에서는 국가별 이해관계가 여실히 드러났다.

새로운 질서, 아직 끝나지 않은 전쟁

EU의 에너지 위기와 파이프라인 대란은 일시적인 혼란이 아니다. 이는 유럽이 지난 수십 년간 값싼 러시아 가스라는 달콤한 의존에 취해 있었음을 드러낸 사건이었다. 이제 유럽은 LNG, 남부 가스 회랑, 재생에너지, 수소 파이프라인이라는 복잡한 조합으로 새 질서를 만들어가고 있다. 그러나 겨울이 올 때마다, 러시아의 그림자는 여전히 유럽의 에너지 시장 위에 드리워져 있다. 파이프라인 대란은 끝난 것이 아니라, 새로운 에너지 시대를 여는 서막일 뿐이다.

한 줄 정리

EU의 에너지 위기와 파이프라인 대란은 러시아 의존의 붕괴가 불러온 충격이었다. 이에 유럽은 값비싼 대체망을 구축하며 새로운 에너지 질서를 모색하는 중이다.

076
사우디, 이란, 이라크의 파이프라인 경쟁사
— 검은 황금은 땅속에 있었고, 파이프라인은 왕관을 결정했다.

사우디아라비아, 이란, 이라크. 이 세 나라는 20세기 내내 석유와 가스를 세계로 내보내며 부와 권력을 누렸다. 그러나 유조선만으로는 안정적 수송을 보장할 수 없었다. 호르무즈 해협이라는 좁고 불안정한 병목 지점이 언제든 전쟁과 봉쇄의 무대가 될 수 있었기 때문이다. 그래서 세 나라는 각자 파이프라인을 세워 에너지를 세계로 내보내려 했다. 파이프라인은 단순한 인프라가 아니라, 국가 생존과 패권을 걸고 벌인 경쟁의 무기였다.

사우디, 동서 파이프라인의 전략

사우디는 일찍부터 파이프라인 전략에 눈을 떴다. 1980년대 이란과의 긴장이 고조되자 사우디는 페르시아만에서 홍해까지 연결되는 동서 파이프라인을 건설했다. 얀부 항구까지 이어진 이 관은 호르무즈 해협을 완전히 우회할 수 있는 수송로였다. 이 파이프라인 덕분에 사우디는 전쟁과 봉쇄에도 원유 수출을 이어갈 수 있었고,

그 뒤로도 걸프전과 이란의 위협 속에서 결정적 역할을 할 수 있었다. 사우디는 이 강철관 하나로 에너지 수송의 안전망을 확보했을 뿐 아니라, 국제 시장에서 자신감을 얻게 되었다.

이란, 봉쇄와 제재 속의 고립

이란은 사정이 달랐다. 1979년 이슬람 혁명 이후 미국의 제재와 국제적 고립은 파이프라인 건설을 가로막았다. 대부분의 원유가 호르무즈 해협을 통해 유출되었고, 이는 미국과 걸프 국가들에게 늘 공격 포인트가 되었다. 이란은 튀르키예와 연결되는 파이프라인을 일부 확보했지만, 제재와 외교적 압박으로 수송량은 제한적이었다. 특히 1980~1988년 이란 – 이라크 전쟁 동안 이란의 원유 수송망은 폭격과 해상 봉쇄로 심각한 타격을 입었다. 이란의 파이프라인 전략은 늘 제재와 전쟁이라는 장벽에 가로막혔고, 이는 이 나라의 경제와 외교적 약점을 고착화했다.

이라크, 전쟁과 파괴의 연속

이라크 역시 파이프라인 경쟁에서 굴곡의 역사를 가졌다. 바스라에서 출발해 튀르키예 제이한 항구로 이어지는 키르쿠크 – 제이한 파이프라인은 한때 이라크의 수출 동맥이었다. 그러나 이라크 – 이란 전쟁, 걸프전, 그리고 2003년 미국의 침공과 내전은 이 파이프라인을 끝없이 공격했다. 쿠르드 지역의 분쟁과 테러 단체의 폭탄 테러는 이라크의 파이프라인을 자주 마비시켰다. 이라크는 풍부한 자원을 가지고도 안정적으로 수출하지 못하는 '저주받은 부국'의 전형으로 남았고, 파이프라인은 그 취약성을 상징했다.

경쟁과 갈등, 중동의 혈관 전쟁

세 나라의 파이프라인 경쟁은 단순히 경제적 경쟁이 아니었다. 사우디는 동서 파이프라인으로 국제 시장의 신뢰를 얻었고, 이란은 호르무즈 해협이라는 '병목'을 무기 삼아 지정학적 존재감을 유지했다. 이라크는 자원의 잠재력에도 불구하고 파이프라인 안정성에서 실패하며 시장에서 신뢰를 잃었다. 이 경쟁은 중동의 수송 경로 전쟁으로 번졌다. 호르무즈 해협, 튀르키예 경유 노선, 홍해 항구는 단순한 지리적 통로가 아니라, 세 나라가 주도권을 잡기 위해 다투는 무대였다.

오늘과 내일, 여전히 이어지는 경쟁

오늘날에도 이 세 나라는 파이프라인을 두고 경쟁한다. 사우디와 UAE는 호르무즈를 우회하는 노선을 확장하며 영향력을 넓히고, 이란은 제재 완화를 계기로 새로운 파이프라인 구축을 노린다. 이라크는 튀르키예와 쿠르드 지역 갈등을 봉합하며 수송 안정성을 확보하려 애쓰고 있다. 파이프라인은 여전히 중동 정치의 심장부에서 뛰고 있으며, 세 나라의 경쟁은 끝나지 않았다.

한 줄 정리

사우디, 이란, 이라크의 파이프라인 경쟁사는 중동의 에너지 패권과 지정학을 좌우한 혈관 전쟁의 역사이며, 오늘날에도 그 경쟁은 현재진행형이다.

077
러시아의 노르드스트림으로 본 에너지 전쟁
— 총을 쏘지 않고 지배하는 법, 가스 밸브를 잠그면 된다.

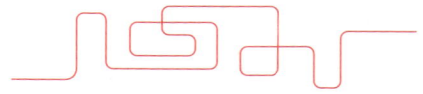

노르드스트림은 단순한 파이프라인이 아니었다. 발트해 해저를 가로질러 러시아에서 독일까지 직결되는 이 강철관은 러시아의 에너지 전략과 유럽의 경제 운명이 교차하는 혈관이었다. 2011년 개통된 노르드스트림 1은 연간 550억m³의 가스를 공급하며 유럽 가정과 산업을 지탱했다. 이후 건설된 노르드스트림 2는 그 두 배에 가까운 영향력을 가질 예정이었다. 그러나 이 혈관은 곧 '에너지 전쟁'의 상징으로 변했고, 강철관이 아니라 정치와 전쟁이 흐르는 통로가 되었다.

러시아, 가스를 무기로 쥐다

푸틴의 러시아는 일찍부터 가스를 무기화했다. 유럽의 에너지 의존도를 계산해본 결과, 러시아는 밸브만 잠가도 유럽 경제를 흔들 수 있다는 사실을 깨달았다. 2006년과 2009년 러시아가 우크라이나를 상대로 가스 공급을 줄이자 유럽 전역이 난방과 전력 부족에 시달렸다. 이 경험은 유럽을 불안하게 만들었지만 동시에 러시아의 협상력을 강화시켰다. 노르드스트림은 바로 이런 계산에서 탄생했다. 우크라이나를 우회해 직접 독일로 가스를 공급함으로써, 러시아는 유럽을 통제할 새로운 무기를 손에 넣었다.

독일의 선택과 미국의 반대

독일은 노르드스트림을 경제적 기회로 보았다. 값싼 러시아산 가스를 안정적으로 확보하면 산업 경쟁력이 강화되고, 탈원전 정책으로 생긴 에너지 공백도 메울 수 있었다. 메르켈 정부는 미국의 반대를 무릅쓰고 프로젝트를 추진했고, 독일 기업들은 적극적으로 참여했다. 그러나 미국은 이를 유럽 안보의 위협으로 규정했다. 러시아의 가스 의존이 강화될수록 유럽은 정치적으로 약해질 것이라는 논리였다. 트럼프 행정부는 노르드스트림 2 참여 기업들에 제재를 가했고, 이는 에너지와 외교가 얽힌 새로운 갈등을 낳았다.

우크라이나 전쟁과 폭발 사건

2022년 러시아의 우크라이나 침공은 노르드스트림의 운명을 바꿔놓았다. 독일은 노르드스트림 2의 가동 승인을 중단했고, 러시아는 보복처럼 노르드스트림 1의 공급량을 줄였다. 결국 유럽은 에너지 대란에 빠졌고, 가스 가격은 폭등했다. 그 와중인 2022년 9월, 발트해 해저에서 정체불명의 폭발이 발생해 노르드스트림 1과 2가 동시에 파괴되었다. 범인이 누구인지 지금까지도 확실히 밝혀지지 않았지만, 사건은 상징적이었다. 파이프라인은 더 이상 경제의 혈관이 아니라 전쟁의 전장이 된 것이다.

유럽의 위기와 새로운 길

노르드스트림의 붕괴는 유럽의 에너지 질서를 뒤흔들었다. 독일과 이탈리아 같은 산업국가들은 러시아 가스가 끊기자 대체 공급원을 찾아야 했다. LNG 터미널 건설이 급속도로 추진되었고, 미국과 카타르, 노르웨이가 새로운 공급자로 등장했다. 동시에 아제르바이잔과 튀르키예를 거치는 남부 가스 회랑이 주목받았다. 그러나 이런 대체망은 비용이 훨씬 높았다. 유럽 시민들은 전기요금 폭등과 난방비 부담을 감수해야 했고, 산업 경쟁력은 약화되었다. 노르드스트림은 끊겼지만, 그 공백은 여전히 유럽을 흔들고 있었다.

강철관이 남긴 교훈

노르드스트림은 강철관 하나가 단순한 수송로를 넘어 세계 질서를 흔들 수 있음을 보여주었다. 러시아는 가스를 무기로 삼아 전쟁과 외교를 유리하게 이끌려 했지만, 결과적으로는 유럽의 탈러시아 전략을 가속화했다. 독일은 값싼 에너지를 좇다 안보 리스크에 갇혔고, 미국은 에너지 패권의 새로운 기회를 잡았다. 발트해 해저의 폭발은 단순한 파괴가 아니라, 21세기 에너지 전쟁의 전환점이었다. 강철관은 부서졌지만, 그 잔해는 여전히 국제 정치의 심장부에서 그림자를 드리우고 있다.

한 줄 정리

노르드스트림은 러시아의 에너지 무기와 유럽의 의존, 미국의 반대가 얽힌 현대판 에너지 전쟁의 상징이었고, 그 파괴는 새로운 질서의 서막이 되었다.

078
중국의 일대일로와 파이프라인 외교
- 일대일로, 도로와 항구만이 아니다.

중국의 일대일로 전략은 흔히 철도와 항구, 고속도로를 떠올리게 한다. 그러나 이 거대한 구상의 심장부에는 눈에 보이지 않는 혈관이 있다. 바로 파이프라인이다. 중국은 석유와 가스의 최대 수입국으로, 안정적인 에너지 확보 없이는 경제 성장도, 정치적 야망도 불가능하다. 일대일로의 핵심 중 하나는 이 에너지 동맥을 새로 뚫어 중국 중심의 네트워크를 구축하는 것이다. 파이프라인은 단순한 수송 인프라가 아니라, 중국 외교와 경제 전략의 첨병이 되었다.

중앙아시아, 대륙을 잇는 가스의 길

중앙아시아는 중국 파이프라인 외교의 시험장이자 성공 사례다. 2009년 완공된 중앙아시아-중국 가스 파이프라인은 투르크메니스탄에서 시작해 카자흐스탄과 우즈베키스탄을 거쳐 중국 신장에 도착한다. 연간 550억m³ 이상을 공급할 수 있는 이 파이프라인은 중국이 러시아 가스 의존에서 벗어나게 한 결정적 통로였다. 동시에 중앙아시아 국가들은 안정적인 구매자를 확보하며 외환 수입을 늘릴 수 있었다. 중국은 단순히 가스를 사 오는 것이 아니라, 이 지역의 정치와 경제를 장악하는 발판을 마련했다. 파이프라인 하나가 지정학적 질서를 바꾼 것이다.

미얀마, 말라카 해협을 우회하다.

중국이 가장 두려워하는 약점은 '말라카 딜레마'다. 중국으로 들어오는 에너지의 80%가량이 말라카 해협을 거치는데, 이곳은 미국 해군이 쉽게 봉쇄할 수 있는 병목이다. 이를 해결하기 위해 중국은 미얀마에 석유·가스 파이프라인을 건설했다. 벵골만 해안에서 출발한 관은 중국 윈난성으로 곧장 연결된다. 이 루트를 통해 중국은 중동과 아프리카 원유를 선박으로 미얀마에 하역해 바로 내륙으로 끌어올 수 있다. 말라카 해협을 거치지 않아도 되는 이 파이프라인은 단순한 에너지 통로를 넘어, 중국의 해상 취약점을 보완하는 전략적 무기가 되었다.

파키스탄과 이란, 불완전한 꿈

중국은 파키스탄과 이란을 연결하는 파이프라인에도 관심을 보였다. 이른바 '이란 – 파키스탄 – 중국 파이프라인' 구상은 이란의 풍부한 가스를 파키스탄을 거쳐 중국 서부로 끌어오는 계획이었다. 그러나 미국의 대이란 제재와 파키스탄 내부 불안정으로 프로젝트는 지지부진했다. 그럼에도 중국은 포기하지 않았다. 파키스탄의 과다르 항과 경제회랑(CPEC) 개발을 통해 장기적으로 이 파이프라인의 가능성을 열어두고 있다. 일대일로의 파이프라인 외교는 당장 완성되지 않더라도, 장기적 포석과 외교적 포위망을 통해 지속적으로 추진된다.

러시아와의 연결, 전략적 균형

중앙아시아와 동남아시아에서 파이프라인을 확장하면서도, 중국은 러시아와의 협력을 병행했다. 2019년 가동된 '시베리아의 힘' 파이프라인은 러시아 동부 가스를 중국으로 직접 연결하며 두 나라의 전략적 협력을 상징했다. 이는 유럽 제재로 서쪽 시장을 잃은 러시아와 안정적인 공급처를 원하는 중국의 이해가 맞아떨어진 결과였다. 중국은 러시아 가스에만 의존하지 않으면서도, 동시에 러시아를 묶어두는 전략을 구사한 셈이다. 파이프라인은 단순한 거래를 넘어 국제 정치의 균형추 역할을 한다.

파이프라인 외교가 남긴 그림자

중국의 파이프라인 외교는 화려해 보이지만, 그림자도 있다. 건설 과정에서 환경 파괴와 원주민 공동체의 반발이 발생했고, 차관을 갚지 못한 국가들은 '채무 외교'의 함정에 빠졌다. 중앙아시아 일부 지역에서는 중국 의존도가 지나치게 높아지자 반중 감정이 폭발했다. 또한 미국과 인도, 일본은 중국의 파이프라인 외교를 지정학적 위협으로 간주하며 견제에 나섰다. 파이프라인은 중국의 영향력을 확장하는 동시에, 국제 갈등의 새로운 불씨가 되고 있다.

강철관으로 짜는 새로운 지도

일대일로와 파이프라인 외교는 결국 새로운 세계 지도를 그리는 작업이다. 중국은 강철관을 통해 중앙아시아, 동남아시아, 러시아, 중동을 자국 중심의 네트워크로 묶고 있다. 이 네트워크는 단순한 에너지 확보를 넘어, 정치적 영향력과 경제적 종속을 낳는다. 파이프라인은 눈에 보이지 않는 권력의 선이며, 21세기 버전의 실크로드다.

한 줄 정리

중국의 일대일로와 파이프라인 외교는 에너지 확보를 넘어 세계를 중국 중심으로 재편하려는 전략적 시도로, 기회와 갈등을 동시에 불러오고 있다.

079
이스라엘의 천연가스와 중동 평화 가능성
- 총은 잠시 멈출 수 있다. 하지만 가스는 계속 흘러야 한다.

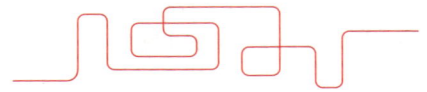

바다 밑에서 발견된 보물

이스라엘은 오랫동안 에너지 빈국이었다. 석유와 가스 모두 수입에 의존했는데, 중동의 산유국들과 대립하는 상황에서 안정적 공급조차 쉽지 않았다. 그러나 2009년과 2010년, 지중해 동부에서 타마르와 레비아탄이라는 대형 가스전이 연이어 발견되면서 상황은 완전히 뒤집혔다. 이스라엘은 단숨에 에너지 자급을 넘어 수출국으로 도약할 수 있는 기회를 손에 넣었다. 바다 밑에서 솟아오른 천연가스는 단순한 자원이 아니라, 이스라엘의 외교와 안보, 그리고 중동 평화의 지형을 흔드는 강력한 변수가 되었다.

국내 에너지 자립과 경제 효과

타마르와 레비아탄 가스전은 이스라엘 전력 수요의 대부분을 충족시킬 수 있는 규모였다. 가스 발전은 석탄 발전을 대체하며 대기오염을 줄였고, 에너지 비용을 안정시켰다. 국내 기업과 시민들은 값싼 전력의 혜택을 누렸고, 이스라엘 경제는 경쟁력을 얻었다. 정부는 가스 수익을 통해 국부 펀드를 조성해서 미래 세대를 위한 자금을 축적하기 시작했다. 천연가스는 단순한 자원 확보를 넘어, 국가 경제 구조를 바꾸는 동력이 되었다.

수출과 외교, 새로운 파트너십

이스라엘은 곧바로 가스를 수출 자원으로 활용했다. 이집트와 요르단은 가장 가까운 고객이었다. 요르단은 2016년 이스라엘과 150억 달러 규모의 장기 가스 수입 계약을 체결했고, 이는 두 나라의 긴장을 완화하는 계기가 되었다. 이집트 역시 LNG 터미널을 활용해 이스라엘산 가스를 재수출하며 상호이익을 나누었다. 과거 전쟁과 대립의 상징이었던 국경이, 이제는 에너지를 매개로 한 협력의 현장이 된 것이다. 가스관은 총구보다 더 강력한 평화의 도구가 될 수 있음을 보여주었다.

EastMed 파이프라인과 유럽의 시선

이스라엘은 그다음 목표를 유럽으로 돌렸다. 그리스와 키프로스와 함께 구상한 EastMed 파이프라인은 동지중해 가스를 유럽으로 직접 수송하려는 대형 프로젝트였다. 유럽은 러시아 가스 의존을 줄일 대체 공급원을 찾고 있었고, 이스라엘의 제안은 매력적으로 보였다. 그러나 막대한 건설비용과 튀르키예의 반발, 지중해 해저의 기술적 난관이 발목을 잡았다. EastMed는 아직 완전히 실현되지 않았지만, 이스라엘이 단순한 지역 에너지 국가를 넘어 글로벌 공급자로 도약하려는 야망을 상징한다.

중동 평화의 가능성과 한계

이스라엘 가스는 분명히 중동 평화의 가능성을 열었다. 경제적 이해가 맞아떨어지면 정치적 대립도 완화될 수 있다는 점을 보여주었기 때문이다. 요르단과 이집트의 사례가 대표적이고, 레바논과도 해양 경계 협정을 체결하며 갈등을 관리하려는 움직임이 나타났다. 그러나 동시에 팔레스타인 문제와 이란과의 적대 관계, 튀르키예와의 갈등은 여전히 해결되지 않았다. 가스가 모든 분쟁을 치유하는 만병통치약은 아니라는 사실이 분명해졌다. 에너지는 평화의 도구가 될 수 있지만, 그것을 가능하게 하는 것은 여전히 정치적 의지와 외교적 선택이다.

강철관이 남긴 질문

이스라엘의 천연가스는 국가의 운명을 바꿔놓았다. 빈국에서 에너지 수출국으로, 고립된 나라에서 협력의 중심으로 변신할 수 있는 발판이 마련되었다. 그러나 동시에 새로운 갈등과 도전도 함께 나타났다. 가스관은 평화를 흐르게 할 수도 있지만, 언제든 새로운 갈등의 뇌관이 될 수도 있다. 결국 중요한 것은 자원이 아니라 그것을 다루는 방식이다. 이스라엘의 천연가스는 중동 평화의 가능성을 열었지만, 그 가능성을 현실로 만들지는 아직 미지수다.

한 줄 정리

이스라엘의 천연가스는 국가 경제와 외교를 바꾸며 중동 평화의 가능성을 열었지만, 여전히 갈등과 지정학의 장벽 속에서 완전한 해답은 되지 못하고 있다.

080
아프리카와 파이프라인, 마지막 에너지 프론티어
― 미개척지에 뻗어가는 강철관

아프리카는 오랫동안 '에너지의 마지막 프론티어'라 불려왔다. 석유와 가스 매장량은 풍부했지만, 정치 불안과 인프라 부족, 외국 자본의 지배 때문에 본격적인 개발은 늘 지연되었다. 그러나 21세기 들어 세계의 눈은 다시 아프리카로 향했다. 에너지 수요가 폭발하는 아시아와 유럽이 새로운 공급원을 찾으면서, 아프리카는 파이프라인을 통해 그 자원을 세계로 내보낼 준비를 시작했다. 강철관이 뚫리는 곳마다 새로운 기회와 갈등이 동시에 솟아올랐다.

나이지리아, 거대한 잠재력과 끝없는 좌절

아프리카에서 가장 대표적인 에너지 강국은 나이지리아다. 그러나 나이지리아의 파이프라인 역사는 부와 동시에 파괴의 역사였다. 니제르델타 지역에서는 파이프라인 누출과 폭발이 반복되었고, 무장 단체와 주민들의 불법 채유가 일상이 되었다. 국제 석유

기업들은 이곳에 수십억 달러를 투자했지만, 부패한 정부와 무질서한 관리 때문에 수익은 소수에게만 돌아갔다. 그럼에도 나이지리아는 여전히 대규모 파이프라인 프로젝트를 추진 중이다. 대표적으로 나이지리아 – 모로코 가스 파이프라인은 서아프리카를 따라 5,000km 이상 이어져 유럽으로 연결될 예정인데, 이는 아프리카 대륙의 지정학적 판도를 뒤흔들 수 있는 야심작이다.

동아프리카, 신흥 에너지의 부상

동아프리카는 최근 들어 에너지 지도로 새롭게 떠오른 지역이다. 모잠비크와 탄자니아는 거대한 해상 가스전을 발견했고, 이를 육지와 해외 시장으로 연결하기 위해 파이프라인 건설을 논의 중이다. 특히 모잠비크는 LNG 플랜트와 파이프라인을 결합한 초대형 프로젝트를 통해 아프리카의 새로운 에너지 허브를 꿈꾸고 있다. 그러나 이 지역 역시 무장 반군의 공격과 정치 불안이라는 위기를 안고 있다. 파이프라인 건설이 시작되기도 전에 테러가 발생해 프로젝트가 중단되는 일도 있었다. 아프리카에서 파이프라인은 언제나 기회와 리스크를 동시에 품고 있다.

북아프리카, 지중해로 뻗은 관

북아프리카는 유럽과 지리적으로 가까운 덕분에 파이프라인 경쟁의 중심지가 되었다. 알제리에서 스페인과 이탈리아로 이어지는 가스관은 이미 유럽 에너지 시장의 중요한 축이다. 그러나 모로코와 알제리의 갈등으로 일부 파이프라인은 가동이 중단되었고, 이는 유럽의 공급 불안을 키웠다. 리비아 역시 잠재력이 크지만, 내전으로 인해 파이프라인이 자주 공격받으며 신뢰를 잃었다. 지중해를 사이에 둔 북아프리카의 파이프라인은 유럽에게 매력적인 대안이지만, 정치적 불안정은 여전히 가장 큰 장애물이다.

외부 세력의 각축장

아프리카 파이프라인 프로젝트는 단순히 대륙 내부의 문제가 아니다. 중국, 러시아, 미국, 유럽 기업들이 모두 이 시장을 노리고 있다. 중국은 일대일로 전략의 일환으로 아프리카 파이프라인에 대규모 투자를 하고 있으며, 러시아는 에너지 기술과 무기를 결합해 영향력을 넓히려 한다. 유럽은 에너지 위기 속에서 아프리카 가스를 유럽 시장으로 끌어오려 하고, 미국 기업들은 자본과 기술로 참여하며 경쟁 구도를 만든다. 아프리카의 파이프라인은 단순한 경제 프로젝트가 아니라, 외부 세력의 지정학적 대결장이 되었다.

마지막 프론티어의 의미

아프리카는 여전히 마지막 에너지 프론티어다. 파이프라인이 성공적으로 건설되면 대륙의 자원은 세계 시장으로 쏟아져 들어갈 것이고, 이는 아프리카 경제에 새로운 기회를 줄 것이다. 그러나 정치적 부패, 무장 갈등, 환경 문제를 해결하지 못한다면, 강철관은 오히려 불평등과 분쟁의 도구가 될 수도 있다. 아프리카의 파이프라인은 미래의 희망과 위기를 동시에 보여주는 거울이다.

한 줄 정리

아프리카의 파이프라인은 마지막 에너지 프론티어로서 기회와 위기를 동시에 안고 있으며, 세계 강대국들의 각축 속에서 대륙의 운명을 결정짓는 혈관이 되고 있다.

1. 에너지 안보 vs 기후위기
파이프라인은 값싼 에너지와 산업 경쟁력을 보장하지만, 동시에 탄소중립과 기후위기에 역행한다. 지속 가능한 발전과 생존의 딜레마 앞에서 세계는 어떤 선택을 할 것인가?

2. 파이프라인 경제 논리 vs 환경·인권 논리
개발도상국과 자원부국은 경제 발전을 위해 파이프라인 건설에 나서지만, 환경 파괴와 원주민 공동체 침해 논란은 갈수록 커지고 있다. 돈과 생존, 둘 중 무엇이 더 절박한가?

3. 에너지 무기화의 위험성 vs 에너지 독립의 유혹
러시아의 가스 전략에서 드러났듯, 파이프라인은 정치·군사적 무기가 될 수 있다. 하지만 자원국과 소비국 모두 이 의존관계를 쉽게 끊지 못한다. 전략적 독립은 가능한가?

4. 기술혁신 vs 안전 리스크
AI, 디지털 트윈, 스마트 센서로 파이프라인은 점점 지능화되고 있지만, 동시에 사이버 해킹과 테러, 인프라 노후화라는 새로운 위협이 더 커지고 있다. 최첨단 기술이 답일까, 아니면 또 다른 위험일까?

5. 선택의 시간 : 철의 혈관이냐, 녹색 전환이냐?
파이프라인 인프라에 대한 투자와 유지, 혹은 완전한 탈화석 연료와 분산형 에너지로의 전환, 에너지 주권과 지구적 연대, 그 사이에서 인류는 무엇을 선택해야 하는가?

PART
09

논쟁과 딜레마, 그리고 선택

081
파이프라인이 에너지 독립을 보장할까?
- 길을 내는 순간, 종속이 시작된다.

　파이프라인은 종종 '에너지 독립'이라는 구호와 함께 등장한다. 강철관을 땅속에 묻고 석유와 가스를 흘려보내면, 국가가 스스로의 에너지를 통제할 수 있을 것처럼 보인다. 그러나 현실은 단순하지 않다. 자원을 채굴하고 파이프라인을 연결했다고 해서 진정한 독립이 보장되는 것은 아니다. 오히려 파이프라인은 새로운 형태의 의존을 낳는다. 독립이라는 이름의 강철관이 사실은 또 다른 종속의 사슬일 수 있다는 역설이 숨어 있다.

미국, 셰일혁명과 키스톤의 교훈
　미국은 셰일혁명 이후 스스로를 세계 에너지 패권국으로 다시 세웠다. 키스톤 파이프라인 같은 프로젝트는 캐나다 오일샌드와 미국 내륙 자원을 연결해 자급을 확대하려 했다. 미국은 한때 에너지 수입국에서 수출국으로 변신하며 에너지 독립을 선언하기까지 했다. 그러나 기후위기 논쟁과 환경 문제 반발, 그리고 국제 유가 변동은 이 독립의 취약성을 드러냈다. 값싼 셰일오일도 국제 시장 가격에 따라 수익성이 흔들렸고, 키스톤 XL은 정치적 갈등 속에서 결국 무산됐다. 미국의 사례는 파이프라인이 독립을 보장하는 듯 보이지만, 시장과 정치의 바람 앞에서는 여전히 흔들릴 수 있음을 보여준다.

유럽, 러시아 의존의 덫

유럽은 러시아와 연결된 드루즈바, 노르드스트림 같은 파이프라인 덕분에 값싸고 안정적인 가스를 공급받았다. 그러나 이 '안정'은 결국 러시아 의존이라는 덫이었다. 우크라이나와의 전쟁 뒤에 러시아가 밸브를 잠그자 유럽은 순식간에 에너지 위기에 빠졌다. 독일과 이탈리아 같은 산업 국가들은 난방과 전력마저 위협받았고, 시민들은 폭등한 가스 요금을 감당해야 했다. 유럽은 파이프라인 덕분에 번영을 누렸지만, 동시에 그것이 독립이 아니라 취약성임을 뒤늦게 깨달았다. 파이프라인이 보장한 것은 독립이 아니라 종속이었다.

아시아, 다변화의 실험

아시아 국가들의 상황은 또 다르다. 일본과 한국은 파이프라인이 없는 구조라 LNG에 의존하며, 에너지 독립의 논리보다는 다변화 전략에 집중해왔다. 반면 중국은 중앙아시아와 러시아를 연결하는 파워 오브 시베리아 파이프라인을 통해 육상 에너지 루트를 확보했다. 이는 해상 봉쇄 위험을 피하기 위한 전략이었지만, 동시에 중앙아시아와 러시아라는 새로운 종속 고리를 만든 셈이었다. 아시아의 사례는 파이프라인이 독립을 주기보다는 단순히 의존의 방향을 바꾸는 역할에 불과하다는 점을 드러낸다.

독립의 조건, 파이프라인만으로는 부족하다.

에너지 독립을 보장하는 것은 파이프라인 자체가 아니다. 그것은 공급원의 다변화, 대체 에너지 개발, 비축 전략과 결합될 때만 가능하다. 파이프라인은 단순히 물리적 경로일 뿐이며, 그 경로가 누구에게 통제되는지, 어떤 정치적 조건 속에 놓여 있는지가 더 중요하다. 사우디와 UAE가 동서 파이프라인을 통해 호르무즈 해협을 우회할 수 있게 된 것은 독립의 강화였지만, 동시에 석유 수요국의 존재 없이는 무용지물이었다. 독립은 관의 길이가 아니라 에너지 구조의 균형 속에서만 가능하다.

환상과 현실의 교차로

파이프라인은 언제나 국가들에게 에너지 독립이라는 꿈을 심어주었다. 그러나 미국, 유럽, 아시아의 사례는 모두 그 꿈이 환상과 현실 사이에서 흔들린다는 것을 보여준다. 강철관은 독립의 도구일 수도 있지만, 동시에 종속의 사슬이 되기도 한다. 결국 진정한 독립은 파이프라인 하나가 아니라 다양한 자원과 경로, 기술과 정치적 선택이 어우러져야만 얻을 수 있는 것이다.

한 줄 정리

파이프라인은 에너지 독립을 보장하는 듯 보이지만 실제로는 새로운 의존을 낳으며, 진정한 독립은 다변화와 구조적 변화 속에서만 가능하다.

082
파이프라인이 가져오는 지정학적 의존성은?
– 강철관 위에 세운 동맹은 결국 종속이 된다.

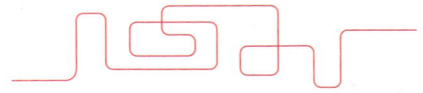

파이프라인은 눈에 보이는 강철관일 뿐이지만, 국가를 묶어두는 보이지 않는 족쇄가 되기도 한다. 한 나라가 다른 나라와 파이프라인으로 연결된 순간, 그것은 단순한 에너지 수송로를 넘어 지정학적 의존 관계를 만든다. 물리적으로 이어진 혈관은 언제든 밸브 하나로 생사를 가를 수 있고, 이 때문에 파이프라인은 협력과 번영의 통로이자 동시에 정치적 협박과 종속의 수단으로 기능한다.

러시아와 유럽, 값싼 가스의 덫

유럽은 값싼 러시아 가스 덕분에 수십 년간 경제적 번영을 누렸다. 노르드스트림과 드루즈바 같은 파이프라인은 독일과 이탈리아 산업을 성장시킨 핵심 동력이었다. 그러나 러시아와 우크라이나 전쟁이 발발하자 그 혈관은 족쇄로 변했다. 러시아가 공급량을 줄이고 가격을 조정하자 유럽은 속수무책으로 휘둘렸다. 유럽의 가정은 난방을 걱정했고, 공장은 전력 부족으로 가동을 줄였다. 파이프라인이 보장했던 안정은 곧바로 러시아의 협박 도구가 되었고, 유럽은 값싼 에너지의 덫에 스스로 갇히게 되었다.

중앙아시아, 중국의 새로운 의존

중국은 중앙아시아 – 중국 가스 파이프라인을 통해 투르크메니스탄, 카자흐스탄, 우즈베키스탄과 연결되어 있다. 이 루트는 중국이 러시아와 중동 의존에서 벗어나려는 전략적 선택이었지만, 동시에 새로운 지정학적 의존성을 낳았다. 중앙아시아 국가들은 중국이라는 거대 소비자에게 묶이며 외교적 카드가 제한되었고, 중국 역시 이 파이프라인이 끊길 경우 막대한 타격을 입게 되었다. 실제로 투르크메니스탄의 공급 차질은 중국 남부 공장의 가동에 직접 영향을 미쳤다. 파이프라인은 중국을 자유롭게 만든 것이 아니라 또 다른 족쇄를 채운 셈이다.

튀르키예, 허브인가 인질인가?

튀르키예는 TANAP, 튀르크스트림, 블루스트림 같은 대형 파이프라인 덕분에 에너지 허브로 변모했다. 그러나 동시에 그 위치는 의존과 리스크를 키웠다. 튀르키예는 러시아와 아제르바이잔, 이란의 가스가 자국을 거쳐 유럽으로 가기 때문에 막강한 영향력을 얻었지만, 반대로 이들 공급국의 정치적 압박에서도 자유롭지 않다. 에르도안 정부가 외교적 줄타기를 할 수 있는 것은 파이프라인 덕분이지만, 만약 공급국이 협조를 끊으면 튀르키예 역시 피해자가 된다.

허브와 인질 사이의 불안정한 위치, 그것이 튀르키예의 현실이다.

아프리카, 개발과 종속의 양날

아프리카의 파이프라인은 경제 개발의 희망이자 종속의 통로였다. 알제리 – 스페인, 알제리 – 이탈리아 가스관은 유럽으로의 수출을 보장했지만, 동시에 아프리카 국가들의 경제를 유럽 시장에 고착시켰다. 나이지리아의 경우, 대형 파이프라인 프로젝트가 외국 자본과 기술에 의존하면서 자국민에게 돌아오는 이익은 제한적이었다. 부와 개발을 약속한 파이프라인은, 동시에 외부 세력의 영향력과 정치적 간섭을 불러오는 길이 되었다.

의존을 넘어서려는 시도

세계 각국은 파이프라인의 지정학적 의존성을 줄이려 애쓰고 있다. 유럽은 LNG 수입을 확대하고, 남부 가스 회랑과 북해 개발을 추진했다. 중국은 파이프라인 외에도 LNG와 재생에너지로 에너지 포트폴리오를 다변화했다. 그러나 여전히 파이프라인은 국가 간 관계의 본질을 규정하는 요소로 남아 있다. 강철관은 끊을 수 없는 혈관이자, 동시에 독립을 위협하는 족쇄다.

한 줄 정리

파이프라인은 협력의 통로처럼 보이지만, 실제로는 국가를 서로 묶어두는 지정학적 족쇄가 되어, 독립보다 의존을 강화하는 경우가 더 많다.

083
LNG vs 파이프라인 :
어느 쪽이 더 안전한가?
— 두 혈관의 대결, 안전을 둘러싼 질문

에너지를 움직이는 두 가지 길이 있다. 하나는 땅속에 묻힌 강철관을 따라 흐르는 파이프라인, 다른 하나는 바다 위를 오가는 거대한 LNG 운반선이다. 둘 다 세계 경제의 혈관이지만, 어느 쪽이 더 안전한가라는 질문은 단순하지 않다. 폭발, 누출, 해킹, 해적, 테러, 지진, 기후변화까지 모든 위험이 얽혀 있다. 파이프라인과 LNG는 안전의 방식이 다르고, 각자의 취약성이 존재한다.

파이프라인, 은밀하지만 취약한 혈관

파이프라인은 일단 건설되면 수십 년간 안정적으로 자원을 흘려보낼 수 있다. 날씨에 흔들리지 않고, 해적이나 항로 봉쇄 같은 변수에도 강하다. 그러나 은밀히 땅속을 달리는 이 강철관은 테러와 전쟁의 표적이 되기 쉽다. 나이지리아 델타 지역에서 무장단체가 파이프라인을 폭파한 사례는 흔하다. 우크라이나 전쟁에서는 러시아와 우크라이나가 서로의 파이프라인을 협박 카드로 활용했다. 2022년 노르드스트림 폭발 사건은 파이프라인이 단순한 경제 인프라가 아니라 전쟁터의 무대임을 보여주었다. 즉, 파이프라인은 안정적인 듯 보이지만 지정학적 충격에 취약하다.

LNG, 바다 위의 유연성과 위험

LNG는 액화 상태로 운반선에 실려 전 세계 어디든 보낼 수 있다. 공급의 유연성이라는 점에서 파이프라인보다 훨씬 자유롭다. 그러나 안전성의 측면에서는 또 다른 리스크를 안고 있다. LNG는 극저온 상태에서 보관되는데, 사고로 유출되면 순식간에 증발하며 폭발적 화재로 이어질 수 있다. 2014년 미국 워싱턴주에서 LNG 저장 탱크가 폭발해 수십 명이 부상한 사건은 이 위험성을 보여줬다. 또한 LNG 운반선은 해상 사고나 해적의 공격, 그리고 국제 분쟁의 봉쇄 위협에 취약하다. 바다 위를 떠도는 거대한 연료 탱크는 안전이라는 측면에서 결코 무적이 아니다.

사이버 위협과 현대적 취약성

21세기 안전성 논의에서 빠질 수 없는 것이 사이버 공격이다. 파이프라인은 SCADA 시스템과 원격 제어 장치에 의존한다. LNG 터미널과 선박 역시 디지털 운영 시스템을 갖추고 있다. 2021년 콜로니얼 파이프라인 해킹 사건은 파이프라인 운영이 랜섬웨어 한 번에 무너질 수 있음을 보여줬다. LNG도 예외는 아니다. 만약 해킹으로 LNG 터미널의 냉각 장치가 멈춘다면 대규모 폭발사고로 이어질 수 있다. 사이버 공간에서의 안전성은 파이프라인과 LNG 모두에게 똑같이 심각한 도전이다.

지역에 따라 달라지는 안전성

어느 쪽이 더 안전한가는 지역과 상황에 따라 다르다. 유럽은 러시아와의 정치적 갈등으로 파이프라인의 안전성이 취약해졌고, 그래서 LNG로 눈을 돌렸다. 아시아는 지정학적 봉쇄 위험 때문에 파이프라인보다 LNG를 선호하는 경우가 많다. 반면 중앙아시아나 북미처럼 정치적으로 비교적 안정된 내륙 지역에서는 파이프라인이 가장 안전하고 효율적인 수단이다. 안전성은 절대적 기준이 아니라 환경과 상황이 만들어내는 상대적 조건이다.

미래, 혼합 전략의 불가피성

궁극적으로 파이프라인과 LNG 중 어느 쪽이 더 안전한가라는 질문의 답은 '둘 다 아니다'에 가깝다. 각자의 취약성이 분명하기에, 국가와 기업들은 두 방식을 혼합하는 전략을 택한다. 일부는 파이프라인으로, 일부는 LNG로 운송하며 리스크를 분산하는 것이다. 유럽이 LNG 터미널을 늘리면서도 남부 가스 회랑을 확대하는 이유, 중국이 러시아 파이프라인을 확대하면서도 LNG 계약을 맺는 이유가 여기에 있다. 안전은 한 방식의 선택이 아니라, 다변화라는 이름의 균형 속에서만 확보된다.

한 줄 정리

파이프라인은 안정적이지만 지정학에 취약하고, LNG는 유연하지만 해상사고와 폭발 위험이 크며, 진정한 안전은 두 방식을 병행해 리스크를 분산하는 데서 나온다.

084
파이프라인 프로젝트가 개발도상국을 구할까?
— 강철관이 가져다주는 약속

    개발도상국의 지도자들은 종종 파이프라인을 국가 발전의 지름길로 여긴다. 땅속에서 뽑아낸 석유와 가스를 강철관에 실어 바다 건너로 보내면 달러가 쏟아져 들어올 것이라는 기대다. 국제 석유 기업들은 고용과 세수 확대를 약속하고, 정부는 도로와 병원, 학교를 지을 돈이 마련될 것이라 홍보한다. 파이프라인은 가난에서 벗어나 번영으로 가는 마법의 통로처럼 제시된다. 그러나 현실은 언제나 그리 단순하지 않았다.

나이지리아, 부와 저주의 두 얼굴

    나이지리아는 아프리카에서 가장 많은 석유와 가스를 가진 나라지만, 파이프라인의 역사는 끝없는 문제로 얼룩져 있다. 니제르 델타 지역에서는 파이프라인 누출과 폭발이 반복되었고, 주민들은 오염된 물과 토양으로 고통받았다. 국제 석유 기업과 정부는 막대한 수익을 챙겼지만 지역 공동체는 가난에서 벗어나지 못했다. 심지어 무장 반군은 파이프라인을 공격하거나 불법 채유를 하며 더 큰 혼란을 불러왔다. 파이프라인이 개발도상국을 구하는 대신 오히려 부패와 갈등의 불씨가 된 것이다.

중앙아시아, 통행료의 달콤함과 종속

투르크메니스탄, 카자흐스탄, 아제르바이잔 같은 중앙아시아 국가들은 파이프라인 덕분에 막대한 외화를 벌어들였다. 특히 아제르바이잔의 BTC(바쿠 – 트빌리시 – 제이한) 파이프라인은 수십억 달러의 수익을 창출하며 국가 재정을 지탱했다. 그러나 이 돈은 불평등을 심화시키고, 권위주의 정권을 강화하는 데 사용되기도 했다. 통행료와 수출 수익은 달콤했지만, 경제 구조가 자원에 과도하게 의존하게 되면서 산업 다변화는 뒷전으로 밀렸다. 파이프라인이 만들어 낸 것은 번영과 종속이 동시에 공존하는 모순적인 현실이었다.

미얀마, 전략의 희생양

미얀마는 중국과 연결된 석유·가스 파이프라인 덕분에 지정학적 요충지가 되었다.

벵골만에서 출발해 윈난성으로 이어지는 이 관은 중국에게는 말라카 해협을 우회하는 전략적 길이었다. 그러나 미얀마 내부에서는 주민 보상 문제와 환경 파괴, 군부와 기업 간 부패가 겹치며 사회적 갈등이 폭발했다. 국제 인권 단체들은 주민들이 토지를 강제로 빼앗기고 정당한 보상을 받지 못했다고 비판했다. 파이프라인은 국가 재정을 보강했지만, 동시에 민주주의와 인권을 희생시키는 대가를 치르게 했다.

가능성과 한계, 양날의 검

분명 파이프라인은 개발도상국의 경제를 끌어올릴 수 있다. 안정적 외화 수입, 에너지 자급, 산업 인프라 확충은 부정할 수 없는 장점이다. 그러나 동시에 부패, 환경 파괴, 지역 갈등, 외부 세력 종속이라는 리스크가 따라온다. 파이프라인이 구원자가 될지 재앙의 씨앗이 될지는 그 나라의 제도와 사회 구조, 그리고 자원을 다루는 방식에 달려 있다. 강철관 자체가 구원하는 것이 아니라, 그것을 어떻게 운영하고 관리하느냐가 진정한 열쇠다.

미래를 위한 조건

개발도상국이 파이프라인을 진정한 발전의 수단으로 삼으려면 몇 가지 조건이 필요하다. 첫째, 수익을 특정 엘리트가 독점하지 않고 사회 전체로 환원하는 제도적 장치. 둘째, 환경과 주민 피해를 최소화하는 규제와 감시. 셋째, 자원 의존에서 벗어나 다른 산업을 키우는 전략. 이 세 가지가 결여되면 파이프라인은 단지 부패한 권력자의 금고를 채우는 관에 불과하다.

한 줄 정리

파이프라인 프로젝트는 개발도상국을 구원할 수도 있지만, 부패와 종속을 심화시킬 수도 있는 양날의 검이며, 진정한 구원은 제도와 운영 방식에 달려 있다.

085
파이프라인 건설이 환경을 파괴하는가?
- 숲을 가로지르는 강철의 길

파이프라인은 국가의 혈관이라 불리지만, 그것을 건설하는 과정은 숲과 강, 초원과 바다를 가로지르는 상처가 되기도 한다. 길게는 수천 킬로미터에 달하는 관을 묻기 위해 땅을 파헤치고 나무를 베어내며, 강과 바다 밑을 뚫어야 한다. 지도 위에 선 하나의 직선이 현실에서는 생태계 단절과 토양 훼손, 수질 오염으로 이어진다. 파이프라인 건설이 환경을 파괴하느냐는 질문은, 결국 얼마나 파괴적이고 얼마나 되돌릴 수 없는 흔적을 남기는가로 귀결된다.

숲과 초원, 잘려나간 생태계의 길

북미에서 대표적인 사례는 키스톤 XL 파이프라인이다. 캐나다 앨버타에서 미국 멕시코만으로 이어지려던 이 관은 수천 킬로미터의 숲과 초원을 가로질렀다. 건설 예정지는 수많은 야생동물의 이동 경로와 겹쳤고, 특히 멸종 위기종의 서식지를 위협했다. 숲이 잘려나가고 땅속이 파헤쳐지면 단순히 식생이 훼손되는 게 아니라 생태계의 연결망이 끊어진다. 미국 환경단체가 강력히 반대한 이유는 탄소배출 문제뿐만이 아니라, 숲과 초원이 영구적으로 변형될 수 있다는 우려 때문이었다.

강과 바다, 물길을 바꾸는 공사

해저와 강을 통과하는 파이프라인 건설은 수질 오염과 해양 생태계 파괴로 이어진다. 흑해와 발트해 해저에 건설된 노르드스트림은 수중 굴착 과정에서 수십 년간 쌓여 있던 군사 잔해와 화학물질을 뒤흔들었다. 멕시코만에서는 해저 파이프라인 설치 중 해양 퇴적층이 교란되며 어류 개체군이 감소했다. 강을 건너는 구간에서는 탁도가 증가하고 물고기의 산란장이 파괴되었다. 파이프라인은 단순히 '묻힌다'는 표현과 달리, 실제로는 물길을 바꾸고 생태계를 흔드는 공사가 동반된다.

누출과 사고, 치명적 후폭풍

건설 과정뿐 아니라 운영 중의 누출 사고도 환경 파괴의 주요 원인이다. 나이지리아 델타 지역에서는 부식과 관리 부실로 인한 누출이 반복되며 토양과 하천이 기름에 뒤덮였다. 이 지역 주민들은 식수와 농경지를 잃고 생계 자체가 파괴되었다. 미국에서도 알래스카 송유관에서 수차례 누출 사고가 발생해 영구동토층과 강이 오염되었다. 한 번의 사고가 수십 년간 생태계에 영향을 미치는 것은 불가피하다. 파이프라인은 '눈에 보이지 않는 위험'을 안고 있는 구조물이다.

환경 파괴의 사회적 비용

환경 파괴는 자연의 문제만이 아니다. 지역 주민과 원주민 공동체는 삶의 터전을 잃고, 사회적 갈등이 폭발한다. 캐나다와 미국의 원주민 부족들은 키스톤 XL과 다코타 액세스 파이프라인에 반대하며 거대한 시위를 벌였다. 이는 환경만이 아니라 인권과 문화적 생존의 문제였다. 나이지리아에서는 파이프라인 오염으로 인해 무장 반군이 성장하고, 사회 불안정이 확대되었다. 환경 파괴는 결국 사회적 비용으로 돌아오며, 경제적 이익과 맞바꾼 상처가 된다.

친환경 기술과 회복의 가능성

물론 최근에는 환경 파괴를 줄이려는 기술적 시도도 있다. 해저 파이프라인 건설에서 저소음 워터젯 기술이 도입되고, 복원 프로그램으로 인공 산호초가 설치된다. 누출을 빠르게 감지하는 센서와 드론 감시망도 발전하고 있다. 그러나 이는 파괴를 '줄이는' 수준일 뿐, 완전히 없앨 수는 없다. 강철관이 지나가는 한, 환경은 흔적을 남길 수밖에 없다. 결국 문제는 기술이 아니라 사회가 어떤 선택을 하느냐에 달려 있다.

한 줄 정리

파이프라인 건설은 숲과 강, 바다를 가로지르며 환경 파괴를 불러온다. 기술로 피해를 줄일 수는 있지만 그 상처를 완전히 없앨 수는 없다.

086
테러와 사이버 위협에서 안전한가?
– 강철관은 단단하지만 취약하다.

파이프라인은 땅속에 묻힌 강철관으로, 외부의 폭탄이나 총격에도 쉽게 무너지지 않을 것처럼 보이지만 현실은 정반대다. 길게는 수천 킬로미터에 걸친 이 관은 사실상 끝없이 노출된 목표물이다. 사막과 밀림, 바다 밑과 산맥을 관통하는 그 어느 지점에서도 테러리스트나 해커는 공격할 수 있다. 눈에 보이지 않는 곳에서 치명적인 결과를 낳을 수 있기에 파이프라인은 언제나 불안한 잠재적 타깃이다.

테러리스트의 손쉬운 목표

나이지리아는 파이프라인 테러의 교과서 같은 사례다. 무장 반군과 불법 채유 집단은 송유관을 폭파하거나 구멍을 뚫어 석유를 빼돌렸다. 이 과정에서 대형 화재와 폭발이 발생했고, 수백 명의 주민이 목숨을 잃기도 했다. 이라크와 시리아에서는 ISIS가 파이프라인을 장악해 자금원으로 활용했고, 경쟁 세력을 압박하는 무기로 썼다. 파이프라인은 길게 이어진 경제적 혈관이자, 테러리스트에게는 가장 쉬운 목표물이 되었다. 군사시설처럼 철저히 보호하기 어렵고, 단 한 번의 폭파로 국가 재정과 산업을 흔들 수 있기 때문이다.

전쟁터에서의 에너지 무기화

러시아와 우크라이나 전쟁에서도 파이프라인은 공격과 협박의 주요 대상이었다. 러시아는 우크라이나를 통과하는 가스관을 줄이며 유럽을 압박했고, 우크라이나는 러시아군의 보급선을 끊기 위해 송유관 시설을 공격하기도 했다. 2022년 노르드스트림 폭발 사건은 파이프라인이 군사적 충돌의 상징적 무대가 될 수 있음을 보여줬다. 범인이 누구인지 밝혀지지 않았지만, 발트해 해저에서 발생한 폭발은 단순한 기술적 문제가 아니라 정치적·군사적 메시지였다. 파이프라인은 총과 미사일이 오가는 전쟁터에서 언제든 무기로 변신한다.

사이버 공간의 보이지 않는 공격

물리적 공격 못지않게 위험한 것이 사이버 위협이다. 2021년 미국 콜로니얼 파이프라인 해킹 사건은 사이버 공격이 실제 생활을 마비시킬 수 있음을 입증했다. 러시아 기반 해커 집단이 운영 시스템을 마비시키자, 미국 동부 연료 공급의 45%가 멈췄다. 연료가 바닥난 주유소 앞에 줄이 늘어섰고, 항공사와 물류망이 마비되었다. 몇 줄의 코드가 강철관 수천 킬로미터를 멈추게 만든 것이다. 사이버 공격은 총탄보다 싸고, 탐지하기도 어렵고, 피해는 훨씬 넓게 퍼진다. 파이프라인이 디지털화될수록 그 취약성은 더 커지고 있다.

보안 강화와 국제 협력의 시도

이런 위협을 막기 위해 각국은 군사적·기술적 대응을 병행하고 있다. 사우디와 UAE는 드론과 위성을 활용해 사막 지역의 파이프라인을 감시하고, 미국은 사이버 보안 규제를 강화해 파이프라인 운영사에 다중 인증과 보안 담당관을 의무화했다. 유럽연합과 NATO는 파이프라인을 '전략적 인프라'로 지정해 집단 방어 체계에 포함시켰다. 그러나 모든 구간을 지킬 수는 없고 모든 해킹을 막을 수도 없다. 보안은 강화되지만 위협은 진화한다. 파이프라인 보호는 끝없이 쫓고 쫓기는 싸움이다.

불가피한 취약성, 관리의 문제

결론적으로 파이프라인은 결코 완전히 안전할 수 없다. 길고 분산된 구조는 본질적으로 취약하고, 디지털화는 새로운 공격 표면을 넓힌다. 중요한 것은 공격을 막는 것이 아니라, 피해를 최소화하고 빠르게 회복하는 능력이다. 위기는 언제든 찾아온다. 다만 적절한 대응과 복원력이 시스템의 진짜 안전을 결정한다. 강철관은 단단하지만, 그 생존은 결국 보안의 층위와 사회적 대비 속에서만 지켜진다.

한 줄 정리

파이프라인은 물리적 테러와 사이버 위협 앞에서 본질적으로 취약하며 완전한 안전이 불가능하므로, 피해를 줄이고 복원력을 키우는 관리만이 해답이다.

087
파이프라인과 인권 : 토지 수용과 주민 보상 문제

— 강철관이 지나간 자리의 눈물

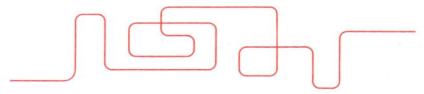

　파이프라인은 국가와 기업의 입장에서 거대한 인프라이자 부의 혈관이지만, 그 관이 지나가는 땅 위에 사는 주민들에게는 삶을 송두리째 흔드는 충격이다. 수천 킬로미터에 달하는 관을 묻기 위해 토지가 수용되고 마을이 갈라지며, 농토와 숲, 강변은 영구적인 상처를 입는다. 문제는 이 과정에서 주민들이 정당한 보상을 받지 못하거나, 심지어 목소리를 낼 기회조차 차단된다는 점이다. 파이프라인은 종종 국가 안보와 경제 발전이라는 명목으로 추진되지만, 그 비용은 가장 힘없는 사람들이 떠안는다.

미국과 캐나다, 원주민의 저항

　북미의 파이프라인 건설은 원주민과의 갈등을 끊임없이 불러왔다. 다코타 액세스 파이프라인(DAPL) 프로젝트는 2016년 미국 원주민 부족 스탠딩 록의 거센 저항을 불러일으켰다. 파이프라인이 부족의 성지와 수자원 보호구역을 관통하자, 원주민들은 "물은 생명이다"라는 구호를 외치며 수개월 간 캠프를 꾸려 저항했다. 경찰과 군이 투입되며 충돌은 격화되었고, 이는 국제적 인권 논쟁으로 비화했다. 캐나다에서도 키스톤 XL 프로젝트가 원주민의 토지권을 침해한다는 이유로 법정 싸움이 이어졌다. 강철관은 국가의 혈관이 되었지만, 동시에 원주민의 땅과 문화에는 깊은 상처를 남겼다.

나이지리아, 보상 없는 희생

아프리카의 나이지리아에서는 상황이 더 극단적이다. 다국적 석유 기업이 건설한 파이프라인은 주민들의 농경지와 강을 오염시켰지만, 제대로 된 보상은 이루어지지 않았다. 기름이 흘러든 논밭은 더 이상 쓸 수 없었고, 어획량은 급감했다. 주민들은 생계를 잃었고, 보상을 요구해도 정부와 기업은 서로 책임을 떠넘겼다. 결국 일부 주민들은 무장 반군에 합류하거나 파이프라인을 불법으로 뚫어 기름을 빼내는 길을 선택했다. 보상이 결여된 파이프라인은 경제 발전이 아니라 폭력과 불신을 키워냈다.

아시아, 개발과 인권의 충돌

미얀마 – 중국 파이프라인은 동남아시아에서 가장 논란이 컸던 프로젝트 중 하나다. 건설 과정에서 수천 명의 주민이 강제로 이주당했고, 토지 보상은 터무니없이 낮거나 아예 지급되지 않았다. 군부 정권은 국제적 비난에도 아랑곳하지 않고 파이프라인 건설을 강행했다. 주민들은 땅을 빼앗기고도 아무 말 못 하는 처지였고, 기업과 군부는 파이프라인 수익을 나눠 가졌다. 이 과정에서 인권은 철저히 무시되었고, 국제사회는 이를 '개발 독재'의 전형으로 규정했다.

보상과 정의, 제도의 부재

토지 수용과 주민 보상 문제는 단순히 돈의 문제가 아니다. 이는 정의와 제도의 문제다. 강제 수용 과정에서 주민 의견이 반영되지 않고, 법적 절차가 무시되는 경우가 많다. 보상이 이루어져도 실제 피해를 보상하기에는 턱없이 부족하다. 이익은 국가와 기업이 독점하는 반면, 희생은 주민이 감당한다. 국제 인권 단체들은 파이프라인 프로젝트에 인권 영향 평가를 의무화하라고 요구하지만, 여전히 많은 나라에서는 경제 개발 논리가 이를 압도한다.

인권을 존중하는 파이프라인의 조건

파이프라인 건설이 반드시 인권 침해로 이어지는 것은 아니다. 노르웨이와 일부 유럽 국가들은 주민과의 협의, 투명한 보상 절차, 환경보호 조치를 제도화해 갈등을 최소화했다. 주민이 수익의 일부를 공유하거나 지역 인프라 건설에 투자하는 방식도 갈등을 줄이는 방법으로 활용된다. 파이프라인과 인권은 양립할 수 있으며, 문제는 의지와 제도다. 주민의 권리를 존중하지 않는 파이프라인은 장기적으로 안정성조차 담보할 수 없다.

한 줄 정리

파이프라인은 국가와 기업의 이익을 위해 건설되지만, 주민의 권리와 보상이 무시되면 그것은 인프라가 아니라 인권 침해의 상징으로 남는다.

088
기술 혁신이 파이프라인의 딜레마를 해결할까?
– 강철관이 맞닥뜨린 딜레마

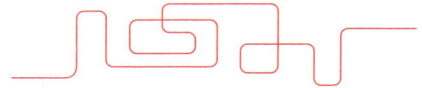

파이프라인은 20세기의 상징이자 21세기의 고민이다. 석유와 가스를 수송하는 가장 효율적인 방법이지만, 환경 파괴와 누출 위험, 테러와 해킹, 주민 보상 문제까지 수많은 논란을 불러왔다. 이제 질문은 단순하다. 기술혁신이 이 딜레마를 해결할 수 있을까? 더 똑똑하고, 더 깨끗하고, 더 안전한 파이프라인이 가능하다면, 강철관은 여전히 미래의 혈관이 될 수 있을까?

스마트 센서와 디지털 트윈, 보이지 않는 눈

기술혁신의 첫 번째 답은 데이터다. 과거 파이프라인은 눈에 보이는 균열이나 압력 이상으로만 위험을 감지했다. 그러나 이제 수천 개의 스마트 센서가 실시간으로 압력, 온도, 유량 변화를 기록한다. 이 데이터는 디지털 트윈으로 전송되어 가상의 파이프라인 안에서 즉시 분석된다. 노르웨이 에퀴노르는 북해 파이프라인에 디지털 트윈을 도입해 사고 가능성을 40% 이상 줄였다고 보고했다. 기술은 파이프라인을 '사고 후 수습'이 아닌 '사고 전 예방'의 구조물로 바꾸고 있다.

드론과 로봇, 사람 대신 들어가는 감시자

점검과 유지보수의 방식도 달라졌다. 과거에는 사람이 직접 헬리콥터로 순찰하거나 땅을 파헤치며 위험을 찾았다. 이제는 드론이 하늘에서 열화상 카메라로 누출을 감지하고, 로봇이 관 내부를 따라가면서 초음파로 균열을 찾는다. 미국과 캐나다의 대형 송유관 기업들은 이미 이 기술을 상용화했고, 아프리카와 중동에서도 드론 감시망을 도입하고 있다. 드론과 로봇은 인명 피해를 줄이고 점검의 정확도를 획기적으로 높이며, 파이프라인을 더 안전한 인프라로 만든다.

환경 친화적 소재와 수소 파이프라인의 도전

기술혁신은 재료에서도 이루어진다. 기존 강철은 수소에 취약해 균열이 생기지만, 신소재 합금과 내부 코팅 기술이 이를 극복하려 하고 있다. 또한 누출 시 환경 피해를 줄이는 친환경 소재 파이프라인 연구도 진행 중이다. 유럽연합은 기존 천연가스관을 수소 수송관으로 개조하는 실험을 시작했고, 일본과 한국도 수소·암모니아 전용 파이프라인 계획을 세우고 있다. 기술은 파이프라인을 '탄소의 길'에서 '친환경 에너지의 길'로 바꾸려는 시도를 가능하게 한다.

사이버 보안, 보이지 않는 전장

물리적 기술만으로는 충분하지 않다. 콜로니얼 해킹 사건은 파이프라인의 가장 큰 취약점이 디지털이라는 사실을 드러냈다. 이에 대한 답도 기술혁신이다. 인공지능 기반 보안 시스템은 비정상적 데이터 흐름을 조기에 탐지하고, 블록체인 기반 기록은 해커가 로그를 조작하기 어렵게 만든다. NATO와 미국 TSA는 사이버 보안을 의무화하며, 실시간 위협 분석 시스템 도입을 강제하고 있다. 파이프라인의 생존은 이제 강철의 두께가 아니라 코드의 두께에 달려 있다.

그러나 기술만으로는 부족하다.

모든 혁신에도 불구하고, 파이프라인 딜레마가 완전히 해결되는 것은 아니다. 나이지리아 델타에서의 주민 보상이 이뤄지지 않는 문제, 미얀마에서의 인권을 무시한 건설 강행, 러시아와 유럽의 정치적 종속 같은 문제는 기술로 풀 수 없다. 강철관에 아무리 첨단 센서를 붙여도, 그것이 지나가는 마을 주민의 권리를 지켜주지는 못한다. 기술은 위험을 줄일 수 있지만, 정치와 제도, 사회적 합의 없이는 파이프라인이 안고 있는 근본적 딜레마를 해결할 수 없다.

미래의 조건, 기술과 제도의 병행

파이프라인이 여전히 필요한 시대라면, 해답은 기술과 제도의 결합이다. 스마트 감시와 친환경 소재, 사이버 보안이 위험을 줄이고, 동시에 투명한 보상 제도와 국제 협력이 갈등을 줄여야 한다. 파이프라인의 딜레마는 단순한 기술적 문제가 아니라, 정치와 사회가 함께 풀어야 하는 복합적 난제다. 강철관의 미래는 혁신만이 아니라 선택과 합의 위에 달려 있다.

한 줄 정리

기술혁신은 파이프라인의 안전성과 친환경성을 높일 수 있지만, 주민 인권과 정치적 종속 같은 근본적 딜레마를 해결하려면 제도와 사회적 합의가 병행되어야 한다.

089
수소·탄소중립 시대에 파이프라인은 살아남을까?
— 사라질 것인가, 진화할 것인가?

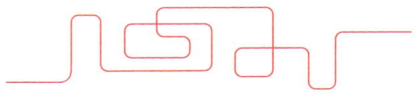

파이프라인은 20세기의 상징이었다. 석유와 가스를 국경 너머 흘려보내며 산업화와 번영을 가능하게 한 혈관이었다. 하지만 21세기 들어 화석연료 감축과 탄소중립이 전 세계적인 목표로 떠오르면서 질문은 바뀌었다. 앞으로도 파이프라인이 필요할까, 아니면 산업화의 잔재로만 남게 될까. 답은 단순한 소멸이 아니라 '진화'의 방향에 달려 있다.

수소 파이프라인, 새로운 가능성

수소는 탄소중립 시대의 핵심 에너지원으로 주목받고 있다. 문제는 어떻게 안전하고 효율적으로 운송하느냐는 것이다. 이 지점에서 기존 파이프라인이 다시 불려 나온다. 유럽연합은 이미 수천 킬로미터의 가스관을 개조해 수소 전용 네트워크인 수소 백본(Hydrogen Backbone) 구축 계획을 추진 중이다. 독일과 네덜란드는 노후 천연가스관을 개조해 대륙 전역을 잇는 수소망으로 전환하고 있고, 일본과 한국도 수소와 천연가스를 혼합해 수송하는 실험을 진행하고 있다. 그러나 수소는 금속을 취약하게 만드는 수소 취성(hydrogen embrittlement) 문제와 누출·폭발 위험을 안고 있다. 이에 따라 신소재 합금, 특수 코팅, 정밀 압력 제어 등 기술적 대응이 속속 시도되고 있다. 만약 이 벽을 넘어선다면, 수소 파이프라인은 단순히 살아남는 것을 넘어 미래 에너지 문명의 핵심 인프라로 자리잡을 수 있다.

이산화탄소 파이프라인, 버려야 할 것을 실어나르다.

탄소중립은 단순히 재생에너지를 확대한다고 끝나지 않는다. 이미 배출된 이산화탄소를 포집해 저장하는 CCS(Carbon Capture and Storage)가 병행되어야 한다. 이때 필요한 것이 이산화탄소 전용 파이프라인이다. 미국은 이미 8,000km 이상의 CO_2 파이프라인을 운영하며 발전소와 공장에서 포집한 이산화탄소를 텍사스와 일리노이 저장소로 운송하고 있다. 유럽 역시 북해 유전을 활용한 대규모 CCS 허브를 구축 중이다. 노르웨이의 'Northern Lights' 프로젝트가 대표적이다. 이는 파이프라인이 더 이상 '에너지원'만이 아니라 '배출물'까지 옮기는 혈관으로 진화하고 있음을 보여준다.

재생에너지 시대, 여전히 필요한 혈관

태양광과 풍력이 확대되면 전력망이 중심 인프라로 부상하겠지만, 그렇다고 파이프라인이 사라지는 것은 아니다. 재생에너지의 간헐성을 보완하려면 수소, 암모니아, 바이오가스 같은 대체 연료가 필요하고, 이를 대량으로 옮기기에는 파이프라인만큼 효율적인 수단이 없다. 또 LNG는 과도기적 에너지원으로 여전히 중요하다. 유럽은 러시아 가스 의존을 줄이는 과정에서 LNG 수입을 늘렸고, 아시아 국가들도 값비싼 운송비를 줄이기 위해 여전히 파이프라인 연결을 고민하고 있다. 결국 재생에너지 시대에도 파이프라인은 '보완재'를 운송하는 혈관으로서 역할을 이어간다.

살아남는 자의 조건

미래에도 파이프라인이 필요하다면 어떤 조건을 충족해야 할까. 첫째, 기술이다. 수소 취성을 극복하는 신소재 개발, CCS를 가능케 할 초대형 설비와 안전 시스템이 필수적이다. 둘째, 사회적 합의다. 토지 수용 과정에서의 주민 보상, 환경 피해 최소화, 안전 규제 준수가 동반되지 않으면 대규모 인프라는 지속될 수 없다. 셋째, 국제 협력이다. 파이프라인은 국경을 넘는 시설인 만큼 다자 협정과 공동 투자 없이는 성공하기 어렵다. 결국 파이프라인은 석유와 가스를 옮기던 20세기의 도구에서, 수소와 이산화탄소를 다루는 21세기의 '친환경 혈관'으로 변신해야 한다. 살아남는 것이 아니라 변신하는 것, 그것이 유일한 길이다.

한 줄 정리

수소·탄소중립 시대에도 사라지지 않는 파이프라인은 수소와 이산화탄소를 옮기는 친환경 혈관으로 변신함으로써 살아남을 수 있다.

090
파이프라인을 둘러싼 국제법과 해양법의 충돌

강철관이 바다 밑을 지나갈 때

파이프라인은 육지에서만 문제가 되는 것이 아니다. 바다 밑을 가로지르는 순간, 국제법과 해양법이라는 복잡한 규칙의 세계로 들어간다. 에너지 자원을 안정적으로 수송하기 위해 해저에 깔린 파이프라인은 국경을 넘고, 배타적 경제수역을 지나고, 때로는 분쟁 지역을 관통한다. 이 과정에서 각국의 이해관계가 충돌하고, 국제법은 그 갈등을 해석하고 조정해야 하는 무대가 된다. 그러나 현실은 법보다 힘이 앞서는 경우가 많아, 파이프라인은 종종 정치적 무기와 외교적 분쟁의 중심에 놓인다.

UNCLOS와 해저 파이프라인의 권리

유엔해양법협약(UNCLOS)은 해저 파이프라인에 관한 기본 원칙을 제시한다. 협약에 따르면 모든 국가는 배타적 경제수역(EEZ)과 대륙붕에 파이프라인을 부설할 권리를 갖는다. 그러나 동시에 연안국은 환경보호와 자원 관리의 이유로 이를 규제할 권한을 가진다. 이 모호한 조항은 갈등의 씨앗이 된다. 한쪽은 자유로운 부설을 주장하고, 다른 쪽은 환경보호와 주권을 내세운다. 결국 같은 조항이 상반된 논리를 정당화하는 근거가 되어, 국제 분쟁을 키우는 아이러니가 벌어진다.

노르드스트림과 발트해의 충돌

러시아와 독일을 잇는 노르드스트림 프로젝트는 해양법 충돌의 대표적 사례다. 발트해 연안국들은 환경 문제를 이유로 파이프라인 부설에 반대했지만, 독일과 러시아는 국제법상 권리를 내세워 공사를 강행했다. 덴마크는 자국 EEZ를 통과하는 구간에 대해 수년간 승인을 미루며 정치적 지렛대로 삼았다. 국제법상 합법적 권리와 연안국의 규제 권한이 정면충돌한 사례였다. 결과적으로 노르드스트림은 건설되었지만, 이 과정은 해저 파이프라인이 단순한 기술 문제가 아니라 국제 정치의 핵심 쟁점임을 드러냈다.

동지중해, 가스와 해양 경계의 미로

동지중해는 해양법 충돌의 가장 뜨거운 무대다. 이스라엘, 키프로스, 그리스가 주도하는 EastMed 파이프라인은 유럽으로 가스를 보내려 하지만, 튀르키예는 이를 자국의 해양 권리를 침해하는 것으로 간주했다. 튀르키예는 리비아와 해양 경계 협정을 체결해 EastMed의 경로를 차단하려 했고, 그리스와 키프로스는 국제해양

법을 근거로 맞섰다. 이 지역에서 UNCLOS를 비준하지 않은 튀르키예와, 이를 근거로 권리를 주장하는 그리스·키프로스의 대립은 해양법 체계의 한계를 여실히 드러냈다.

남중국해, 법과 힘의 극단적 충돌

남중국해 역시 파이프라인과 해양법 갈등이 교차하는 무대다. 중국은 '9단선'을 근거로 광범위한 해역을 주장하며, 베트남과 필리핀은 UNCLOS를 들어 반박한다. 파이프라인 건설이나 해저 자원 개발은 이런 갈등을 더욱 격화시킨다. 2016년 헤이그 국제중재재판소가 중국의 주장을 인정하지 않았지만, 중국은 판결을 거부했다. 국제법은 존재했지만, 힘이 그것을 무력화시켰다. 이 사례는 파이프라인과 같은 인프라 건설에서 국제법이 얼마나 취약한지를 보여준다.

법의 빈틈과 힘의 논리

해저 파이프라인을 둘러싼 국제법은 분명 존재하지만, 그 해석과 적용은 국가의 이해관계에 따라 달라진다. 연안국은 환경과 안전을 이유로 간섭하고, 건설국은 자유로운 부설 권리를 주장한다. 분쟁이 생기면 국제재판소나 중재 기구가 개입할 수 있지만, 판결을 따르지 않는 강대국 앞에서는 무력하다. 파이프라인을 둘러싼 국제법과 해양법의 충돌은 법의 문제라기보다 힘의 문제로 귀결된다.

> **한 줄 정리**
>
> 해저 파이프라인을 둘러싼 국제법과 해양법은 권리와 규제 사이에서 늘 충돌한다. 그러나 현실에서는 법보다 힘이 우선하는 지정학적 무대가 된다.

1. **에너지 허브 도시의 탄생** 파이프라인이 모이는 종착지마다 휴스턴, 제이한, 로테르담처럼 산업과 물류가 집적된 글로벌 에너지 중심지가 형성된다.
2. **중동과 유라시아의 재편** 러시아의 약화, 아제르바이잔과 튀르키예의 부상, 중앙아시아의 동방 지향 등 파이프라인 재배치가 지정학적 판도를 바꾼다.
3. **동지중해와 북극의 새로운 길** 레비아탄과 조르 가스전, 북극 항로와 야말 프로젝트가 유럽과 아시아의 에너지 안보를 다시 짠다.
4. **LNG와 파이프라인의 경쟁·공존** 미국과 카타르가 LNG 패권을 강화하는 한편, 유럽과 아시아는 여전히 파이프라인 경제학을 병행한다.
5. **탄소중립 시대의 전환** 수소와 CO_2 파이프라인이 기존 인프라를 대체하며, 미래의 지도는 화석연료가 아니라 친환경 혈관 위에 그려진다.

PART
10

파이프라인의 **미래 지도**

091
파이프라인이 만들어가는 에너지 허브 도시

강철관이 도시를 바꾸다.

파이프라인은 단순히 자원을 옮기는 길이 아니다. 강철관이 뻗어 들어가는 순간, 그 주변에 항구가 세워지고 정유소가 들어서며 공장이 들어선다. 도시는 물류와 자본, 인력이 몰리며 순식간에 에너지 허브로 변신한다. 에너지 허브 도시는 그 자체가 혈관의 교차점이자 지정학적 요충지가 된다. 파이프라인은 국가의 경제를 바꾸는 동시에 도시의 운명을 재설정하는 힘을 가진다.

휴스턴, 파이프라인이 만든 석유 수도

미국 텍사스의 휴스턴은 파이프라인이 만든 대표적 에너지 허브 도시다. 멕시코만과 연결된 수많은 송유관과 가스관이 이곳으로 몰려들었고, 그 위에 세계 최대 규모의 정유 단지와 석유화학 단지가 들어섰다. 휴스턴은 단순한 도시가 아니라 파이프라인이 모여드는 끝점이자 분배 지점이었다. 지금도 휴스턴 항은 원유와 LNG 수출의 핵심 거점으로 기능하며, 도시의 경제와 정체성을 지배한다.

제이한과 이스탄불, 튀르키예의 전략적 관문

튀르키예의 제이한은 아제르바이잔에서 출발한 BTC 파이프라인, 이라크에서 이어진 키르쿠크 – 제이한 파이프라인이 모이는 곳이다. 이 항구는 단숨에 국제 원유 무역의 허브가 되었고, 튀르키예는 이를 통해 지정학적 영향력을 확대했다. 이스탄불 역시 흑해와 지중해를 연결하는 수송 경로 덕분에 에너지 허브 도시의 성격을 띠게 되었다. 파이프라인은 튀르키예를 단순한 통과국에서 에너지 정치의 핵심 플레이어로 만들었다.

상하이와 톈진, 아시아의 새로운 허브

중국은 파이프라인을 통해 중앙아시아, 러시아, 미얀마에서 들어온 가스를 동부 연안의 대도시로 끌어왔다. 상하이와 톈진은 이러한 관로의 종착지이자, LNG 터미널과 석유화학 단지가 결합한 거대 에너지 허브 도시로 성장했다. 중국은 단순한 소비지를 넘어, 가공과 재수출을 결합한 '에너지 플랫폼 도시'를 구축하며 세계 에너지 시장에서 새로운 힘을 행사하고 있다.

두바이와 얀부, 사막의 허브

사우디아라비아의 얀부는 동서 파이프라인의 종착지로, 홍해 연안을 따라 원유와 석유화학 단지가 집중된 에너지 도시로 성장했다. 아랍에미리트의 두바이는 페르시아만의 항구 도시였지만, 파이프라인과 항만, 금융이 결합하면서 중동을 대표하는 에너지·물류 허브로 도약했다. 사막 한가운데 있던 도시는 파이프라인 덕분에 세계 경제의 심장부로 변모했다.

미래의 허브, 수소와 탄소의 도시

탄소중립 시대가 다가오면서 새로운 허브 도시가 태동하고 있다. 유럽에서는 수소 파이프라인이 연결되는 로테르담과 함부르크가 수소 허브로 부상하고 있고, 미국 일리노이와 텍사스에서는 이산화탄소 파이프라인을 기반으로 한 CCS 클러스터가 구축되고 있다. 파이프라인이 바뀌면 도시의 정체성도 바뀐다. 미래의 허브 도시는 석유가 아니라 수소와 탄소를 중심으로 재편될 것이다.

한 줄 정리

파이프라인은 단순한 수송로가 아니라 도시를 에너지 허브로 바꾸는 힘이며, 21세기에는 수소와 탄소를 중심으로 한 새로운 허브 도시들이 탄생할 것이다.

092
중동과 유라시아 파이프라인의 재편

강철관 위에서 흔들리는 지정학

중동과 유라시아는 세계 에너지 지도의 중심이었다. 사우디아라비아의 사막에서 시작된 원유와 러시아의 시베리아에서 흘러나온 가스는 파이프라인을 타고 유럽과 아시아로 뻗어갔다. 그러나 전쟁, 제재, 기술 변화, 기후 위기까지 겹치면서 이 지역의 파이프라인 네트워크는 근본적인 재편을 겪고 있다. 강철관의 노선은 단순히 자원의 흐름을 결정하는 것이 아니라, 국가들의 운명과 세력 균형을 새롭게 짜고 있다.

러시아의 약화와 남부 회랑의 부상

우크라이나 전쟁으로 러시아의 에너지 수출 경로는 크게 흔들렸다. 노르드스트림 파괴와 유럽의 제재는 러시아 가스의 서쪽 통로를 사실상 막았다. 대신 아제르바이잔에서 출발해 튀르키예를 거쳐 유럽으로 이어지는 남부 가스 회랑이 새로운 대안으로 부상했다.

TANAP과 TAP은 유럽의 러시아 의존도를 줄이는 상징적 관로가 되었고, 아제르바이잔은 단숨에 에너지 지정학의 핵심 플레이어로 떠올랐다. 러시아가 약화되면서 그 공백을 채운 것은 남부 회랑이었다.

튀르키예, 에너지 관문의 야망

튀르키예는 중동과 유라시아 파이프라인 재편의 최대 수혜자다. 블루스트림, 튀르크스트림, TANAP 등 주요 파이프라인이 모두 튀르키예를 경유하며, 이 나라는 단순한 통과국을 넘어 에너지 허브 국가로 도약했다. 에르도안 정부는 이 지위를 외교적 무기로 활용하며 유럽과 러시아, 중앙아시아, 중동을 연결하는 중심축으로 자신을 포지셔닝했다. 튀르키예의 파이프라인 전략은 단순히 경제적 이익을 넘어, 신오스만주의적 영향력 확장의 도구가 되고 있다.

중동, 우회 경로의 전쟁

중동에서는 호르무즈 해협의 병목을 피하기 위한 파이프라인 경쟁이 치열하다. 사우디아라비아는 동서 파이프라인을 확장해 홍해 얀부 항구로 원유를 내보내고, 아랍에미리트는 아부다비에서 후자이라 항구로 이어지는 파이프라인을 통해 페르시아만을 우회한다. 이란은 제재와 갈등 속에서도 파키스탄과 인도를 향한 가스 파이프라인을 추진했지만, 정치적 압박으로 지지부진하다. 중동의 파이프라인 재편은 단순한 경제 전략이 아니라, 제재와 군사적 긴장이 얽힌 전장이다.

중앙아시아와 중국의 연결망

투르크메니스탄과 카자흐스탄은 러시아 대신 중국을 주요 수출 시장으로 삼았다. 중앙아시아 – 중국 가스 파이프라인은 이미 수천 킬로미터에 달하며, 중국의 에너지 안보를 떠받치는 핵심축이 되었다. 이는 유라시아 에너지 흐름의 방향을 동쪽으로 바꿔놓았다. 과거 러시아를 거쳐 유럽으로 향하던 자원이 이제는 중국으로 흘러가고 있는 것이다. 중앙아시아의 선택은 러시아의 영향력 약화와 중국의 부상을 동시에 보여준다.

새로운 지도, 불안정한 균형

중동과 유라시아 파이프라인의 재편은 새로운 기회를 열었지만, 불안정도 키웠다. 러시아의 반발, 튀르키예의 야망, 이란의 고립, 중앙아시아의 불안정, 유럽의 불확실한 대체 전략은 모두 충돌 가능성을 안고 있다. 파이프라인은 여전히 자원의 혈관이지만, 동시에 정치적 지뢰밭이다. 미래의 에너지 지도가 어디로 그려질지는 강철관 위에 놓인 힘의 균형에 달려 있다.

한 줄 정리

중동과 유라시아 파이프라인의 재편은 러시아의 약화와 중국·튀르키예·아제르바이잔의 부상을 보여주며, 기회와 불안정을 동시에 키우는 새로운 에너지 지도를 그리고 있다.

093
동지중해 가스전과 유럽 에너지 전쟁

바다 밑에서 솟아오른 새로운 심장

동지중해는 오랫동안 전쟁과 종교 갈등의 무대였지만, 21세기 들어 바다 밑에서 새로운 자원이 솟아오르며 국제 정치의 심장이 되었다. 2009년 이스라엘 앞바다에서 타마르 가스전이 발견되고, 이어 2010년 레비아탄 초대형 가스전이 개발되면서 동지중해는 에너지의 신흥 거점으로 급부상했다. 이후 이집트의 조르 가스전, 키프로스의 아프로디테 가스전이 잇달아 발견되면서 지중해 동부는 천연가스 황금지대로 불리게 되었다. 바다 밑의 매장량은 단순한 경제적 부가 아니라 유럽의 에너지 안보와 중동 정치의 향방을 뒤흔드는 무기가 되었다.

이스라엘, 고립에서 수출국으로

이스라엘은 오랫동안 에너지 빈국이었다. 그러나 타마르와 레비아탄 가스전 발견은 모든 것을 뒤집었다. 이스라엘은 단숨에 자급자족을 넘어 수출국으로 변신했다. 이집트와 요르단에 가스를 판매하며 관계를 개선했고, 이는 과거의 적대적 이웃과 새로운 경제적 이해관계를 만들었다. 더 나아가 이스라엘은 그리스와 키프로스와 함께 동지중해 가스를 유럽으로 수출하기 위한 EastMed 파이프라인 프로젝트를 추진했다. 이 계획은 단순한 수송로가 아니라, 이스라엘이 지역 에너지 허브로 도약하려는 정치적 선언이었다.

튀르키예, 배제될 수 없는 중재자

이스라엘, 그리스, 키프로스가 협력하자 가장 민감하게 반응한 나라는 튀르키예였다. 튀르키예는 지중해 북부의 지정학적 관문을 차지하고 있으며, EastMed가 자신을 우회하는 것을 좌시하지 않았다. 튀르키예는 키프로스 북부의 해양 권리를 주장하며 탐사선과 군함을 동원해 긴장을 고조시켰다. 동시에 리비아와 해양 경계 협정을 체결해 동지중해 해역에서 영향력을 확대하려 했다. 튀르키예 입장에서는 자신을 배제한 에너지 프로젝트가 성립할 수 없다는 메시지를 보낸 것이었고, 이는 동지중해 가스를 둘러싼 국제적 갈등을 더 격화시켰다.

유럽, 러시아 의존을 끊으려는 갈망

동지중해 가스전의 전략적 가치는 유럽이 러시아 가스 의존에서 벗어나려는 순간에 부각되었다. 우크라이나 전쟁 뒤에 러시아 가스관이 차단되자, 유럽은 새로운 공급원을 절실히 찾았다. 노르웨이와 알제리의 공급 확대에도 한계가 있었고, LNG 수입은 비용 부담이 컸다. 이런 상황에서 지중해 동부의 가스는 유럽이 꿈꾸는 '대체 혈관'으로 떠올랐다. 이스라엘과 이집트, 키프로스가 함께 유럽에 가스를 수출한다면, 유럽의 에너지 지도가 바뀔 수 있었다. 그러나 기술적 난관과 막대한 건설비, 그리고 튀르키예의 반발은 여전히 넘어야 할 벽이었다.

미국과 러시아, 보이지 않는 손

동지중해 가스전은 중동과 유럽만의 문제가 아니었다. 미국은 이스라엘과 그리스, 키프로스의 협력을 지지하며 러시아 에너지 의존을 줄이는 기회로 보았다. 반대로 러시아는 동지중해 가스가 유럽 시장에 본격적으로 진입하는 것을 막기 위해 튀르키예와의 협력을 강화했다. 미국과 러시아가 직접적으로 가스전을 차지하려는 전쟁을 벌인 것은 아니지만, 각자의 동맹과 이해관계를 통해 보이지 않는 개입을 이어갔다. 결국 동지중해 가스는 또 하나의 글로벌 에너지 전쟁터가 된 것이다.

에너지의 약속과 갈등의 그림자

동지중해 가스전은 분명히 새로운 번영의 기회를 열었다. 그러나 동시에 해양 경계 분쟁, 튀르키예와 그리스의 갈등, 이스라엘과 아랍 국가들의 불신, 러시아와 미국의 개입 등 수많은 갈등을 증폭시켰다. 가스전은 평화를 가져오는 다리가 될 수도 있고, 새로운 전쟁의 불씨가 될 수도 있다. 강철관이 바다 밑으로 뻗어갈수록, 동지중해의 미래는 에너지와 정치가 교차하는 복잡한 미로 속으로 빨려 들어가고 있다.

한 줄 정리

동지중해 가스전은 유럽의 에너지 대체망이자 중동 평화의 가능성이지만, 동시에 해양 분쟁과 국제 갈등을 증폭시키는 새로운 전장의 심장부다.

094
북극항로와 러시아의 에너지 야망

얼음이 열어준 새로운 길

기후변화가 북극의 얼음을 녹였고, 그 흐름은 전 세계의 경제와 지정학 지도를 바꾸는 '북극항로'를 열었다. 이 길은 유럽과 아시아를 잇는 기존의 수에즈 운하보다 거리가 40% 이상 단축될 수 있는 잠재력을 품고 있다. 러시아는 북극 대부분이 자국 영해와 배타적 경제수역임을 설정하며, 이 항로를 야심차게 '러시아의 혈맥'으로 구축하고 있다. 얼음이 녹아 열린 이 길은 단순한 항로가 아니라, 러시아의 에너지와 지정학적 야망이 만나는 새 전장이 되었다.

야말 프로젝트와 북극의 가스 제국

북극 전략의 핵심은 야말 LNG 프로젝트이다. 러시아는 세계 최대 가스전 중 하나인 야말 반도에 파이프라인과 LNG 단지를 구축하고, 쇄빙선과 얼음 등급 선박을 통해 아시아와 유럽으로 수출한다. 얼음을 깨고 전진하는 러시아의 쇄빙 함대는 이 프로젝트의 상징이며, 북극은 단순한 자원이 아닌 전략적 이익이 얽힌 거대한 실험장이 되었다.

북극항로, 제재를 우회하는 탈출구

우크라이나와의 전쟁으로 러시아는 서방의 제재로 에너지 수출 경로가 크게 위축되었다. 그러나 북극항로는 새로운 탈출구가 되었다. 중국과 인도 등 아시아 시장을 향해 수출 경로를 다변화하는 북극항로가 제재를 우회할 수 있는 전략적 대안으로 떠올랐다. 특히 중국은 러시아 LNG의 주요 고객이 될 뿐 아니라, 북극항로 공동 개발에도 적극적이다.

군사력과 경제, 얼음 위의 전략

북극항로는 경제만이 아니라 군사적 전략에서도 중요하다. 러시아는 쇄빙선 증강과 북극 기반시설 확충, 북극함대의 활동 강화 등을 통해 항로를 보호하고 있고, NATO는 이를 경계하며 글로벌 긴장의 새로운 축이 되었다. 북극은 이제 경제적 기회와 군사적 전초가 공존하는 신냉전의 전선으로 자리 잡았다.

기후 위기와 야망의 공존

이 모든 것은 기후 위기 – 지구 온난화가 만든 환경 변화 – 위에서 이루어진다. 북극의 얼음이 녹았기에 항로도 생겨나고 개발도 가능해졌다. 그러나 이 개발 자체가 또 다른 기후 변화 촉매가 된다는 역설이 드러난다. 북극항로는 그 자체로 인류의 공존을 시험하는 장소가 되었다.

부산항, 북극 관문을 노리다.

여기에 흥미로운 한국의 전략이 더해진다. 대한민국은 부산항을 북극항로의 물류 허브로 탈바꿈시키려는 계획을 추진 중이다. 특히 2025년 5월 대통령 후보였던 이재명은 "북극항로가 열리고 있다"며 부산과 울산을 북극 해운 게이트웨이로 만들겠다고 선언했다. 실제로 북극항로를 경유한 러시아 컨테이너선 상당수가 한국 해상권을 지났고, 부산항은 이미 세계 6위의 컨테이너 항만으로 전략적 가치를 입증했다.

2025년 8월, 한국 정부는 "내년(2026년)부터 북극항로 시범 운송을 시작하겠다"라고 밝혔으며, 정부 내 북극 해운 전담 조직 구성 계획도 발표했다. 이는 한국이 바다 거래의 새로운 축으로 북극항로를 읽고 있다는 신호다.

러시아와 한국, 재개되는 외교적 문

이러한 전략은 단지 항만 개발만이 아니다. 러시아는 국제 제재로 인해 서방과의 거래가 위축된 상황인데, 한국의 북극 해운 참여는 협력의 새길을 열 기회가 된다. 과거 문재인 정부의 '신북방정책'에서 시작된 한·러 북극 협력 의제가 재조명될 수 있다. 한국이 쇄빙선 획득부터 시범 운송, 항만 역할 확대까지 움직이는 이 시기에, 남북 및 한·러 간 경제·외교 협력의 지형도 새로이 구상될 가능성이 열린다.

한 줄 정리

북극항로는 얼음이 녹아 열린 전략적 통로이며, 러시아의 에너지 야망과 한국 부산항의 북극 허브 구상이 교차하는 지정학적 전장이다.

095 미국과 유럽의 LNG 패권 vs 파이프라인 경제학

LNG, 바다 위의 새로운 제국

21세기 에너지 패권의 무대는 바다 위에서 벌어지고 있다. 미국은 셰일혁명으로 세계 최대의 LNG 수출국으로 떠올랐고, 유럽은 러시아 가스 의존에서 벗어나기 위해 LNG를 전략적으로 끌어안았다. LNG는 액체 상태로 운반선에 실려 원하는 곳으로 보낼 수 있다는 유연성을 무기로 삼는다. 2022년 러시아-우크라이나 전쟁 뒤 유럽 항만에 들어선 미국산 LNG 운반선은 단순한 에너지 거래를 넘어, 새로운 지정학 질서를 상징하는 장면이었다.

파이프라인, 안정과 종속의 경제학

반면 파이프라인은 전통적으로 값싸고 안정적인 수송 수단이었다. 노르드스트림과 드루즈바 같은 가스관은 유럽 산업의 엔진을 돌려왔고, 러시아는 이 혈관을 정치적 지렛대로 활용했다. 파이프라인 경제학은 건설비가 높아도 일단 완성되면 단가가 낮아지고,

장기계약을 통해 가격이 안정된다는 장점이 있었다. 그러나 이 안정은 동시에 종속을 낳았다. 밸브를 쥔 나라가 무기화할 경우, 수입국은 순식간에 볼모가 된다. 유럽이 러시아의 손에 흔들린 경험은 파이프라인 경제학의 양날을 여실히 보여줬다.

미국의 LNG 패권 전략

미국은 셰일가스로 생산 여력을 키운 뒤, LNG 수출을 통해 지정학적 영향력을 확장했다. 카타르와 호주가 기존의 LNG 강자였다면, 이제 미국은 대서양과 태평양 양쪽에서 시장을 지배하는 위치로 올라섰다. 특히 유럽이 러시아 가스를 끊어내자, 미국산 LNG가 그 공백을 메우며 '구원투수'로 등장했다. 하지만 이는 단순한 공급이 아니라 정치적 행위였다. 미국은 LNG를 무기로 동맹 결속을 강화했고, 유럽은 값비싼 대가를 치르며 새로운 의존에 들어섰다.

유럽의 선택, 비싼 자유

유럽은 LNG 터미널을 서둘러 지으며 러시아 파이프라인을 대체했다. 독일은 브룬스뷔텔과 빌헬름스하펜에 임시 LNG 터미널을 세웠고, 폴란드와 발트해 국가들도 새로운 수입 거점을 구축했다. 그러나 LNG는 파이프라인보다 최소 30~50% 비쌌다. 운반선 용선료, 액화와 기화 비용, 항만 인프라까지 모든 요소가 가격을 끌어올렸다. 유럽 시민들은 천문학적인 난방비와 전기요금을 감당해야 했고, 산업계는 경쟁력을 잃었다. 자유를 얻었지만, 그것은 값비싼 자유였다.

파이프라인 경제학의 반격

그러나 파이프라인이 사라진 것은 아니다. 중국과 러시아는 '시베리아의 힘' 파이프라인을 통해 동쪽으로 연결되었고, 중앙아시아와 중동에서도 여전히 파이프라인은 핵심 수송로다. 장기적으로 보면 LNG는 유연해도 비용 부담이 크고, 파이프라인은 종속 위험이 커도 경제성이 높다. 유럽은 LNG에 올인했지만, 결국 남부 가스 회랑과 북해 파이프라인을 다시 확장하며 균형을 모색하고 있다. 에너지 경제학의 무대에서 파이프라인은 여전히 생존력을 발휘하고 있다.

미래, 혼합의 시대

미국과 유럽의 LNG 패권과 파이프라인 경제학의 대결은 제로섬 게임이 아니다. 에너지 안보와 비용, 유연성이라는 세 가지 변수 사이에서 혼합 전략이 불가피하다. 유럽은 LNG를 통해 러시아 종속에서 벗어나면서도, 여전히 파이프라인을 활용해 가격 안정을 노린다. 미국은 LNG를 무기로 패권을 확장하지만, 아시아 시장에서는 여전히 파이프라인이 중요한 경쟁자다. 강철관과 운반선, 이 두 혈관은 서로를 대체하기보다 공존하며, 그 사이에서 새로운 균형이 만들어진다.

한 줄 정리

미국과 유럽의 LNG 패권은 파이프라인 경제학을 압도하는 듯 보이지만, 비용과 안보의 균형 속에서 두 혈관은 공존하며 새로운 에너지 질서를 만들어가고 있다.

096
중국의 에너지 확보와 파이프라인 전략

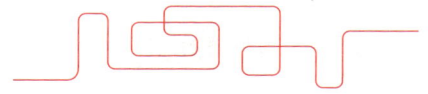

끝없는 갈증, 에너지 안보의 집착

중국의 경제 성장은 에너지 갈증 위에 세워졌다. 세계 최대 제조 국이자 인구 대국인 중국은 석유와 가스를 안정적으로 확보하지 못하면 산업도, 군사력도, 정치적 영향력도 유지할 수 없다. 자급 능력은 제한적이고, 급격한 산업화는 수요를 폭발적으로 늘렸다. 그래서 중국의 에너지 전략은 곧 생존 전략이다. 이 전략의 핵심 도구가 바로 파이프라인이다. 강철관은 바다 위 해군이 해내지 못하는 것을 대신하며, 중국을 외부의 압력에서 지켜주는 혈관이 된다.

중앙아시아, 첫 번째 혈관

중국이 가장 먼저 손을 뻗은 곳은 중앙아시아였다. 2009년 가동된 중앙아시아 – 중국 가스 파이프라인은 투르크메니스탄에서 시작해 카자흐스탄과 우즈베키스탄을 거쳐 중국 신장으로 이어진다. 이 관로는 연간 550억m³ 이상을 공급하며, 중국의 러시아 의존도를 줄이고 새로운 혈관을 확보했다. 투르크메니스탄은 안정적인 고객을 얻었고, 중국은 장기계약으로 가스를 확보하며 상호 의존을 강화했다. 그러나 동시에 중국은 중앙아시아 국가들의 경제를 자국 중심으로 끌어들여 지정학적 영향력을 확대하는 수단으로 삼았다.

러시아, 전략적 협력의 관

중국은 러시아와의 파이프라인 협력에도 적극적이다. 2019년 개통된 시베리아의 힘 파이프라인은 러시아 동부 가스를 중국으로 직접 연결했다. 우크라이나 전쟁 뒤 유럽 수출길이 막히자 러시아는 더욱 중국에 의존하게 되었고, 이는 중국에 전략적 우위를 안겨줬다. 동시에 양국은 제재와 견제를 공유하며 '에너지 동맹'의 성격을 띠게 되었다. 그러나 이 협력은 상호 필요에서 비롯된 것이지 진정한 동맹은 아니다. 중국은 러시아 가스에만 의존하지 않기 위해 여전히 다변화 전략을 유지한다.

말라카 딜레마와 미얀마의 우회로

중국이 가장 두려워하는 것은 말라카 해협이다. 중국으로 들어오는 원유의 80%가 이 좁은 항로를 거치는데, 이는 미국 해군이 쉽게 봉쇄할 수 있는 병목이다. 이를 해결하기 위해 중국은 미얀마에 석유·가스 파이프라인을 건설했다. 벵골만 항구에서 출발해 윈난성으로 연결되는 이 관로는 '말라카 딜레마'를 우회하는 길이었다. 그러나 이 과정에서 미얀마 주민들의 강제 이주와 환경 파괴 문제가 발생했고, 국제사회의 비판을 받았다. 그럼에도 중국은 전략적 필요를 앞세워 파이프라인을 강행했다.

파키스탄과 CPEC, 미완의 꿈

중국은 파키스탄과의 경제회랑(CPEC)을 통해 이란과의 연결까지 염두에 두고 있다. 이란의 풍부한 가스를 파키스탄을 거쳐 중국 서부로 들여오는 구상은 제재와 불안정으로 지연되고 있지만, 중국은 이를 장기적 카드로 남겨두고 있다. 과다르 항은 이미 중국의 영향력 아래 있으며, 파이프라인이 연결된다면 중국은 인도양과 직접 맞닿은 에너지 루트를 확보하게 된다. 이 프로젝트는 아직 완성되지 않았지만, 중국의 파이프라인 전략이 얼마나 집요하고 장기적인지 보여준다.

파이프라인 외교, 힘의 네트워크

중국의 파이프라인 전략은 단순한 에너지 확보가 아니다. 이는 주변국을 자국 네트워크에 묶어두는 외교적 도구다. 중앙아시아, 러시아, 미얀마, 파키스탄은 모두 파이프라인으로 중국과 연결되며, 이는 경제적 종속과 정치적 영향력으로 이어진다. 중국은 파이프라인을 통해 새로운 실크로드를 구축하며, 일대일로 전략의 심장부를 강화하고 있다.

변신을 준비하는 강철관

중국은 탄소중립 목표를 내세우면서도 파이프라인 전략을 포기하지 않는다. 오히려 천연가스에서 수소와 암모니아로 전환 가능한 인프라를 구축하며 미래까지 내다본다. 파이프라인은 여전히 중국의 에너지 안보의 핵심이며, 동시에 주변국을 묶는 보이지 않는 족쇄다. 중국의 에너지 확보 전략은 파이프라인 위에서 현재와 미래를 동시에 설계하는 집착의 산물이다.

한 줄 정리

중국은 에너지 안보를 위해 파이프라인을 집요하게 확장하며, 이를 통해 단순한 자원 확보를 넘어 지정학적 영향력을 강화하는 전략적 혈관망을 구축하고 있다.

097
일본과 한국의 파이프라인 가능성은?

동북아, 파이프라인의 빈자리

세계 곳곳에서 파이프라인이 국가의 혈관처럼 얽히며 지정학의 지도를 다시 쓰는 동안, 일본과 한국은 늘 그 바깥에 서 있었다. 러시아와 중앙아시아, 중동의 자원이 강철관을 타고 유럽과 중국으로 흘러 들어갔지만, 두 나라는 LNG 운반선에 의존하며 항구와 터미널을 확장하는 방식으로 에너지 수급을 유지했다. 섬나라 일본과 지정학적 분단에 묶인 한국은 파이프라인의 가능성을 머릿속에서만 그려왔기에 현실은 늘 멀게만 느껴졌다. 그러나 러시아-우크라이나 전쟁 뒤, 그리고 탄소중립 시대로의 전환 속에서 파이프라인의 가능성이 다시 수면 위로 떠오르고 있다.

일본, LNG 제국에서 파이프라인 꿈으로

일본은 세계 최대의 LNG 수입국으로 성장해왔다. 요코하마, 나고야, 오사카의 터미널은 LNG 시대의 상징이었고, 일본의 에너지 안보는 바다 위에 떠 있는 운반선에 달려 있었다. 그러나 유럽이 러시아 가스관 의존을 끊으며 LNG 가격이 폭등하자 일본은 새 고민에 빠졌다. 값비싼 LNG는 산업 경쟁력을 위협했고, 탈원전 정책과 맞물려 전력 불안정을 낳았다. 일본 내부에서는 러시아 사할린에서 홋카이도로 연결되는 해저 파이프라인 구상이 다시 논의되었다. 사할린 가스를 직접 들여오면 비용과 안정성의 두 가지 측면에서 큰 이익을 얻을 수 있기 때문이다. 하지만 정치적 현실은 냉혹했다. 러시아와 영토 문제를 둘러싼 갈등이 여전하고, 우크라이나 전쟁 이후 대러 제재에 동참한 일본이 파이프라인 협력을 추진하기는 사실상 불가능해졌다. 일본의 파이프라인 꿈은 여전히 가능성과 현실 사이에서 표류 중이다.

한국, 러시아 가스관과 분단의 벽

한국은 파이프라인 논의에서 언제나 분단이라는 현실에 가로막혔다. 러시아 사할린이나 시베리아에서 출발해 북한을 거쳐 한반도로 이어지는 파이프라인 구상은 1990년대부터 수차례 논의되었다. 한국은 값싼 러시아 가스를 확보하고, 북한은 통행료와 에너지 공급을 얻으며, 러시아는 안정적인 시장을 확보하는 '삼자 윈윈' 시나리오였다. 그러나 한반도의 군사적 긴장과 북핵 문제는 언제나 이 계획을 좌절시켰다. 파이프라인은 종이 위에서는 경제적 논리가 완벽했지만, 현실 정치의 벽 앞에서는 번번이 멈췄다.

한일 해저터널, 정치와 기술의 교차로

흥미로운 것은 일본과 한국을 직접 연결하는 한일 해저터널 구상이다. 이 프로젝트는 주로 물류와 인적 교류 차원에서 논의되었지만, 에너지 파이프라인 연결의 가능성도 내포하고 있다. 부산에서 쓰시마를 거쳐 규슈로 이어지는 해저터널에 가스관이나 수소관을 병행 설치한다면, 두 나라는 에너지 네트워크를 공유할 수 있다. 일본이 러시아 사할린에서 가스를 들여와 한국으로 연결하거나, 반대로 한국이 중앙아시아·중동에서 LNG를 들여와 일본으로 공급하는 상호 교환 모델도 가능하다. 기술적으로는 충분히 실현 가능하지만, 정치적 신뢰와 경제적 이해가 맞아떨어져야 한다. 한일 관계가 경색된 지금으로서는 쉽지 않지만, 장기적으로는 탄소중립 시대의 협력 카드로 남아 있을 수 있다.

수소와 탄소중립, 새로운 혈관의 가능성

일본과 한국은 모두 수소 경제를 국가 전략으로 채택했다. 일본은 세계 최초의 수소 수입항을 건설했고, 한국은 수소 시범 도시와 산업 클러스터를 조성하고 있다. 문제는 수소의 대량 수송이다. LNG 운반선처럼 선박으로 옮기는 방식은 비용이 크고, 장거리 수소 수송은 아직 기술적 장벽이 많다. 결국 장기적으로는 파이프라인이 가장 현실적인 답이 될 수 있다. 일본과 한국을 잇는 해저 수소 파이프라인, 혹은 러시아와 중앙아시아에서 이어지는 대륙 수소망은 먼 미래 같지만, 탄소중립이라는 목표가 두 나라를 같은 방향으로 밀어붙이고 있다. 파이프라인은 과거 화석연료의 혈관에서 미래 친환경 에너지의 혈관으로 변신할 수 있다.

지정학과 기술 사이의 줄타기

결국 일본과 한국의 파이프라인 가능성은 지정학과 기술 사이에서 결정된다. 정치적으로는 러시아와 북한, 그리고 한일 관계라는 삼중의 벽이 가로막고 있다. 그러나 기술적으로는 충분히 가능한 프로젝트가 여럿 존재한다. 한일 해저터널은 단순히 물류 인프라가 아니라, 동북아 에너지 네트워크의 상징적 관문이 될 수 있다. 양국이 서로를 필요로 하고, 에너지 안보와 탄소중립이라는 공동의 위기에 직면했을 때, 파이프라인은 다시 논의의 중심으로 돌아올 것이다.

한 줄 정리

일본과 한국의 파이프라인 가능성은 지금은 정치적 제약 속에 갇혀 있지만, 한일 해저터널과 수소 시대의 도래는 두 나라가 언젠가 강철관으로 연결될 수 있음을 예고한다.

098
인도와 남아시아 에너지 파이프라인 계획
— 에너지 갈증에 시달리는 거대한 인구

인도와 남아시아는 전 세계에서 가장 빠르게 성장하는 인구와 경제를 가진 지역이다. 하지만 이 성장은 곧 에너지 갈증으로 이어졌다. 인도는 이미 세계 3위 에너지 소비국으로, 석유와 가스 수요가 기하급수적으로 늘어나고 있다. 파키스탄, 방글라데시, 네팔, 스리랑카 같은 주변국 역시 산업화와 도시화로 에너지 부족에 시달린다. 이들의 공통된 과제는 안정적이고 값싼 에너지를 어떻게 확보할 것인가다. 그 해답으로 떠오른 것이 바로 국경을 넘어 이어지는 파이프라인 네트워크다.

TAPI, 끝없는 희망과 좌절

가장 상징적인 프로젝트는 TAPI 파이프라인이다. 투르크메니스탄에서 출발해 아프가니스탄, 파키스탄을 거쳐 인도에 도달하는 이 가스관은 길이만 1,800km에 달한다. 중앙아시아의 막대한 가스를 남아시아로 끌어와 인도의 성장 엔진을 돌리고, 파키스탄과 아프가니스탄은 통행료와 에너지를 확보한다는 구상이었다. 그러나 문제는 안보였다. 아프가니스탄의 탈레반 지배, 파키스탄 내 테러, 인도와 파키스탄의 불신이 이 관로를 번번이 막아섰다. 1990년대부터 논의가 시작된 TAPI는 수십 년이 지난 지금도 완공되지 못하고 있다. 희망은 크지만 좌절도 끝이 없는 프로젝트다.

IPI, 정치에 묶인 관

또 다른 대형 구상은 IPI 파이프라인, 즉 이란 – 파키스탄 – 인도 가스관이다. 이란의 거대한 남파르스 가스전을 기반으로 한 이 프로젝트는 원래 세 나라 모두에게 이익이 되는 계획이었다. 인도와 파키스탄은 값싼 가스를 확보할 수 있고, 이란은 안정적 수출 시장을 확보한다는 그림이었다. 그러나 미국의 대이란 제재가 결정적 걸림돌이 되었다. 인도는 미국과의 전략적 동맹을 의식해 결국 프로젝트에서 발을 뺐고, 현재는 이란 – 파키스탄 구간만이 부분적으로 논의되고 있다. 에너지의 경제학은 분명했지만, 국제 정치가 파이프라인을 가로막은 사례다.

인도 – 방글라데시 – 네팔, 지역 협력의 작은 실험

대형 프로젝트들이 좌초되는 동안, 인도는 주변국과의 소규모 파이프라인 협력에 집중하고 있다. 인도 – 방글라데시 가스 파이프라인은 이미 일부 구간에서 가동 중이며, 인도는 네팔과 석유 파이프라인을 연결해 기름을 공급하고 있다. 이는 대규모 국제 정치 갈등이 없는 국경 인근 협력을 기반으로 한다는 점에서 안정적이다. 작은 성공들이 쌓이면서 남아시아 내부의 에너지 협력이 조금씩 현실화하고 있다.

중국의 그림자와 지정학적 긴장

남아시아의 파이프라인 구상은 중국의 존재를 빼놓고 이야기할 수 없다. 중국은 파키스탄의 과다르 항을 개발하며 중국-파키스탄 경제회랑(CPEC)을 구축하고 있고, 장기적으로는 이곳을 중국-중앙아시아-인도양을 잇는 에너지 루트로 확장하려 한다. 이는 곧 인도와의 전략적 경쟁으로 이어진다. 인도가 파이프라인 협력에서 주저하는 이유 중 하나는, 중국의 영향력이 뒤섞이는 순간 자칫 자국 안보를 위협할 수 있다는 불신 때문이다. 남아시아 파이프라인 계획은 경제적 논리 못지않게 지정학적 긴장에 따라 방향이 달라진다.

미래의 조건, 정치와 안보를 넘어야

인도와 남아시아의 파이프라인 계획이 현실화되려면 몇 가지 조건이 충족되어야 한다.

첫째, 아프가니스탄과 파키스탄을 포함한 지역의 안보 안정.
둘째, 미국과 이란의 관계 개선 혹은 제재 완화.
셋째, 인도와 파키스탄 간 최소한의 협력 의지.
이 세 가지가 해결되지 않으면 TAPI와 IPI 같은 대형 프로젝트는 종이 위의 설계도로만 남을 것이다. 그러나 에너지 수요가 계속 늘어나는 만큼, 언젠가는 강철관이 뚫릴 수밖에 없다. 문제는 언제, 어떤 정치적 타협 위에서 가능하냐는 것이다.

한 줄 정리

인도와 남아시아의 파이프라인 계획은 에너지 갈증을 해소할 열쇠이지만 정치와 안보의 장벽에 갇혀 있으며, 미래는 지정학적 타협에 달려 있다.

099
그린수소와 글로벌 파이프라인의 미래
-석유의 시대를 넘어 수소의 시대가 온다.

세계는 이제 석유와 가스가 아니라 수소를 중심으로 한 새로운 에너지 질서를 준비하고 있다. 특히 재생에너지로 생산되는 그린수소는 탄소중립을 위한 궁극적 해결책으로 주목받는다. 태양광과 풍력으로 전기를 만들고, 그 전기로 물을 분해해 수소를 얻는 방식이다. 문제는 이 대규모의 수소를 어디에서 어디로, 어떻게 옮길 것인가다. 여기서 다시 파이프라인이라는 낡은 해법이 새로운 모습으로 등장한다. 강철관은 화석연료의 혈관에서 수소 시대의 혈관으로 진화할 수 있을까?

유럽, 수소 백본이라는 청사진

유럽연합은 이미 'Hydrogen Backbone'이라는 거대한 수소 파이프라인 네트워크 계획을 발표했다. 독일, 네덜란드, 프랑스, 이탈리아를 비롯한 20여 개국이 참여하는 이 프로젝트는, 기존 천연가스 파이프라인을 개조하거나 새로운 관을 깔아 2040년까지

40,000km에 달하는 수소망을 구축하는 것을 목표로 한다. 네덜란드는 로테르담 항을 중심으로 북해 풍력발전에서 얻은 전기를 수소로 전환해 유럽 대륙 곳곳으로 보내려 하고, 독일은 석탄 의존을 줄이고 수소 경제로 전환하기 위해 이 네트워크를 핵심 기반으로 삼고 있다. 이는 단순한 에너지 인프라가 아니라, 유럽의 탄소중립 전략 전체를 떠받치는 혈관이 될 예정이다.

중동과 아프리카, 사막에서 수소를 수출하다.

사막은 그린수소의 미래가 될 수 있다. 사우디아라비아는 네옴(NEOM) 프로젝트를 통해 세계 최대의 그린수소 생산 단지를 건설하고 있고, 이를 유럽과 아시아로 수출하려 한다. 모로코 역시 풍부한 태양광 자원을 활용해 유럽과 연결되는 수소 파이프라인 계획을 추진 중이다. 북아프리카와 남유럽을 잇는 기존 가스관을 수소로 전환하는 구상도 있다. 사막의 태양이 만든 수소가 파이프라인을 타고 바다를 건너간다면, 중동과 아프리카는 다시 한 번 세계 에너지 지도의 중심으로 돌아올 수 있다.

아시아의 실험, 일본과 한국의 도전

일본은 이미 호주에서 생산된 수소를 액화 형태로 들여오는 실험에 성공했지만, 장기적으로는 파이프라인 연결을 모색하고 있다. 한국 역시 동북아 수소망 구축을 위해 러시아, 중국, 일본과의 협력을 구상한 적이 있다. 특히 한일 해저터널 논의는 단순히 인적·

물적 교류만이 아니라 수소 파이프라인 연결 가능성을 품고 있다. 지정학적 갈등과 기술적 난제가 여전히 장벽이지만, LNG 시대에 후발주자였던 일본과 한국이 수소 시대에는 선도자가 되려는 의지를 드러내고 있다는 점은 의미가 크다.

기술적 난제, 그러나 극복의 길

수소 파이프라인은 기존의 석유·가스관보다 훨씬 까다롭다. 수소는 금속을 부식시키고, 작은 분자가 쉽게 누출된다. 따라서 새로운 합금 소재, 내부 코팅 기술, 누출 감지 시스템이 필요하다. 또한 이산화탄소를 수송하는 CCS 파이프라인과 달리, 수소는 폭발 위험도 있다. 그러나 이미 유럽과 일본, 한국은 시범 프로젝트를 통해 기술적 장벽을 하나씩 넘어가고 있다. 독일은 기존 가스관의 20%까지 수소 혼합 수송에 성공했고, 일본은 고압 수소관 안전성을 검증했다. 기술은 여전히 도전적이지만, 불가능의 벽은 점점 낮아지고 있다.

글로벌 수소망, 새로운 지정학의 혈관

그린수소 파이프라인은 단순한 에너지 인프라가 아니라 새로운 지정학의 기반이 된다. 유럽이 러시아 가스 의존을 끊고 수소 백본으로 재편되면, 이는 곧 정치적 독립의 선언이 된다. 중동과 아프리카가 사막에서 수소를 생산해 파이프라인으로 공급한다면, 이 지역은 다시 한 번 에너지 패권의 중심에 선다. 아시아가 공동의 수소망을 구축한다면, 이는 협력과 갈등의 새로운 장을 열 것이다. 강철관은 과거 석유 전쟁의 무기였지만, 미래에는 기후 위기를 극복하는 혈관이 될 수 있다.

한 줄 정리

그린수소 시대의 파이프라인은 단순한 자원 수송로가 아니라, 탄소중립을 가능하게 하고 새로운 지정학 질서를 짜는 글로벌 혈관으로 진화하고 있다.

100
파이프라인이 사라진 세상은 가능할까?
— 강철관 없는 세상을 상상하다.

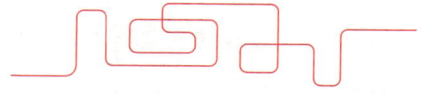

만약 파이프라인이 내일 모두 사라진다면 세상은 어떻게 될까? 전 세계에 얽혀 있는 수십만 킬로미터의 강철관이 단숨에 증발한다면 현대문명은 순식간에 멈춰설 것이다. 가정의 난방과 공장의 불은 꺼지고, 전력망은 마비된다. 유조선과 LNG선이 대체하려 애쓰겠지만 지금의 규모와 속도를 따라잡기에는 역부족이다. 파이프라인 없는 세상은 단순히 수송 방식의 변화가 아니라, 인류가 의존해온 문명의 뼈대를 잃는 충격이다.

역사 속의 흔적, 파이프라인이 없었던 시절

물론 인류는 한때 파이프라인 없이 살았다. 19세기 후반 석유 산업이 시작될 무렵, 원유는 나무통에 담겨 마차와 기차, 선박으로 옮겨졌다. 그러나 곧바로 비효율과 비용, 안전 문제가 드러났다. 1865년 미국 펜실베이니아에서 세계 최초의 송유관이 설치된 것도 이 때문이다. 이후 20세기 산업화와 전쟁, 냉전은 파이프라인을 필수 인프라로 만들었다. 파이프라인 없는 세상을 상상하는 것은 사실상 산업혁명 이전으로 돌아가자는 것과 다름없다.

LNG와 전력망이 대신할 수 있을까?

파이프라인을 대체할 수 있는 후보로는 LNG와 전력망이 있다. LNG는 바다 위를 떠다니며 유연성을 제공하고, 전력망은 재생에너지를 직접 전송할 수 있다. 그러나 LNG는 운송 비용이 높고, 기화·액화 과정에서 막대한 에너지를 소모한다. 전력망은 장거리 송전에 한계가 있고, 전력 저장 기술이 아직 충분히 성숙하지 않았다. 결국 이들은 보완재일 수는 있지만 완전히 대체하기에는 불완전하다.

환경과 안전의 역설

파이프라인이 사라진 세상은 환경적으로 더 나을까. 의외로 답은 간단하지 않다. 파이프라인은 건설 과정에서 숲과 강을 파괴하지만, 운영 단계에서는 상대적으로 효율적이고 탄소 배출이 적다. 반대로 유조선과 트럭, 기차는 사고의 위험이 있고 탄소 배출이 훨씬 크다. 파이프라인이 없어진다면 운송 과정에서 더 많은 오염과 위험이 발생할 수 있다. 환경을 지키기 위해 강철관을 없앤다면, 오히려 더 큰 환경 부담을 떠안을 수 있다는 역설이 생긴다.

정치와 권력의 전환

파이프라인은 단순한 관이 아니라 권력의 도구였다. 러시아는 파이프라인을 무기 삼아 유럽을 흔들었고, 중동은 송유관으로 호르무즈 해협의 병목을 우회했다. 만약 파이프라인이 사라진다면 이 권력 구조는 무너진다. 대신 해상 운송로와 항만을 장악한 나라들이 새로운 패권을 쥘 것이다. LNG를 싣고 다니는 거대한 선박을 운영하는 미국, 카타르, 호주 같은 나라가 지금보다 더 큰 영향력을 갖게 된다. 파이프라인 없는 세상은 권력의 무게추를 바다 위로 옮기는 결과를 낳는다.

가능성은 있지만, 현실성은 없다.

탄소중립 시대에 파이프라인이 사라질 수 있다고 믿는 이들도 있다. 석유와 가스를 줄이고 재생에너지와 수소로 전환한다면, 파이프라인은 과거의 유물이 될 수 있다는 논리다. 그러나 현실은 그보다 복잡하다. 수소와 이산화탄소 운송에도 파이프라인이 필요하고, 재생에너지 확대 과정에서도 가스 파이프라인은 보완재로 최소 수십 년간 유지될 것이다. 파이프라인 없는 세상은 이론적으로 가능하지만, 가까운 미래에 실현될 가능성은 거의 없다. 오히려 파이프라인은 변신해 살아남을 것이다.

한 줄 정리

파이프라인이 사라진 세상은 이론적으로 가능하다. 그러나 파이프라인은 현실적으로 에너지·환경·정치 모든 면에서 대체 불가능하며, 형태를 바꿔 미래에도 살아남는다.

에필로그

파이프라인은 도로다, 아니 혈관이다

인류가 수천 킬로미터에 달하는 강철관을 따라 흘러온 이야기는 단순한 산업사가 아니었다. 파이프라인은 도로처럼 땅을 가르고, 혈관처럼 국가와 국가를 연결하며, 때로는 전쟁의 도화선이 되고, 때로는 평화의 끈이 되었다.

한쪽 밸브를 잠그면 도시가 멈추고, 밸브를 열면 국경을 넘어 돈과 권력이 흘러들어왔다. 그것은 보이지 않는 길이었지만, 눈에 보이는 모든 것을 움직이게 하는 길이었다.

우크라이나와 러시아 사이에서, 튀르키예와 유럽 사이에서, 사우디와 이란, 미국과 중국 사이에서 파이프라인은 언제나 조용히 긴장을 당기고 있었다.

총성이 울리지 않아도, 회의장에서 지도가 펼쳐지는 순간마다 강철관의 노선은 국경선보다 더 무겁게 다뤄졌다. 바다 밑, 사막 한가운데, 설원과 정글을 가로지르는 선은 실제 국경선보다 더 치명적인 보이지 않는 경계였다. 그것은 총칼보다 은밀했고, 협상보다 냉정했으며, 돈보다 더 오래가는 힘이었다.

탄소중립과 수소의 시대가 온다고 해도, 파이프라인은 일거에 사라지지 않는다. 그것은 석유에서 가스로, 다시 수소와 이산화탄소를 실어 나르며 모양만 바꿔 계속 남는다. 새로운 기술과 새로운 갈등 속에서도 여전히 강철관은 국가의 심장과 폐를 연결하는 혈관으로 기능할 것이다. 도시는 여전히 그 위에 서고, 전쟁은 여전히 그 주변에서 벌어지며, 평화는 여전히 그것을 공유할 때 찾아온다.

파이프라인은 단순한 관이 아니라 인간의 욕망과 공포, 협력과 배신이 흘러가는 통로였다. 거대한 문명의 배경에서 강철관은 묵묵히 자원을 흘려보냈고, 그 위에서 정치와 역사는 끝없이 반복되었다. 파이프라인을 따라가다 보면 우리는 한 가지 결론에 도달한다. 그것은 단순한 산업 설비가 아니라, 인간이 만든 또 하나의 운명이라는 것이다.

새우와 고래가 함께 숨 쉬는 바다

파이프라인
–보이지 않는 강철의 혈관, 그 위에 세계의 전쟁과 평화가 흐른다!

지은이 | 이채윤
펴낸이 | 황인원
펴낸곳 | 도서출판 창해

신고번호 | 제2019-000317호

초판 1쇄 인쇄 | 2025년 11월 21일
초판 1쇄 발행 | 2025년 11월 28일

우편번호 | 04037
주소 | 서울특별시 마포구 양화로 59, 601호(서교동)
전화 | (02)322-3333(代)
팩스 | (02)333-5678
E-mail | dachawon@daum.net

ISBN 979-11-7174-062-8 (03300)

값 · 22,000원

ⓒ 이채윤, 2025, Printed in Korea

※ 잘못 만들어진 책은 구입하신 곳에서 교환해드립니다.
※ 이 도서는 2025년 문화체육관광부의 '중소출판사 도약부문 제작지원' 사업의 지원을 받아 제작되었습니다.

Publishing Club Dachawon(多次元)
창해·다차원북스·나마스테